AF356173

# DE
## L'INFLUENCE
### D'UNE
# GRANDE RÉVOLUTION
## SUR LE COMMERCE,
### L'AGRICULTURE ET LES ARTS.

DE

# L'INFLUENCE

D'UNE

# GRANDE RÉVOLUTION

## SUR LE COMMERCE,

### L'AGRICULTURE ET LES ARTS :

*DISCOURS*

COURONNÉ PAR L'ACADÉMIE DE LYON,

ET DÉDIÉ A S. M. LE ROI DE HOLLANDE ;

Par P. LABOULINIERE,

Secrétaire-général de la Préfecture du département des Hautes-Pyrénées, Membre de plusieurs sociétés savantes.

......................................

## A PARIS,

Chez LÉOPOLD COLLIN, Libraire, rue Gît-le-Cœur, N.º 4,

ET *A LA HAYE*, chez IMMERZEEL ET C.ᵉ

1808.

# À SA MAJESTÉ

# LOUIS NAPOLÉON,

## ROI DE HOLLANDE.

SIRE!

L'intérêt que VOTRE MAJESTÉ a témoigné prendre à cet opuscule, et le rang distingué qu'y occupe la nation batave, m'enhardissent à en faire hommage au Chef auguste, et j'ose espéfer qu'il daignera me permettre de publier, sous ses auspices, des considérations qui s'appliquent à tous les peuples de la terre. Ce sera pour moi un second succès qui ajoutera beaucoup au premier, et je n'aurai plus à ambitionner que les suffrages du public, juge compétent d'une production qui traite spécialement de ses intérêts, et qui ne sera pas sans utilité, si les principes qu'elle renferme sont puisés, ainsi que j'en ai eu l'intention, dans la nature de l'homme et dans celle des choses.

Mais, SIRE, si les succès littéraires, plus faits peut-être pour flatter la vanité humaine, que pour satisfaire le cœur, sont, aux yeux des hommes, des titres de gloire qu'on ne saurait dédaigner sans affectation, il est pour les âmes héroïques des triomphes plus nobles, plus grands, plus glorieux, qui ne s'obtiennent que par des actions utiles à l'humanité, et qui sont d'autant plus dignes de fixer ses regards, qu'il est peu d'hommes qui puissent jouir de cette faveur céleste.

Qu'elles ont peu de prix, SIRE, les couronnes que donnent les académies, lorsqu'on les compare à celles que les peuples décernent à ces Chefs augustes et magnanimes, dont la constante sollicitude a toujours assuré leur bonheur ; je veux dire ces auréoles d'immortalité qui accompagnent leur mémoire, et que n'obtiennent ni l'inutile oisiveté, ni la puissance orgueilleuse..... Oui ! Ceux-là seuls sont véritablement grands qui font tourner au profit des hommes, toutes les lumières de leur esprit, et qui, doués d'un bon cœur, d'une belle âme, en réalisent tous les vœux.

Dire comment peut s'opérer le bien, est une faculté accordée à tout esprit juste, et j'ai essayé d'user de cette faculté dans cet opuscule. Le faire dans une certaine étendue n'appartient qu'aux Chefs des nations, et c'est la noble tâche que VOTRE MAJESTÉ s'est imposée envers un de ces peuples, dont les mœurs, l'industrie, et les antiques vertus sont les sûrs garants des succès que doit obtenir votre souveraine sagesse, dans l'art de gouverner.

C'est le plus beau des priviléges, SIRE, que celui de régner sur un peuple à la fois libre et docile à la voix suprême de la raison. Que s'il est, de plus, laborieux et économe, quels vœux reste-t-il à former à l'heureux Monarque d'un aussi bon peuple ?.... Il a dans ses mains tous les élémens de la prospérité publique, et il peut, à volonté, les mettre en œuvre. C'est-ce que vous ferez, SIRE, à l'exemple du grand fondateur du plus beau des Empires! Sous son égide tutélaire, se réaliseront, pour les peuples qu'il protége, toutes les grandes pensées, toutes les grandes idées, qui se rapportent à leur bonheur; VOTRE MAJESTÉ recueillera sa part de cette immense gloire qui est réservée aux dynasties des NAPOLÉONS, et les Hollandais béniront leur sort parmi toutes les nations! Puissent s'accomplir, SIRE, les vœux que je forme pour la prospérité de votre régne et le bonheur du peuple batave qui en est inséparable !

Je suis avec respect,

SIRE!

DE VOTRE MAJESTÉ,

Le très humble et très obéissant serviteur.

*P. LABOULINIÈRE.*

Ne comptant pas assez sur l'honnneur que vient de recevoir une production de trois mois, faite à la hâte, au milieu d'occupations d'un genre tout différent; une production que je n'ai entreprise que par circonstance et pour suppléer un frère, que j'avais engagé dans cette lutte, à la quelle il a renoncé presqu'au moment d'entrer en lice, je m'étais proposé de livrer à l'oubli un essai dont, plus tard, peut-être, je pourrais me servir, comme de matériaux, lorsque j'ai reçu l'avis d'un succès qui a dépassé toutes mes espérances.

L'académie de Lyon, en me décernant le prix, semble m'avoir imposé à la fois l'obligation de faire connaître au public l'ouvrage qu'elle a jugé digne de son approbation, et celle de n'apporter aucun changement à un opuscule, dont elle aura sans doute reconnu les nombreuses imperfections, et auquel l'auteur lui-même ferait beaucoup de changemens, s'il ne devait, par respect pour ses juges, se montrer au grand jour, tel qu'il a paru devant eux.

Je ne toucherai donc rien au discours, qui est proprement la pièce couronnée, si ce n'est que je transposerai de la seconde partie dans la première quelques paragraphes qui seront mieux à leur place, et qui établiront ainsi une plus juste proportion entre ces deux parties.

Quant à la troisième, qui renferme les preuves à l'appui du discours, j'ai dû y faire beaucoup de changemens pour l'ordre et le classement des matières. J'ai cru aussi devoir les diviser par chapitres et par sections ; comme c'est un ouvrage purement historique, il pouvait souffrir ces arrangemens, sans que le fonds cessât d'être le même, et il en acquerera plus de clarté, plus de précision ; deux avantages qu'on ne saurait dédaigner dans ces sor- d'écrits.

Si le public accueille cet ouvrage, et qu'il confirme un jugement qui honore son auteur, ce lui-ci s'applaudira du sentiment qui lui a fait prendre la plume, puisqu'il ne l'aura pas fait sans quelque utilité.

# AVIS DU LIBRAIRE.

Nous croyons devoir faire connaître au public le jugement que l'Académie de Lyon a porté sur l'ouvrage qu'elle vient de couronner, et dont l'impression nous est confiée. Le lecteur nous saura gré, sans doute, d'avoir mis sous ses yeux une opinion qui, en laissant toute liberté à la sienne, peut cependant contribuer à l'éclairer sur le mérite de cette production; voici ce jugement, extrait du rapport fait au nom d'une commission spéciale;

„ L'auteur du mémoire No. 8., qui a pour épigraphe ce pas-
„ sage de Montesquieu: (Je ne sais si c'est l'esprit ou le cœur qui
„ me dicte cet article: Il n'y a peut-être pas de climat sur la terre
„ ou l'on ne put engager au travail des hommes libres.) a saisi la
„ question et traité son sujet d'une manière et sur un plan qu'on
„ peut en quelque sorte regarder comme neuf... après avoir proposé
„ sur la manière dont l'homme social parcourt l'échèle de la civili-
„ sation, une opinion qui concilie celles de Paw et de Jean Jacques
„ en opposant l'une à l'autre, il pose en fait que dans un état ci-
„ vilisé la prospérité des trois grandes branches d'économie politi-
„ que dépend essentiellement de la plus grande liberté des peuples;
„ que cette plus grande liberté peut exister dans toutes les formes
„ de gouvernement hors le despotique. Il la regarde comme la base
„ de l'état républicain qu'il distingue soigneusement de la démocra-
„ tie. Il discute avec beaucoup de sagacité la cause de l'énergie
„ que les révolutions développent dans l'esprit et le caractère des

« peuples, et la trouve, en dernière analyse, dans la faculté qu'elles
» donnent au gouvernement de changer ou de réformer les institu-
» tions anciennes, en leur appliquant le fruit de l'expérience et les
» progrès de la civilisation. On ne saurait donner trop d'éloges à
» la profondeur de ses pensées et à leur enchaînement. On peut
» ajouter que son stile, quoique peu abondant en figures, est tou-
» jours convenable à son sujet, naturel, clair et précis dans le
» cours de l'ouvrage, il s'élève quelquefois et prend une harmonie
» remarquable lors qu'il fait l'application de ses principes au tems
» actuel et à la situation de la France etc. »

Nous joignons à ce jugement la lettre par
la quelle l'auteur a fait à l'académie l'abandon de
la valeur numérique du prix, qui lui a été décerné.
L'académie ayant accepté cette offre a fait choix de
la première des quatre questions proposées par l'auteur et l'a mise au concours pour l'an 1807.

# A MESSIEURS

## LES ACADÉMICIENS DE LYON.

MESSIEURS!

Cette lettre ne devant être ouverte que dans le cas où le discours qu'elle accompagne remporterait le prix, je dois l'écrire dans cette hypothèse, qui, si elle se réalise, me laissera le regret de voir que la question n'est tombée, sous les yeux d'aucun de ces génies profonds qui savent s'emparer d'un sujèt important, le féconder dans toutes ses parties, en développer les nombreuses conséquences, et déduire de là les préceptes les plus beaux et les plus utiles.

Elévé et né en Europe, j'ai tâché d'oublier que j'appartiens à cette partie du glôbe, afin de ne considérer que le genre humain, et de traiter mon sujèt en citoyen du monde. La situation dans laquelle un écrivain sait se placer, est plus importante qu'on ne pense: elle influe toujours en bien ou en mal sur ses ouvrages, parce qu'il se passionne diversement, selon qu'il envisage les objets sous tel ou tel point de vue. Combien d'imperfections dans une foule d'écrits, que le choix d'un meilleur observa-

toire eût fait éviter ! Ils sont bien rares ceux qui
permettent qu'on élève des doutes sur la patrie, les
mœurs, la réligion, la situation politique et domestique de l'écrivain ; la plupart des auteurs semblent
n'écrire que pour eux ; ou, s'ils s'oublient, en apparence, ce n'est que pour prendre la livrée d'un
parti, d'une secte, de l'une des mille peuplades de
la terre, dont ils épousent les opinions, les préjugés, les folies, pour apprécier et juger toutes choses d'après leurs préventions. Si cette disposition
d'esprit est la plus convenable, lorsqu'on a en vue
de défendre une cause particulière, c'est assurément
la plus mauvaise dès qu'on veut s'élever à des considérations générales, et envisager les objets d'un
œil philosophique.

La question que vous avez proposée, Messieurs, m'a paru du petit nombre de celles qui in-
téressent toutes les nations ; aussi ai-je tâché de me
garantir de toute prévention locale ou personnelle ;
et, si j'ai fait violence à mes sentimens particuliers, si j'ai contredit les résultats de mes rélations
avec ma famille et avec la société à la quelle je suis
aggrégé, pour m'en créér de nouvelles avec l'espèce
humaine toute entière, j'aurai atteint mon premier but.

Je sais fort bien qu'il est une sorte d'ouvrages qui ne peuvent avoir un succès très étendu, ni
maintenant, ni auprès de cette postérité qu'on in-
voque sans cesse, (comme si elle devait être moins
aveugle, ou moins prévenue que la génération ac-

tuelle, comme si elle ne devait pas avoir aussi plu=
sieurs patries, plusieurs dieux, autant ou plus de
mœurs, d'opinions et de croyances différentes que
nous en voyons maintenant sur la terre). ce sont ceux
qui ne traitent que des intérêts du genre humain
en général ; leurs auteurs n'appartiennent à aucun
lieu, à aucune portion de l'espèce humaine ; cosmo-
polites, par principes, ils semblent oublier leurs
concitoyens qui les oublient rééllement, les haïssent
ou même les méprisent, et cela doit être : apôtres
zélés de l'humanité, si jamais il existe une patrie
du genre humain, vous serez vengés ! Tout le lien
que vous avez prêché et désiré se réalisera ! — Que
cet espoir, quelque éloigné qu'il puisse être, vous
console de l'injustice des hommes du siècle !

Il me reste, Messieurs, à vous faire connaître mes intentions au sujet du signe numérique que
vous destinez à servir de témoignage, je vous prie
de le garder, et je le voue pour récompense à celui
qui, sur votre proposition, aura le mieux résolu,
l'une des questions suivantes, que vous voudrez bien
choisir et mettre au concours.

1°. Quelle est l'influence du monopole, soit
partiel, soit général, sur la prosperité des peuples,
et sur celle du genre humain ?

2°. Jusqu'à quel point la culture des beaux-
arts et des lettres peut-elle se concilier dans un
état, avec des mœurs pures, des lois sages, et
une bonne constitution ?

3°. Quel est le moyen d'avoir des colonies

*florissantes dans le nouveau monde, sans esclaves, et d'y porter les procédés connus en Europe pour l'agriculture, les arts et le commerce?*

*4°. Est-il plus important pour un état qui a un sol fertile, une industrie développée, une situation heureuse pour le commerce, de fonder des colonies, que de se livrer entièrement à sa propre industrie, dans quels cas peut-il lui être utile de prendre ce parti, et quels principes doit-il suivre à cet egard?*

# AVERTISSEMENT À L'ACADÉMIE.

*Le travail que j'ai l'honneur d'adresser à l'académie se compose de trois parties: la première offre l'histoire abrégée de l'origine et des progrès de la civilisation, dans ses rapports avec la naissance et les développemens de l'industrie humaine; la deuxième a pour but de répondre à la question proposée; elle forme proprement le discours académique; la troisième contient les preuves.*

*On peut, sans inconvénient, détacher du discours, et la première partie qui n'est qu'une sorte d'introduction, et la troisième qui est un précis historique des faits sur lesquels j'ai fondé mes principes et mes inductions; Messieurs les Académiciens jugeront de l'importance soit relative, soit absolue de chacune de ces parties; et j'ai cru devoir leur envoyer la composition toute entière; telle qu'elle a découlé de ma plume, dans le trop court espace de tems que j'ai pu y employer.*

*Je sens que j'aurais pu envisager la question*

sous un autre, point de vue, après avoir tracé le
tableau des caractères communs à toutes les révolutions politiques, tels que cette exaltation des esprits,
ce choc des passions et des intérêts divers, cette activité prodigieuse qui naît d'une émulation sans
frein et sans mesure; je sens, dis-je, que j'aurais
pu indiquer les moyens propres à diriger convenablement, et pour l'utilité générale, cette fermentation extraordinaire qui, tant qu'elle dure, ne permet guère l'utile emploi des facultés humaines, et
qui ne laisse souvent après elle que le désordre, le
chaos; mais j'ai préféré me reporter à l'époque qui
marque ordinairement l'issue de ces révolutions toujours terribles, et quelquefois funestes, par un certain état de repos, ou même de lassitude, qui pré-
sage le retour de l'ordre et de la stabilité; j'ai
voulu donner des préceptes qu'on puisse mettre en
pratique.

Une révolution quelconque est une maladie
politique, dont une nation se guérit d'elle même,
quand elle ne succombe pas sous la force du mal;
et ce n'est que lorsqu'elle est revenue de cette crise,
qu'on peut s'occuper de son bonheur; si le principe
de la vie, au lieu de s'éteindre en elle, n'a fait

que prendre de la force par la révolution, c'est le premier de ses bienfaits; mais il faut savoir le mettre à profit dès que l'état de calme renaît, dès que les facultés du corps social et des membres, qui le composent ont repris cette activité modérée qui est dans leur nature, et qui peut seule être durable; et alors il n'est pas de résultats avantageux auxquels cette sorte de régénération ne puisse conduire.

Ce sont ces résultats que j'ai voulu présenter, avec les moyens qui me paraissent propres à les produire; j'ai tâché de parler plutôt en politique, et en législateur qu'en économiste. Dès que les grands principes sont posés, les conséquences en découlent d'elles mêmes, et il en est une foule que j'ai dû dédaigner de présenter. C'est une bonne législation qui peut seule rendre une nation agricole, industrieuse et commerçante, qui peut activer ses travaux, et multiplier ses richesses. Cette grande et utile vérité a toujours été présente à mon esprit; et voilà pourquoi j'ai ramené tous les moyens de perfectionner l'agriculture, le commerce, et les arts, à la fondation d'un bon régime politique et administratif.

— XVI —

Il ne me reste plus rien à dire pour justifier
la marche que j'ai voulu suivre; c'est à mes juges
qu'il appartient de décider si j'y ai réussi, ou si
j'aurais dû m'en prescrire une autre.

# DISCOURS

COURONNÉ PAR L'ACADÉMIE DES SCIENCES, BELLES-LETTRES ET ARTS DE LYON, DANS SA SÉANCE PUBLIQUE DU XXVI AOÛT MDCCCVI;

## SUR CETTE QUESTION:

„ Quels sont les moyens qu'un Gouvernement peut employer, pour faire tourner au profit de l'Agriculture, du Commerce et des Arts, le développement qu'une grande révolution donne aux idées, et l'énergie qu'elle imprime aux caractères"

Suivi d'un précis historique des révolutions qu'ont éprouvés, sur les divers points du globe, l'Agriculture, le Commerce et les Arts;

## PAR P. LABOULINIÈRE;

*Secrétaire général de la préfecture du Département des Hautes-Pyrénées, membre correspondant de l'Académie des Sciences, Belles-Lettres et Arts de Turin; de plusieurs sociétés savantes.*

> „Je ne sais si c'est l'esprit ou le cœur qui me dicte
> „cet article: il n'y a peut-être pas de climat sur
> „la terre, où l'on ne pût engager au travail des hom-
> „mes libres." (Esprit des lois. Livre XV. Chap. VIII.)

# DISCOURS.

Cette question, présentée pour la seconde fois, par une Académie de France, et dans les circonstances actuelles de l'Europe, acquiert un nouvel intérêt; elle doit faire naître de grandes pensées à quiconque aura la force d'esprit, qui convient, pour la bien saisir et la méditer profondément. Il en est peu de cette importance qui ayent été offertes à la réflexion des sages. Moi qui n'ai aucun titre pour entreprendre de la résoudre, qui suis tout étranger à l'Agriculture, au Commerce et aux Arts, j'ose émettre quelques idées, quelques vues, sur ce grand sujet. D'autres feront mieux que moi, et rempliront la tâche....... j'aurai payé la dette d'un ami de l'humanité.

Les véritables ressources de l'homme sont dans

l'homme même : c'est-à-dire dans les facultés dont la nature l'a doué, pour agir sur tout ce qui l'entoure, et pour réagir sur lui-même ; double action qui compose l'existence, soit des individus, soit des nations qui couvrent le globe. La masse de ces facultés diversement reparties, forme la somme des forces agissantes, destinées à changer, modifier, altérer l'état des substances inertes, et celui des êtres organiques mêmes, qui se trouvent soumis à la puissance supérieure du dominateur de la terre. Eh! jusqu'où ne s'étend pas la sphère d'activité de cet être, qui pénétre la profondeur des cieux (1), et sonde les abîmes de l'océan, qui calcule le mouvement des astres, et dévoile les sécrets les plus cachés de la nature, qui semble destiné à tout savoir et à se connaître lui-même ; privilége éminent qui l'associe, pour ainsi dire, aux vues du créateur et à sa toute puissance, pour achever sur cette terre, d'après ses décrets éternels, ce que, dans son infinie sagesse, il n'avait pour ainsi dire qu'ébauché.

Ce domaine de l'homme, qui n'est qu'un point dans l'univers, est un monde pour lui ; c'est le théâtre de ses œuvres. Et s'il est vrai que, dans l'ordre absolu, la scène et les acteurs ne soient qu'un infiniment petit, jetté et comme perdu dans un infiniment grand, il ne l'est pas moins que, dans l'ordre relatif, pour lui ; c'est de tout l'uni-

---

(1) ... Cœlumque profundum. *Eneide*

vers, la partie la plus belle et la plus importante. Son orgueil s'humilie devant l'immensité des œuvres de Dieu; sa reconnoissance s'exhale, lorsqu'il considère l'étendue de l'empire, qui lui est reservé, pour son propre avantage; et, dans cette situation d'esprit, qui convient à sa nature, l'orgueil, chez lui, devient admiration, et à la reconnoissance succède le juste sentiment des forces, qui lui sont propres, et dont le digne emploi ennoblit son être, en même-temps qu'il contribue à assurer son bonheur, et celui de ses semblables.

Cependant, si nous parcourons l'histoire des peuples, quel spectacle affligeant se déroule à nos yeux! De toutes ces révolutions qui ont changé la face de la terre, et fait réfluer les peuplades les unes sur les autres; de tous ces mouvemens intestins qui ont eu lieu chez les diverses nations, pour abroger, modifier, ou refaire les lois civiles et politiques; le plus grand nombre n'a eu pour but, que l'intérêt d'un chef, d'une secte, d'une faction; pour résultat, qu'un changement de personnes, ou tout au plus de forme, dans le gouvernement; et si les peuples y ont gagné, quelquefois, ce n'a été que d'une manière secondaire, et hors de la pensée des novateurs, dont l'amour de soi, ou l'intérêt personnel était le seul mobile.

On n'en connut pas d'autre dans cette enfance du genre humain, où toute la rudesse de l'organisation première, le penchant irrésistible des passions natives, l'ignorance la plus complète nous présentent, pour résultat, les institutions les plus barbares, et l'oubli absolu de tout ce qui peut tendre vers la prospérité publique.

Le Scythe indomté vit au milieu de ses déserts glacés, sur une terre vierge et féconde, qu'il dédaigne de cultiver ; et, s'il éprouve des besoins, ce n'est que pour ravir les fruits que l'industrie de ses voisins a su tirer du même fond, et de verser sur eux un déluge de maux : c'est là tout son commerce ; ce sont les seuls échanges qu'il sache, et qu'il puisse faire, dans son dénuement et sa misère ; mais du moins, il conserve son indépendance, précieux avantage qui peut conduire à la liberté, fille des lois, protectrice de l'Agriculture, du Commerce et des Arts.

Sous les climats chauds, au contraire, la paresse et l'oisiveté remplacent, dans l'état d'ignorance, cette feroce activité qu'enfanta le Nord pour désoler la terre ; les déserts brulans de l'Afrique eurent de tous tems, aussi, leurs sauvages qui subsistent encore, dans presque toute l'étendue de ce continent équatorial ; ils se contentent des présens que leur fait une nature exubérante, sur ce sol, à la fois fortuné et misérable ; et lorsqu'ils manquent du nécessaire, trop lâches, trop efféminés, pour aller le conquérir, ils préfèrent se nourrir de leur propre sang ; le père vend son fils, l'époux vend son épouse, affreuse industrie ! Entier oubli de la dignité de l'homme ! Malheureuses contrées où naquit l'esclavage, et où il semble devoir se perpétuer à jamais !

C'est sous un ciel tempéré, qu'est née la civilisation, mère des Sciences et des Arts, doux lien qui doit unir, un jour, tous les membres épars de la grande famille du genre humain ; et c'est de là qu'elle s'étendra successivement sur tous les points du globe, pour donner naissance à un nouvel ordre de choses, et perfectionner les grossières institutions qui régissent encore presque tous les peuples de la terre. Elle domptera le Russe et le Tartare, qui hérita de toute la férocité de ses pères ; elle tirera le Caraïbe, l'Hottentot, l'habitant du Canada de son dénuement, et le Nègre de l'état d'abjection où l'entretiennent l'ignorance et la molesse ; elle rendra à l'ancien habitant de la Grèce, à l'Egyptien, à l'Asiatique la valeur et les vertus de ses ancêtres, que le vandalisme a étouffées ; elle soumettra au même régime tous les peuples de l'Europe, encore barbares ; elle eût montré toute sa puissance sur l'habitant du nouveau monde, dont l'heureux caractère se serait aisément plié à toutes les institutions de la sagesse, au sein même de l'ignorance et comme au sortir de l'état natif ; si la férocité, l'appas de l'or et un fanatisme aveugle avaient été remplacés, chez les Europééns, par ces lumières et cette douce philantropie qui, dans les conquêtes, sont le gage du bonheur général ; car si l'union fait la force, elle assure aussi la félicité des peuples ; et telle est la voix de la sagesse, qui s'est rarement fait entendre parmi les hommes, qu'ils ont écoutée plus rarement encore, et qui leur parlera toujours de la sorte, tant qu'elle trouvera sur ce globe des apôtres dignes de la prêcher. Tel devrait être aussi votre langage, ô grands de la terre! S'il est des organes périssables, dignes de faire parler cette auguste fille du ciel, c'est de la bouche des rois et des chefs des nations que nous devrions entendre ses préceptes sacrés; c'est sur leur exemple que nous devrions les révérer, et les mettre en pratique; leur mission est divine, sans doute, puisqu'ils sont préposés par les hommes pour les guider dans le sentier des vertus et du bonheur, qui en est inséparable.

Mais les rois et les peuples, tout semble frappé d'aveuglement; et cette terre, si féconde, si prodigue de ses dons, se trouve ensanglantée par la fureur de ses propres enfans, qui, au lieu de puiser en commun, dans son sein maternel, une abondante nourriture, ne songent qu'à s'entr'égorger; comme si la victoire devait leur en assurer, à chacun, l'exclusive possession, et que le genre humain dût cesser un jour, de se reproduire, pour laisser vivre éternellement les odieux vainqueurs dont la main s'est trempée dans le sang de leurs frères. O perversité! O affreuse démence! Jusques à quand les mortels seront-ils sourds à ce cri de la nature, qui s'élève, sans cesse, du fond de leur cœur: ,, aimez-vous les uns les autres, unissez vos efforts, partagez vos soins et vos peines, jouissez en commun et vous serez heureux."

Ce n'est point une vaine déclamation, que je présente ici, pour exorde de mon discours; c'est l'expression du pénible sentiment qui s'est emparé de tout mon être, dès que j'ai voulu envisager mon sujet, sous le point de vûe, qui peut seul intéresser l'humanité; c'est le sommaire de toutes mes pensées sur cette matière, et je supplie mes juges de vouloir bien se pénétrer de l'esprit qui m'anime, afin de bien saisir tout ce qu'il va dicter à ma plume.

## PREMIÈRE PARTIE.

Quand il serait vrai, comme l'a dit Rousseau, que le développement des facultés humaines, nécessaires pour la formation de l'état social, a été le résultat „ du concours fortuit de plusieurs causes „ étrangères, qui pouvaient ne jamais naître, et sans „ lesquelles il fut demeuré éternellement dans sa „ constitution primitive (1)." Ce qui est au moins problématique. Quand il serait vrai que „ l'état „ sauvage est le moins sujet aux révolutions, le meil„ leur à l'homme, et qu'il n'en a dû sortir que par „ quelque funeste hazard, qui pour l'utilité commu„ ne eut dû ne jamais arriver." Il n'en serait pas

---

(1) Discours sur l'orgine de l'Inégalité. Première partie.

moins intéressant de rechercher, comment une fois sorti de ce premier état, dans lequel il n'a jamais été tenté de rentrer (1), l'homme peut, en suivant le cours naturel des choses, et les penchants qui l'entrainent rapidement vers l'emploi et le développement de ses facultés, tirer parti de toutes les situations, dans lesquelles il se trouve pour arriver au bien être, et de voir s'il n'est pas tel état de civilisation qui, en reproduisant tous les avantages de l'état sauvage, lesquels consistent presque uniquement dans l'indépendance, conserve, en même tems, tous ceux qui sont le fruit de l'industrie, et banisse, au moins en partie, les maux qu'elle semble entraîner avec elle, dans ses nombreuses perfections. Or, la question proposée ne raméne à rien moins qu'à ces grandes idées d'ordre public, sur lesquelles repose la prospérité, soit générale, soit individuelle; qu'à ces heuréuses conceptions, qui sont le principe de tous les prodiges enfantés, pour le bonheur des hommes, dans les diverses sociétés, où il s'est glissé tant d'abus, sans qu'aucun d'eux, peut-être, soit nécessairement lié à cet état de choses.

Mais, d'abord que dévons nous penser de

_______________

(1) Id. 2e partie. L'exemple que nous donne Rousseau de plusieurs sauvages, qui après avoir gouté la vie sociale l'ont abandonnée volontairement, ne prouve rien. Ils n'étaient pas civilisés. Le passage d'une vie a l'autre avait été trop brusque. Le mets, le mieux apprêté est indigeste pour un estomac accoutumé à se nourrir d'alimens grossiers.

l'état de nature, dont on nous a présenté des tableaux si différents, et si peu vrais ; qu'on a tour-
à-tour, prôné et décrié; qui a été tantôt l'objet
de l'enthousiasme le plus exalté, et tantôt celui
de la satire la plus amère ? Cet état, qu'on ne
saurait définir, et qui n'est qu'une abstraction, à
laquelle des philosophes d'un grand mérite, doués
d'une éloquence entrainante, ont voulu donner de la
réalité, ne peut-être regardé, sous quelque point
de vûe qu'on l'envisage, comme devant remplir la
destiné de l'espèce humaine, qui a dû, nécessairement, passer par les divers degrés de civilisation,
que nous présente l'histoire des peuples, et qui semble appellée à de nouveaux progrès, encore, pour
atteindre, enfin, toute la perfection que sa nature
comporte.

Ces différens degrés, dont le nombre est indé-
fini, sont tous dans l'ordre naturel des choses ; et
chacun présente des avantages et des inconvéniens,
dont la comparaison et le rapport donnent la somme de biens ou de maux, qui y prédomine, et qui
le fait envier, ou craindre, selon qu'on envisage les
uns ou les autres. Chaque état du genre humain
peut donc être présenté comme le meilleur, ou comme le plus mauvais ; et cela nous explique pourquoi il a existé des partisans aveuglés de la civilisation de nos jours ; pourquoi elle a eu des détracteurs outrés. Le plus marquant d'entre ces derniers,
le sublime Rousseau, nous a présenté avec sa touche inimitable l'effrayant tableau de nos vices, et

il lui a opposé la séduisante simplicité des mœurs de ce qu'il appelle l'état de nature; mais il s'est tû et sur les inconvéniens, qui seraient inséparables de cet état, s'il pouvait réellement exister, et sur les avantages de la civilisation, qu'on ne saurait révoquer en doute. Ses raisonnemens n'ont donc point, par eux-mêmes toute la force que leur prête son éloquence. Sa sévère censure, si elle fait notre honte, n'en mérite pas moins, cependant, et nos éloges et notre admiration; c'est le langage de l'austère vertu, qui fut toujours l'idole de ce beau génie.

Quelque chose, que laissent à désirer ses écrits sur cette matière, ainsi que tous ceux qui en traitent, je n'entreprendrai point d'établir ici, la balance des biens et des maux qui appartiennent à toutes les nuances de circulation, dont l'histoire des sociétés nous offre l'exemple; cette tâche difficile, et qui reste toute entière à remplir, n'est point, il est vrai, absolument étrangère à mon sujet, et je pense même, qu'il serait dans l'esprit d'une bonne méthode de faire précéder la série de raisonnemens, qui doit contenir la solution de la question, par le tableau des progrès, ou des retards qu'ont éprouvés l'agriculture, le commerce et les arts dans les différentes sociétés, et par l'histoire des institutions sociales, elles mêmes, afin de faire mieux ressortir toute leur influence sur les trois grandes sources de la prospérité des nations.

En effet, indiquer avec justesse, quels moyens auroient dû employer les divers gouvernemens,

pour la développer et l'étendre, d'après les circonstances, et la disposition des peuples qui leur
étoient soumis ; faire connoître comment chacun
d'eux, aurait pû mettre à profit tous les exemples
de succès et d'insuccès que lui offroit l'histoire du
passé, ce serait réellement donner des préceptes
aux gouvernemens présens, et leur dire, de la manière la plus frapante, quelle conduite ils devraient
se prescrire. Il n'est donc pas douteux, que ces
prémières considérations, convenablement dévelopées,
jetteraient un grand jour sur celles qui sont proprement l'objet de la réponse demandée, et le but
vers lequel je dois tendre ; car telle est la nature
de notre esprit, et celle des choses, qu'il faut souvent, pour arriver à une simple verité, en découvrir une foule d'autres, ou présenter, sous un nouveau jour, celles que l'on possède déjà. Il n'est
personne qui ne connaisse aujourd'hui toute la puissance de la méthode, toute l'importance de l'enchainement et de la liaison des idées, pour éviter l'erreur et se démontrer la vérité à soi-même. Cette
marche devient bien plus nécessaire encore ; quand
il s'agit d'enseigner cette vérité aux autres. Que de
faux préjugés n'a-t'on pas à combattre et à détruire, et combien le faux savoir n'oppose-t'il pás
d'obstacles à la conception des données les plus
simples, particulièrement dans tout ce qui a trait
à l'économie publique, sorte de science, dans laquelle on n'a posé, encore, aucun principe, aucune base fondamentale !

Mais j'aurais trop à faire, si je voulais traiter toutes les questions incidentes, qui pourraient se présenter à ma pensée, et dont la solution paraitrait devoir verser des flots de lumière sur la proposition principale. Il suffira, je pense, pour faciliter l'intelligence de ce que j'aurai à dire, de comparer rapidement, sans exagération, et avec toute la candeur qu'inspire l'amour de la vérité, les différents états de l'homme sur le globe, et de voir qu'elle est sa condition et sa manière d'être dans chacun. On n'a pas encore tout dit là-dessus, et peut-être, l'amour du paradoxe qui, souvent, égare notre esprit, même à notre insu, et nous laisse à côté du vrai, n'a-t-il pas permis de voir toujours juste à certains écrivains (1), dont la supériorité ne fût jamais contestée que par l'envie, et dont les utiles travaux méritent notre juste vénération, en même-tems, que leurs écarts nous font sentir toute la faiblesse de l'homme, et toute l'imperfection de ses facultés.

Je ne m'amuserai donc point à réaliser des abstractions, aux quelles, grâces aux lumières du siècle, et aux progrès qu'ont fait les sciences naturelles et particulièrement celle de l'homme, person-

---

(1) On ne conteste plus, aujourd'hui, sur le mérite littéraire et philosophique des ouvrages de J. Jacques et de Paw, qui sur cette matière, sont absolument contradictoires. Mais tout les deux me paraissent avoir erré sur les faits et sur les conséquences qui en découlent. C'est dans un juste milieu, entre des opinions également exagérées, qu'on trouvera la vérité sur ce point, comme sur beaucoup d'autres.

ne ne croit plus aujourd'hui; et qui, propres à amu-
ser des lecteurs de romans philosophiques, ne
pourraient point satisfaire les esprits qui sont à la
recherche des vérités utiles. Il est plus que tems
de mettre au rang de l'âge d'or des poëtes, l'état
primitif de l'homme sur lequel les livres sacrés des
diverses nations nous instruisent si mal, et qu'il
nous est absolument impossible de déterminer d'a-
près les monumens vraiment historiques, et dignes
de foi, que les recherches des savans nous ont
procurés; à moins que nous ne prenions pour tel,
l'état sauvage, dont il existe, encore, mille exemples sur la terre; mais qui n'est point le véritable
état de nature, tel que l'entendent nos philosophes
platoniciens, et spécialement J. Jacques Rousseau.
Quoiqu'il dise, en parlant de l'époque à laquelle fût
instituée la propriété ( 1 ) „ Mais il y a grande
„ apparence qu'alors les choses en étaient déjà ve-
„ nues au point de ne pouvoir plus durer comme
„ elles étoient; car cette idée de propriété, dépen-
„ dant de beaucoup d'idées antérieures qui n'ont
„ pû naître que successivement, ne se forma pas
„ tout d'un coup dans l'esprit humain : il fallut
„ faire bien des progrès, acquérir bien de l'indus-
„ trie, des lumières, les transmettre, les augmenter
„ d'âge en âge avant que d'arriver à ce dernier ter-
„ me de l'état de nature. (2) ”

_______________

(1) Discours sur l'origine de l'inégalité. 2e partie.
(2) Remarquons, en passant, que cet aveu du grand homme,

Si jamais l'homme a pû exister dans cèt état, il en sera sorti bien vite; nòn, comme le dit Rousseau, par une cause fortuite, qui aurait pû ne pas arriver; mais par mille motifs dont chacun devait être tout‑puissant sur son cœur, et sur son esprit, dont l'essor n'aurait jamais été tel que nous le voyons, s'il n'eût existé en lui, des forces toujours actives, propres à le faire sortir de l'état d'abjection auquel on a voulu le ravaler pour toujours.

---

dont n'ont pas su profiter ses antagonistes, prouve combien les progrès de la civilisation étaient naturels à l'homme, même aux yeux de l'auteur; puisqu'après avoir développé la longue série d'idées abstraites, qu'il avait réalisées dans sa féconde et belle imagination, il revient à nous présenter les diverses phases de l'état sauvage; comme un passage à la vie agricole; comme un chainon qui lie l'état de nature proprement dit, à l'état civilisé. Et c'est là qu'on voit cèt état idéal bien distinct, dans la pensée de l'auteur de l'état sauvage, quoiqu'il appelle l'institution de la propriété, qui commença le véritable état de civilisation, le dernier terme de l'état de nature; sorte de contradiction dans laquelle cet esprit pénétrant ne s'appercevait pas être tombé, et qui est de la dernière évidence.

En effet, d'après ces principes, l'état sauvage ne peut être l'état de nature: puisqu'il offre déjà beaucoup d'industrie, et bien des lumières. D'ailleurs la vie du sauvage est toute différente de la peinture que ce philosophe nous fait de celle de l'homme isolé, vivant pour lui seul, se suffisant à lui même, et trouvant son suprême bonheur dans cette vie intérieure.

Convenons qu'un tel être est plus près de la nature divine que de la nature humaine, et qu'il ressemble assez à l'homme-Dieu de platon; du moins pour ce qui est du moral, ou de la quiétude d'esprit; car au phisique, il faut avouer qu'il touche de près à la nature des brutes.

Mais puisque nous ne pouvous pas remonter plus haut que l'état sauvage de l'homme, soit par le moyen de l'histoire, soit par les sages abstractions d'une raison qui ne serait point en délire; puisque nous ne pouvons réellement pas concevoir un état où l'homme participe de la quiétude des êtres célestes, d'une part, tandis que, de l'autre, il serait réduit au pur instinct des bêtes, attendu qu'en effet, telle n'est point sa nature; — puisqu'enfin, a quelque degré de l'état sauvage qu'on le trouve sur le globe, on découvre toujours en lui un commencement d'industrie, et surtout des rapports sociaux constants, et plus ou moins durables, de sexe à sexe, et même d'homme à homme; partons de ce point et considérons ce que sa situation présente de remarquable dans les degrés successifs de civilisation qu'il a parcourus; au défaut d'une histoire exacte et complete à cet égard, sachons nous borner aux faits les mieux constatés.

Si nous nous en rapportons aux relations de nos voyageurs, et de nos historiens véridiques, concernant les peuples qui ont été, ou qui sont encore dans l'état sauvage, nous voyons qu'il n'en est pas un, qui n'ait montré une industrie plus ou moins étendue, et qui n'ait employé, pour pourvoir à sa nourriture, et se procurer certaines aisances, des moyens qui annoncent de grands dévelopements dans les opérations de l'esprit, opérations qui distinguent essentiellement l'homme de toutes les autres espèces d'animaux, sur lesquelles il a une supériorité, qui ne fut jamais douteuse, jamais partagée par aucune d'elles (1).

Comment concevoir en effet qu'un être aussi dénué de tout, aussi misérable que l'homme, à sa naissance, et qui, sous ce rapport, se trouve si disgracié par la nature, en comparaison des autres animaux, pût exister, s'il ne trouvait en lui des ressourses qui le dédommagent de tous les biens qu'il n'a pas, si cette même nature ne l'eût mis en état de se les procurer? Eh! ne parait-il pas qu'alors même qu'elle semble l'abandonner, et qu'elle le prive de tout, cette mère, que nous sommes en droit de juger, au premier aspect, si peu soigneuse, si peu tendre à son égard, a réellement tout fait pour ce fils chéri . . . . . quoique les causes finales soient généralement de fort mauvaises preuves en philosophie, ne sommes-nous point forcés de convenir, d'apres tout ce que nous voyons, et par nos sens extérieurs, et par le sens intime de la raison, que telle paraît avoir été la prévoyance de la cause première, surtout, si nous considérons que, d'après certaines lois particulières, qui ne sont et ne peuvent être que des émanations de la loi univer-

---

(1) Tout le monde sait aujourd'hui ce qu'on doit penser de cette famille de singes, de cette espèce d'hommes des bois qui n'a pu offrir qu'à des yeux prévenus quelque trace de la figure humaine, dont les caractères anatomiques sont si différents de ceux de notre espèce, et chez qui les facultés intellectuelles n'ont rien de comparable à celles de l'homme même en qui elles sont le moins développées, pourvu qu'il soit dans l'état sain.

selle, chez les animaux même, les espèces les plus
dénuées de tout moyen de subsister, sont celles qui
sont le plus industrieuses pour se les procurer, à
moins qu'elles ne soient destinées à naître et à périr
dans un tems trés-limité ; et ces exceptions même,
loin de détruire la règle, ne font que la confirmer.
Ce n'est pas le seul point où l'histoire des animaux soit propre à éclairer celle de l'homme, qui leur
ressemble à certains égards, quoiqu'à certains autres, il n'ait rien de commun avec eux.

La nature donc, en privant l'homme de tout ap-
panage, lui a donné des droits illimités à tout ce qui
peut-être à sa convenance ; et qu'existe-t-il sur le
globe, qu'il n'ait pas su s'approprier ? L'auteur de la
Genèse n'avait qu'à regarder autour de lui pour
devenir à cet égard l'interprète de Dieu : *Crescite et
multiplicamini, replete terram, et subjicite eam et
dominamini piscibus maris, volatilibus cœli et uni-
versis animantibus quæ moventur super terram.*
C'est une pensée toute terrestre, et il ne fallait, ce
me semble, ni beaucoup de philosophie, ni une
révélation pour nous l'apprendre. Il n'en fallait pas
davantage, pour convaincre les hommes qu'ils sont
condamnés au travail, par la toute-puissance, et à
gagner leur pain à la sueur de leur front : *In labo-
ribus comedes ex ea cunctis diebus vitæ tuæ... in
sudore vultus tui vesceris pane....* et je crois bien
que l'homme de la nature qui, vivant dans la quiétude, s'en rapporterait à cette même nature, pour
pourvoir à sa subsistance, encourrerait la punition

tacite attachée au mépris du précepte divin : la mort qui s'en suivrait bientôt.

Sans la main de l'homme, sans son activité, sans ses besoins, qui en sont le principe, la terre fût toujours restée couverte de ronces et d'épines, le bled n'eût germé nulle part, et le gland des forêts, qui n'est même pas propre à nourrir notre espèce, sans une préparation qui exige de l'industrie, loin de suffire à ses besoins, n'eût fait qu'étendre et multiplier l'arbre qui le porte, pour étouffer sous son feuillage touffu, sous ses bras nerveux, que les siècles voient croître ; tous ceux dont les fruits, mieux appropriés à notre estomac, pouvaient seuls suppléer à une autre nourriture. J'ai déjà dit que Dieu semblait n'avoir fait qu'ébaucher le globe, pour laisser aux hommes le soin de perfectionner son ouvrage ; et telle semble être en effet la destinée qu'il leur a reservée, destinée qui s'accomplira dans le tems, malgré les nombreuses aberrations qui ont déjà eu lieu, malgré celles qu'attend encore l'avenir (1).

---

(1) Le nouveau continent a offert aux europééns qui en firent la découverte une preuve non-équivoque des désavantages d'un sol inculte et sauvage. Le climat y était si contraire aux animaux quadrupèdes qu'on les a trouvés plus petits d'un sixième que leurs analogues de l'ancien continent. Les hommes y étaient abrutis, énervés et viciés dans toutes les parties de leur organisation. La terre y offrait l'aspect d'un désert immense et stérile ; on ne pût s'y établir qu'en s'exposant à essuyer les horreurs de la famine, ou tous les maux de la disette. Les Espagnols furent souvent forcés de manger des Américains, ou de se dévorer eux-mêmes, faute d'autre nourriture. Les premiers colons français envoyés dans ce monde infortuné finirent par se dévorer entr'eux.

Dans l'enfance des nations, car je n'oserais en assigner une au genre humain, dont toutes les parties semblent vieillir et se rajeunir tour-à-tour, sans que le corps en lui-même change jamais, les besoins des hommes devaient être bien restreints, et leurs relations avec les différents êtres, et particulièrement avec leurs semblables, très peu nombreuses. Besoins et relations, voilà les deux cercles concentriques qui renferment l'existence humaine, et qui s'étendent toujours dans le même rapport, en raison du degré de civilisation, et de telle sorte qu'on pourrait mesurer réciproquement ce degré par leur diamètre, et leur diamètre par ce degré ; ces deux cercles ne pouvaient rester toujours les mêmes, et l'état sauvage, qui nous les présente extrêmement resserrés, a, lui-même, plusieurs périodes.

Ce serait une chose bien intéressante que l'histoire des diverses nations sauvages qui ont existé, ou qui existent encore, si elle était faite par des gens éclairés et de bonne foi, dégagés de toute pré-

Les Anglais qui conquirent la Virginie en revinrent affamés sur les vaisseaux du commodore Drack ; aujourd'hui même, il existe aux Indes occidentales plusieurs colonies sécondaires, absolument hors d'état de se nourrir de leurs propres productions ; il faut que les métropoles Européennes les pourvoient de vivres ; les plantes veneneuses croissoient partout ; partout, les reptiles, les insectes et les animaux malfaisans, d'une grandeur prodigieuse, couvroient le sol, que des vapeurs humides et malfaisantes achevaient d'infecter. *De Paw, recherches Philosophiques sur les Américains.*

vention systématique. Peut-être en résulterait-il, que l'homme, dans cet état, ne jouit pas de tous les avantages que lui prêtent ses partisans, ni qu'il n'est pas sujet à tous les inconvénients que lui attribuent ses détracteurs; mais du moins nous pourrions établir une juste balance entre les biens dont il jouit et les maux auxquels il est sujet; ce que nous ne pouvons faire encore que par conjecture, ou sur des rélations contradictoires, et dont la plûpart ne méritent aucune croyance.

On ne saurait douter d'abord, que, loin de se borner à jouir des fruits d'une nature vierge et inculte, toutes les nations sauvages ont cherché dès les premiers tems de leur existence, dans la chasse ou dans la pêche, selon les circonstances et leur position, un supplément aux fruits de la terre, dont l'insuffisance ne dût pas tarder à se faire sentir, dès que la population se fût un peu accrue; car il n'est point vrai, comme le dit Rousseau, que la terre inculte et sauvage puisse nourrir plus d'habitans que la terre cultivée; et je ne sais trop ce qu'il faut croire de l'expérience qu'il dit avoir faite à cet égard (1). Je ferai remarquer seulement, que les arbres, dont il compare les produits, avec ceux de la terre ensémencée, sont eux-mêmes, le fruit de la culture, et qu'il est plus que probable qu'ils cesseraient bientôt, sans elle, de produire des fruits

_______________________

(1) *Discours sur l'origine de l'Inégalité.*

succulents et dans une certaine abondance. Du moins est-il certain qu'à l'exception des contrées équatoriales, où certains arbres portent naturellement de beaux et bons fruits, les mauvais arbres et les plantes parasites sont, partout, la seule chose que la terre produise de son sein virginal ; et tout le monde connait la tendance qu'à la nature à étouffer toutes les productions propres à la nourriture de l'homme. Dans certaines régions même, elle ne peut rien produire ; et la pêche, ou la chasse, est la seule ressource qui reste à notre espèce.-

Croirons-nous, d'après cela, que l'état sauvage est le plus propre à la population ? Croirons-nous à ces pépinières du genre humain dont on a tant parlé, sans chercher à distinguer la réalité des apparences. N'est ce pas par le défaut du nécessaire, et par l'espoir de partager un bien-être qu'elles n'avaient pas, que les hordes du Nord ont infesté et envahi le midi de l'Europe et de l'Asie, plutôt que par un excès de population, auquel on a cru qu'il n'existait rien de comparable dans les pays civilisès ? Des peuplades entières, hommes, femmes, enfants, tous venaient en masse conquerir de nouvelles terres ; c'était une migration, un changement de lieu, une transplantation de colonies. Tout cela devait effrayer sans doute des sociétés encore mal policées, mal défendues, et donner une haute idée du nombre d'hommes existants dans ces contrées sauvages ; mais qu'on suppose la population actuelle du plus petit état de l'Europe faisant en

masse une semblable irruption, et l'on aura un effet
bien plus marquant encore.

Dès qu'une horde avait quitté une contrée,
cette contrée était aussi-tôt occupée par la horde
voisine, qui, plus à son aise, et trouvant plus de
ressources, voyait accroître sa population, dans le
même rapport. Pensera-t-on, pour cela, qu'elle
pût égaler la population d'un état où la culture est
établie? Croira-t-on que la Tartarie (1), dont
les peuplades errantes et vagabondes ont si souvent
envahi et dévasté le midi de l'Asie, eût une population comparable à celle de ces contrées qui, sans
doute, ont été les plus précoces de l'univers en civilisation? Qui osera soutenir que le Nord de l'ancien continent s'est dépeuplé, depuis que l'agriculture, les arts et le commerce ont appris aux hommes qu'en se fixant sur le sol qui les a vû naître,
ils pourraient se procurer toutes les jouissances
qu'ils avaient voulu vainement conquerir? Malgré
mon respect pour l'autorité de Rousseau, je ne sau-

(1) Genovesi dans son ouvrage intitulé: *Lezioni di commer-
cio e d'economia civile*, établit le rapport qui pouvait exister
entre la population totale de la Tartarie et les armées qui en sont
sorties pour conquerir la Chine; d'où il résulte qu'il n'y avait tout
au plus que 30 millions d'habitans sur un territoire de trois mille
milles de long, et de deux mille milles de large, tandis que la
Chine, qui n'a que le quart de cette étendue, renferme 120 millions d'hommes, et que la France qui n'a que 500 milles en lar-
géur et en longeur en contient environ vingt millions. (*Parte
prima, capitolo* V. §. XVI.

rais partager son avis à cet égard ; et s'il était vrai que la Germanie, l'ancienne Scytie, la Tartarie eussent moins d'habitans qu'autrefois, ce qu'aucun recensement ne peut nous apprendre, et ce dont nous ne saurions juger avec certitude par les effets des migrations, j'en trouverais la cause suffisante dans l'asservissement féodal, fruit de la Barbarie, et comme elle, propre à empêcher le dévelopement des facultés de l'homme, que l'esclavage mille fois pire que l'indépendance absolue, tend sans cesse à étouffer. Qu'Alexandre effectue l'affranchissement de ses sujets, qu'il complète l'ouvrage de Pierre-le-Grand et de Catherine, et ses états se peupleront bien vîte. Qu'il favorise surtout l'agriculture, et les déserts disparaitront dans toute l'étendue des Russies ; des contrées inhabitables pour l'homme civilisé s'embelliront bientôt, et l'Europe, ni l'Asie, n'auront plus à craindre ces irruptions de Barbares dont elles sont encore effrayées, quoique le génie du Czar, qui conçut la vaste pensée de civiliser des sauvages, les en ait préservés pour jamais.

Nous ne voyons rien de semblable à ces fléaux et à ces craintes dans l'histoire de l'Amérique Septentrionale dont les sauvages habitans n'ont eu à vaincre et à subjuguer aucun peuple civilisé. La nature était la même pour tous, parce qu'ils ne la cultivaient pas plus les uns que les autres ; et tour-à-tour chasseurs, pêcheurs et nomades, selon les circonstances et les lieux, ils ont long-tems erré, du Nord au midi, de l'Est à l'Ouest, entraînés par leurs besoins journaliers, et ne songeant qu'à se procurer la nourriture indispensable pour assurer leur existence. Tel a été partout le sort de l'homme dans cet état; tel est encore celui d'un grand nombre de sauvages dans les deux parties du nouveau monde. Leur indépendance est cependant limitée par une association au moins momentanée, qui les met en état de résister aux agressions de leurs ennemis; de leur disputer la jouissance du terrain qu'ils occupent; d'en conquérir un nouveau, quand ils ne trouvent plus à vivre dans le premier, ou qu'ils en convoitent un meilleur. Partagés par tribus, par hordes, par peuplades, ils ont des chefs de leur choix, sous la conduite desquels ils changent de climat, vont faire la guerre à leurs voisins, ou tâchent de se procurer des provisions pour leur nourriture. Il y a même chez certains d'entr'eux un commencement de culture.

Tels étaient anciennement les Gaulois, les Germains et les Scytes, dont la barbarie et la férocité cependant, si nous en croyons les historiens, étaient beaucoup plus fortes que celles des sauvages de l'Amérique; ce qui, sans doute, tenait au climat, à la nature des besoins, et peut-être à la constitution primitive de la race humaine dans ces contrées, où la civilisation même, a développé des facultés, et une capacité que l'on n'a pas retrouvée au même degré parmi les peuples policés du continent Américain.

Les mœurs, dans l'état sauvage, ont sans

doute plus de simplicité que dans l'état de civilisation ; et quand nous ne croirions pas entièrement à ce que nous dit Tacite des mœurs des Germains, dont il flattait à dessein le portrait, pour faire mieux ressortir les défauts et les vices de Rome corrompue, qu'il voulait censurer, nous ne saurions douter que des rapports sociaux, moins étendus, n'aient donné lieu à moins de vices, comme aussi il en resultait beaucoup moins de vertus. Là les besoins sont peu nombreux, et faciles à satisfaire ; l'éducation ne met point d'entraves au développement du corps et à celui des facultés naturelles dont l'emploi n'est jamais abusif ; les mœurs domestiques sont pures, et tendent au bonheur de tous les membres de la famille ; les devoirs sociaux sont ceux de l'homme ; la religion, quoique grossière, est un lien entre les hommes au lieu d'être un sujèt de discorde ; et, ce qui est le complément de tout cela, les mœurs y ont un empire absolu et tiennent lieu de lois. (1) Mais tout ce que les mœurs, tout ce que les habitudes des sauvages ont de bon, les législateurs des nations ont voulu le leur conserver, en les arrachant à la Barbarie. Et qu'ont de si séduisant les mœurs des Germains, dans toute leur simplicité, et telles que nous les décrit le profond historien de Rome, que nous ne retrouvions à un plus haut degré, et

------

(1) Plus ibi boni mores valent quam alibi bonæ leges. *Tacitus de situ, moribus et populis Germaniæ,*

embelli par mille avantages, que la civilisation peut seule procurer, chez les Spartiates et les Grecs, en général, chez les Crétois et les anciens Perses, chez les Romains du premier âge?

Mais pourquoi sommes-nous toujours réduits à aller chercher de beaux exemples dans l'antiquité? . . . . . C'est qu' hélas! il n'est que trop vrai, que les nations modernes sont loin de ces modèles révérés et si dignes de l'être. . . . . . Cessons donc de comparer notre civilisation à l'état sauvage, si nous ne voulons justifier les satires de Jean Jacques contre l'état social. Espagnols, Français, Italiens, Allemands, et jusqu'à vous, fiers et nobles insulaires, vous avez été corrumpus, au lieu d'être civilisés; vos mœurs ne sont plus vos mœurs; votre religion n'est plus la vôtre; vos lois ne sont pas vos lois; votre langue n'est plus celle de vos pères; vous avez tout emprunté d'un peuple avili, que vous aviez subjugué; vous avez échangé vos sauvages vertus contre son luxe, contre ses vices, et vous ne connoissez de ses mœurs antiques, que ce qu'en disent des histoires, que vous regardez comme des fables; vous n'êtes que des sauvages amolis, devenus les esclaves de ceux mêmes que vous aviez vaincus, et l'on démèle encore, au milieu de vos bizarres institutions, toute votre barbarie primitive; c'est envain que vous avez voulu la revêtir de la livrée du grand peuple. Ses exemples sont demeurés stériles, chez vous, qui n'avez su rien faire pour améliorer et ennoblir l'espèce humaine.

Peuples de l'Europe, si vous voulez propager la civilisation sur la surface de la terre, et la justifier complètement aux yeux de la raison, il faut cesser d'être ce que vous êtes ; il faut que vous deveniez réellement civilisés ; qu'il y ait unité dans les principes de vos mœurs, de votre religion et de vos lois. . . . . . Jusqu'alors vous ne serez que des sauvages travestis, et tout votre luxe, tous vos arts, que vous avez empruntés, comme si vous eussiez été incapables de les créer, tous ces colifichets, sur lesquels vous prétendez fonder votre prééminence, ne déroberont pas à des yeux clairvoyans votre vrai caractère. Vous ignorez encore l'art d'employer les facultés et les forces humaines ! Barbares, vous n'êtes point civilisés ! (1)

Quoi de plus pitoyable, en effet, que ces mélanges divers de mœurs, de coûtumes, de lois, de religions, dont l'Europe civilisée offre l'exemple ? Quel historien, digne de ce nom, osera entreprendre l'apologie de cette bigarrure, aux yeux de la

---

(1) Quoi de plus opposé à la véritable civilisation, qu'une jurisprudence, qui admet les combats judiciaires ; les jugements de Dieu, par l'eau, le feu, le sort des Saints, etc.; la torture et la roue ?

Qu'une théologie, qui établit l'inquisition sur les consciences, et ordonne les auto-da-fé ; qui croit à la sorcellerie, et aux miracles, aux songes et à la divination ; qui donne lieu, par ses dogmes obscurs, à la perpétuelle naissance de Hérésies ?

Qu'une politique, qui proscrit la liberté de la presse, et

postérité, qui jugera toutes les nations selon leurs œuvres?

Dans l'état sauvage, il n'existe, pour ainsi dire, pas de gouvernement ni de lois civiles; et qu'est-il besoin de magistrats pour régler des rapports sociaux qui n'existent pas? Le défaut de propriété prévient toutes les discussions qui s'élèvent journellement entre les hommes d'un état civilisé, au sujèt du sol; chacun jouit avec un droit égal, et sans se disputer, des fruits qu'on sait n'appartenir qu'au premier occupant, puisqu'ils ne sont le resultat du travail de personne. S'il survient quelque rixe, elle est bientôt terminée; le plus fort se met en possession de l'objet disputé, et le plus faible va se dédommager par de nouvelles recherches, qui souvent rendent son sort le meilleur, et la dispute finit là.

La seule societé qui existe est celle de la famille; c'est le premier des liens que celui-là. Peut-être même est-ce le seul naturel, puisque plusieurs législateurs l'ont regardé comme contraire à l'Etat politique, et se sont attachés à le rompre, pour

---

qui voudrait étouffer jusqu'à la faculté de penser; qui consacre la servitude des peuples, et la souveraineté des gouvernants?

Que des mœurs qui autorisent, qui commandent le duel; qui veulent que le citoyen paisible, le magistrat, soyent toujours armés *selon la coûtume des barbares*, ainsi que le dit Thucydide; qui favorisent anfin des spectacles féroces, et tolèrent, ou même encouragent la débauche et le déreglement!

Or tout cela a existé et existe encore en partie dans tous les états de l'Europe!

renforcer celui des sociétés. Témoins la constitution des Crétois et celle de Lacédémone.

Si les familles se réunissent dans l'état sauvage, soit pour se procurer en commun une nourriture plus facile et plus abondante, soit pour repousser une agression étrangère, soit enfin pour conquérir une contrée plus avantageuse, ce n'est que momentanément, et sous la conduite de chefs dont la mission cesse aussitôt que le but est rempli. Alors chaque famille vit isolée et pourvoit elle-même à ses besoins; ce ne sont pas des villes que l'on bâtit, ni même des villages, mais des huttes séparées, distantes les unes des autres, et que l'on peut transférer quand on le veut; le sauvage ne tient pas au sol, il ne tient qu'à l'existence, et il sait se la procurer par tout; il abandonne un païs où il ne peut plus vivre et il passe dans un autre où il porte ses mœurs, ses habitudes et son goût vagabond; se fixer, est pour lui une chose impossible, il se croirait en prison dans nos palais, dans nos maisons, dans nos villes murées. Voyez encore à ce sujet, ce que dit Tacite des Germains, qui déjà n'étaient plus si sauvages de son tems, puisqu'ils avaient des cités, ou corporations de citoyens aux quelles présidaient des chefs permanentes ou des Rois; qu'ils faisaient la guerre avec un certain ordre, une certaine discipline; qu'ils avaient un conseil de la nation; qu'ils élevaient des troupeaux, et qu'ils cultivaient les champs. Il est vrai que chaque année on faisait la distribution des terres de la communauté, comme pour prévenir les inconvéniens qu'entraine la propriété; ce qui, au reste, parait avoir été commun à toutes les nations de la terre parvenues au même degré de civilisation.

Tant que l'homme ne fait que s'adonner à la chasse ou à la pêche, l'indolence la plus complète constitue son existence; hors des momens qu'il consacre à se procurer sa nourriture ou à combattre ses ennemis, il passe tout son tems dans l'oisiveté; ses forces individuelles sont comme perdues pour lui, pour sa famille, pour ses semblables; et lorsqu'il les emploie, leur isolement ne permet pas qu'il en résulte de grands effets.

Privé des produits de l'agriculture et de ceux des arts, il ne peut jamais avoir de superflu; aussi le commerce lui est-il totalement inconnu. Il a fallu les relations des Européens, avec les sauvages du Canada et de la Siberie, pour leur apprendre à tirer parti de l'excédent des peaux de bêtes qui sont en leur possession. Quels échanges pourraient s'établir entre des hommes qui jouissent tous des mêmes avantages, et dont aucun ne peut avoir en superflu une chose qui manque à son voisin? Au retour de la chasse, il peut se faire un partage, une distribution de butin, entre des peuplades, entre des individus; mais toutes ces choses n'ont de prix que celui que leur donne le besoin du moment, et, passé la faim et la soif, elles n'ont plus aucune valeur aux yeux de personne.

Le genre d'exercice auquel s'adonnent les peuplades

plades sauvages, pour se procurer leur nourriture, dépend de leur position et des localités; ici c'est la pêche, comme on le voit chez les peuples qui avoisinent certains golfes; là, c'est la chasse comme chez ceux qui habitent l'intérieur des terres; ailleurs, elles auront recours à l'une et à l'autre, ce qui a lieu dans les contrées où il se trouve des lacs, des fleuves poissonneux à côté de forêts giboyeuses.

Mais tôt ou tard ces hommes passeront à un autre état: ennuyés d'une existence aussi précaire, et poussés par leur indolence même, qui leur commande l'emploi de moyens plus aisés pour se procurer une nourriture indispensable, ils saisiront toutes les circonstances qui pourront les faire sortir de cet état, et elles se présenteront naturellement. Des animaux encore vivants, et seulement blessés, tomberont entre leurs mains; et s'ils ne sont pas tous nécessaires à leur repas du moment, ils voudront les garder. La pitié, cette passion dominante de l'homme, source de ses plus belles vertus, adoucira le caractère féroce du chasseur envers ces timides créatures, et elles deviendront ses compagnes; de là à l'existence des troupeaux, et à la vie nomade, il n'y a qu'un pas; c'est le second degré de l'état sauvage.

Il a dû naître d'autant plutôt chez les diverses nations, qu'il existe plusieurs espèces d'animaux qui semblent destinés, par la nature, à l'état de domesticité, et qui même ne pourraient subsister autrement; et on ne saurait douter que l'homme ne

C

leur doive une existence plus assurée, et qu'ils n'ayent été un des puissans moyens de civilisation. L'homme, en élevant des animaux, a déposé de sa férocité originelle ; les sentimens de bonté, qui tiennent à son essence, se sont développés ; et sa bienveillance s'est étendue de ces hôtes à ses voisins, et successivement à tous les membres de l'espèce humaine, qui, auparavant, étaient regardés comme des ennemis, comme des ravisseurs d'un bien commun, avec lesquels il fallait toujours être en guerre, par nécessité, et malgré la tendance naturelle du cœur humain à chérir et à secourir son semblable.

Remarquons que c'est là l'origine véritable de la propriété, qui a pour fondement légitime, l'industrie, le travail appliqué, et que, conséquemment, elle existait bien avant le partage des terres, d'où on a voulu la faire dériver. Eh ! quoi de plus sacré que la possession d'un troupeau que des soins particuliers ont formé, qu'ils ont fait prospérer, qu'ils ont accru ! Etre à soi, jouir de ses facultés, et de tout ce qui en est le résultat, sont une seule et même chose ; c'est le droit naturel, d'où émanent tous les autres ; droit, universellement reconnu, même chez les sauvages, parce qu'il n'est point fondé, ni sur des raisonnemens, ni sur des distinctions métaphysiques, et qu'il est de toute évidence pour tous les hommes.

A quoi tendent les déclamations, tant de fois répétées contre la propriété, sinon à nous faire remonter à l'époque où elle n'existait pas pour

voir ce que pouvait être alors le genre humain ; et
que trouvons-nous au delà de son origine ? la misère
et la barbarie ; l'homme vicié dans les principes
mêmes de son organisation (1). Soumis à mille
maux (2) qu'entraine l'insalubrité d'un sol inculte ;
forcé à étouffer jusqu'à ses sentimens naturels (3),
se trouvant sans cesse aux prises avec lui-même et
avec ses semblables pour assurer son existence ; antro-

______________

(1) *Paw, recherches philosophiques sur les Américains.*

(2) Les sauvages ne jouissent pas même d'une santé permanente et robuste comme on l'a prétendu. L'alternative d'abondance et de disette use leur estomac. Ils vivent de peu, ou se gorgent dans l'occasion, et il est étonnant de voir la quantité de nourriture qu'un sauvage peut dévorer en un repas.

„ Il est maintenant constaté que les sauvages sont sujets aux
„ maux d'estomac, aux fièvres bilieuses, aux intermittentes, aux
„ phthisies et aux frénésies ; les fractures et les luxations ne sont
„ pas rares chez eux, mais ils les remettent assez bien ; ils sont
„ aussi fort sujets aux rhumatismes." (*Tableau du climat et du sol
des Etats-unis d'Amérique par Volney* T. II.)

(3) Tout sujet, né faible ou contrefait, périt bientôt de fatigue et de misère, parceque personne ne peut, dans l'état sauvage, pourvoir à la nourriture d'un autre. Les parens mêmes détruisent l'enfant qui serait à charge à eux et à lui-même. Et telle est la barbare origine de l'une des loix de Sparte, qu'on a regardé avec raison comme bizarre et inhumaine, chez une nation où elle n'était plus nécessaire, quoique la pauvreté fût une des vertus fondamentales de la république. „ Chez beaucoup de sauvages,
„ particulièrement au nord du lac supérieur, quand les vieillards
„ deviennent à charge *on les envoie vivre dans l'autre climat*,
„ c'est-à-dire, qu'on les tue comme il se pratiquait chez ces sauva-
„ ges de la mer Caspienne et de la Scithie, selon le récit d'Hero-
„ dote." (*Id. Ibid.*)

C 2

pophage par nécessité, offrant à des dieux sanguinaires et faits à son image des victimes humaines
pour holocauste ; plus ressemblant aux bêtes féroces (1) qu'à lui même, dans ce triste état, ou
également privé de vices et de vertus, étrangers
aux plus douces affections (2), il n'a rien qui le dis-

---

(1) Le sauvage a un courage intrèpide dans le danger et une
fermeté inébranlable dans les tourmens ; il méprise la douleur et
la mort. Il a une patience à toute épreuve dans les auxiétés et
les détresses de la vie. Ce sont là des vertus d'égoïsme et l'effet
d'un désespoir fondé sur le sentiment de la fatalité. Mais, faute
de lien social, l'exercice de ses passions le porte au meurtre et à
la vengeance. Delà, ces assassinats, ces guet-à-pens perpétuels entre tribus, entre familles, jusqu'à ce qu'un égal nombre de meur-
tres, de part et d'autre, permette d'entrer en voye de concilia-
tion. C'est ce qu'on voit encore en Corse et en Sardaigne ; les
traitemens horribles que les sauvages font subir aux prisonniers
qu'ils font dans la guerre, ce poteau, ce bucher, ces lacérations,
ces injures, ce *scalpe* ou arrachement de la chevelure, annoncent
toute la férocité de leurs mœurs. (*Voyez l'ouvrage précité.*)

(2) Le sauvage craint de se livrer au penchant qui doit reproduire son espèce, de peur d'affaiblir ses propres forces que les violens exercices auxquels il est condamné pour vivre, lui rendent
nécessaires. Ce sexe qui dans les sociétés policées fait le bonheur
de l'autre, n'a aucun charme, aucun attrait pour lui : il le tient
dans l'esclavage le plus abrutissant. Comme il dédaigne les occupations sédentaires, la femme est contrainte à travailler la terre
pour pourvoir aux besoins de la famille, dès que les avantages de
la culture lui sont connus ; c'est ce qu'on voit encore en Afrique ; c'est ce qu'on a vu en Amérique et dans tous les pays encore à demi-sauvages. (Voyez dans l'histoire philosophique de
Raynal livre VII, le discours de cette Indienne des Bords de
l'Orénoque, qui, par amour, par tendresse, donnait la mort à la

tingue des autres animaux que sa timidité naturelle, et ses besoins, qui le placent fort au dessous
d'eux, eu égard à la somme des biens et des maux
qu'ils éprouvent. Il ne pouvait donc rester long-
tems dans cet état; sa faiblesse a fait sa force; ses
besoins ont créé ses richesses; son dénuement a fait
sa fortune. Inférieur à *tous* les animaux, par ses
ressources extérieures il a trouvé en lui-même de
quoi les surpasser *tous*, et devenir leur maître. (1)

Ces diverses transitions ont eu lieu successivement, et avec lenteur; il avait trop à faire, trop
de difficultés à surmonter, pour arriver de suite au
faîte de la puissance; mais il n'a pu tarder à passer
de l'état absolument sauvage à celui de pasteur ou

---

fille qu'elle venait de mettre au jour.) Pendant que les femmes
s'excèdent de travail, la chasse et la pêche sont le partage des
hommes; à leur retour, ils restent oisifs, mangent, boivent et
fument.

(1) Pour opposer Rousseau à lui-même, citons ce qu'il dit à
ce sujet dans son contrat social, celui de ses ouvrages où il a
mis le plus de cette profondeur, et de cette logique pressante,
qui lui étaient propres, et qui faisaient son éloquence : ,, Quoi-
,, qu'il (l'homme) se prive dans cet état (l'état civil) de plusieurs
,, avantages qu'il tient de la nature, il en regagne de si grands,
,, ses facultés s'exercent et se développent, ses idées s'étendent,
,, ses sentimens s'ennoblissent, son âme toute entière s'élève à tel
,, point que si les abus de cette nouvelle condition ne le dégra-
,, daient souvent au dessous de celle dont il est sorti, il devrait
,, bénir sans cesse l'instant heureux qui l'en arracha pour jamais,
,, et qui, d'un animal stupide et borné, fit un être intelligent et
,, un homme." (*Contrat Social. Chap.* 8.)

de nomade, qui a donné naissance à la propriété,
ainsi que je viens de le dire; aussi n'existe-t-il depuis bien des siècles, sur notre globe, presque aucune nation qui ne soit parvenue à ce premier degré
de civilisation; car je le considérerai désormais comme tel, et tous les autres états ne seront plus à
mes yeux, que de nouveaux degrés dans la grande
échelle de la perfection, que l'homme est encore
loin d'avoir parcourue toute entière.

Chez le nomade nâquirent, avec la propriété, les premiers élémens du commerce, source féconde de prospérités, premier lien des nations, origine de cette bienveillance universelle, qui, un jour,
peut être, unira tous les peuples de la terre. Les
propriétaires des premiers troupeaux ne déposèrent
pas avec leur nouvelle existence leurs anciens goûts
pour les produits de la chasse ou de la pêche, mais
ne pouvant soigner leurs animaux, et s'adonner, en
même tems, à ces deux exercices, il leur fallut recourir à des échanges avec leurs voisins, pour s'en
procurer les agrémens ou les avantages; un agneau
fut cédé pour un chevreuil, un veau pour une biche,
et ces premières transactions en firent naître une
foule d'autres qui se multiplièrent toujours à mesure
que les objets d'échange augmentaient.

Presque tous les peuples du nord étaient déjà
nomades ou pasteurs dès les premiers temps connus
de la Grèce et de Rome; ils se transportaient d'un
lieu dans un autre avec leurs familles et leurs troupeaux; faisaient la guerre à leurs voisins, lorsqu'ils

leur disputaient le terrain où ils voulaient s'établir ; et, après l'avoir conquis, ils l'abandonnaient encore, pour un autre, plus vierge, ou moins dépouillé. Cet esprit de vagabondage, inséparable de l'état pasteur, a produit ces grandes irruptions de Scythes, d'Israélites, d'Arabes, de Tartares, de Mogols, dont nous parle l'histoire. Croira-t-on que ces peuples se jetaient ainsi en masse sur les plus belles contrées de l'Europe, et de l'Asie, par esprit de vengeance, ou d'inimitié contre des nations dont ils connaissaient à peine l'existence, ou bien parceque les progrès rapides de la population, parmi eux, leur faisait une nécessité de fonder des colonies ? Non ; c'était le besoin qui les portait à cela, le désir de se procurer une existence plus commode et moins précaire. On connait les discours des Brennus et autres chefs barbares lorsqu'ils voulaient déterminer les peuplades, qu'ils menèrent en Italie, en Grèce, en Asie. Tant que ces contrées restèrent sauvages, incultes et dépeuplées, elles ne craignirent pas ces irruptions de barbares. Qu'y auraient-ils trouvé ? un sol tout aussi ingrat que le leur, puisque la main de l'homme ne l'avait pas encore fécondé. L'amour du bien-être est partout le grand mobile de l'homme, et le bien-être ne pouvait plus se trouver dans l'état nomade, dès qu'il y eut des peuples agriculteurs.

Bienfaisante divinité ! qui as appris à l'homme l'art de faire germer le grain et de le consacrer à sa nourriture ; toi, à qui l'Asie, l'Egypte et la Grèce, où tu donnas les premières leçons, élevèrent des autels, sous différens noms; toi! qui fus honnorée par les nations reconnaissantes, comme la nourrice du genre humain, et dont le culte s'étendit avec tes bienfaits par toute la terre; toi! qui fus la mère des arts, du commerce et des lois, cause universelle et féconde, tu avais décrété dans ton éternelle sagesse cet enchainement de merveilles que tu as su tirer d'une seule et même source! que les nations te bénissent à l'envi! elles tiennent tout d'un seul don de ta main céleste!

Tant que les hommes soupirèrent après ce don, une vaste forêt couvrit le globe; les terres et les mers restèrent inconnus à celui qui devait les parcourir comme son domaine; le genre humain lui même, dispersé, vivant sans abri, sans vêtement, parmi les bêtes fauves, dont il partageait la férocité et le dénuement, ne jouissant pas des mêmes avantages, puisqu'il avait plus de besoins, et moins de ressources, semblait être né pour accuser la sagesse des lois divines, d'après lesquelles chaque espèce a été créée autant pour elle-même que pour l'ensemble des œuvres de la nature.

L'agriculture pouvait seule effacer ces énormes désavantages : elle a mis en œuvre la sociabilité de l'homme, faculté qui lui est propre, qui le différencie le plus des autres animaux, et qui lui donne la prééminence sur eux : elle a créé toutes les sociétés.

Ce grand changement ne s'est point opéré

d'une manière instantanée, et sur tous les points du globe à la fois. Il a fallu d'heureux hazards pour déterminer l'homme à se fixer sur le sol, que ses pères n'avaient considéré jusques-là que comme un lieu de passage. Pour sentir les inconvénients de l'état nomade, il fallait pouvoir lui comparer les avantages de l'état agricole; et c'est, apparemment, la difficulté de concevoir cette transition, qui a déterminé les anciens à faire descendre les dieux de l'Olympe fur la terre, pour enseigner aux hommes le premier des arts. Quellequ'en soit l'origine, elle est céleste, sans doute, puisque nous lui devons tout ce qu'il y a eu de grand et d'utile sur la terre.

C'est dans l'état agricole qu'ont eu lieu les plus grands développemens de l'industrie humaine; c'est l'agriculture, qui a multiplié et étendu les arts et le commerce; c'est elle qui a créé toutes les institutions humaines, parce qu'en procurant à l'homme une surabondance dans ses moyens de subsistance, elle a permis aux sociétés de faire entr'elles des échanges, et à une partie des membres qui les composent, de se livrer à l'étude des arts, enfants de l'oisiveté que ne comportent ni l'état sauvage ni celui de pasteur; c'est surtout de la division du travail, et de l'invention des mécaniques, qu'est dérivé le perfectionnement des procédés; les professions diverses se sont multipliées, à mesure que l'agriculture a fait des progrès. (1)

_______________

(1) La liaison de l'agriculture et des arts était si évidente aux yeux de l'antiquité que certaines divinités les protégèrent en

Tout vient de la terre, et tout retourne à la terre; c'est un principe d'économie publique incontestable; or le travail seul peut faire fructifier le sol; l'oisiveté laisse tout périr. C'est chez les nations agricoles que l'on trouve le plus de richesses territoriales, et le plus d'avances pour se livrer à l'étude des arts et des sciences, et même au commerce effectif; quant à celui d'économie ou de transport, qui, sans doute, est le plus lucratif, mais qui n'a pas la même fixité, il est né le plus souvent sur un sol ingrat ou stérile; témoin Thyr, Athènes et Carthage, chez les anciens; Venife, Gênes, le Portugal, la Hollande dans les tems modernes; et de nos jours la superbe Albion. Mais, dans tous les cas, les productions de la terre, et parconséquent l'agriculture, sont le principe du commerce comme de toutes les autres branches d'industrie; et plus celle-là prospère, plus ceux-ci prospèrent à leur tour.

C'est par une suite nécessaire de la division du travail, selon les localités, ou certaines circonstances, que tel ou tel art a reçu de grands dévelopemens dans quelques contrées, tandis qu'il a toujours été presque ignoré dans d'autres; et de cela même est dérivée la nécessité du commerce, comme un moyen indispensable pour procurer à cha-

---

commun. Minerve, déesse des arts, fit sortir l'olivier de la terre et en rendit la culture sacrée; Osiris et Isis, enseignèrent à la fois aux Egyptiens l'agriculture et les professions industrielles.

que région les objets qui lui manquent, et donner, en échange, celles qui lui sont superflues.

C'était aux pays pauvres à servir d'intermède pour ces échanges; l'industrie doit tout faire, là où le sol ne produit rien ; et l'homme de ces contrées à su pourvoir à son existence, par ses bons offices, entre ceux qui possedaient seul les richesses premières; soit en les transportant respectivement d'un lieu dans un autre, soit en les façonnant avec un certain art, il a su leur donner, par son travail, une valeur qu'elles n'avaient point, et dont il a retenu le prix pour sa peine, procédé profitable à tous, et dont l'étendue et le perfectionnement sont le second bienfait que les hommes ayent reçu de la divinité.

Quoique la nécessité, à laquelle nous devons rapporter l'origine de toutes choses, ait aussi amené la naissance et le perfectionnement du commerce, selon les lieux, et les circonstances, on conçoit difficilement comment il a pû s'établir entre les hommes, lorsqu'on l'envisage dans ses derniers progrès, et qu'on se reporte à l'état sauvage, ou même nomade. Et c'est pour cela, sans doute, que les anciens qui, mieux que nous, savaient voir partout l'œuvre de la divinité, avaient aussi fait enseigner le commerce aux hommes, par les dieux eux-mêmes. Le *Thaut*, le *Mercure* des Egyptiens et des Grecs, en était l'inventeur, et ce n'est pas à tort qu'on lui élévait des autels, à côté de ceux de *Cérès*, de *Triptolème* et de *Bacchus*.

Le commerce, en échangeant les superflui-
tés, en les faisant refluer de toutes parts, a décu-
plé, centuplé les ressources des hommes; il a activé leur industrie par l'appat des jouisssances; et
les arts naissans, et l'agriculture encore gro sière,
se sont perfectionnés, pour multiplier les matières
premières, les modifier et en varier l'emploi. C'est
ainsi que le commerce, qui ne produit rien par lui-
même, est devenu une cause active de production.

Les développemens successifs de l'industrie,
dans les diverses sociétés ont varié selon les lieux,
la nature de l'association, et mille circonstances in-
fluentes, parmi lesquelles il faut mettre, au premier rang, la présence, ou l'absence de ces hommes extraordinaires, qui maîtrisant leurs semblables
par l'ascendant de leur génie, donnent aux esprits
une impulsion qui change en peu de tems la face des
choses. Que n'ont pas fait, dans l'antiquité, les
législateurs et les chefs de la Grèce; Mahomet et
Charlemagne dans les tems modernes; et presque
de nos jours, les Médicis, Pierre-le-Grand, Eliza-
beth d'Angleterre, et Fréderic Second?

Quelques peuples se sont adonnés à un seul
genre d'industrie, par nécessité, ou par circonstance; mais dans toutes les sociétés bien policées,
l'agriculture, les arts et le commerce ont été également protégées et activées.

C'est donc de ces trois sources qu'émanent
toutes choses qui assurent à l'homme son existence et
tous les avantages que sa nature et sa situation peu-

vent comporter ; c'est à leurs progrès, surtout le globe, que tient la prospérité universelle ; et c'est de leur sage combinaison, d'après les circonstances et les lieux, que dépend celle de tel ou de tel peuple. Leurs progrès simultanés annoncent, communément, ceux de la civilisation ; et si les arts et le commerce semblent appartenir plutôt à ses derniers périodes, tandis que l'agriculture parait au contraire plus adaptée aux premiers, il n'en est pas moins certain que leur commun perfectionnement doit être l'objet de tous les gouvernemens sages, et qu'il peut seul assurer à tous les peuples leur indépendance, des relations amicales avec leurs voisins, et les institutions politiques et morales propres à procurer le bonheur de tous, autant que le comporte cette terre de deuil et de larmes, où cependant la sagesse et le génie peuvent trouver quelques consolations à offrir aux hommes, et des motifs d'actions de grâces envers la cause première et invisible de tant et tant d'avantages.

La civilisation, si elle était bien dirigée, loin d'éteindre les sentimens louables dont l'homme apporte le germe en naissant, ne ferait que les développer ; et elle seule peut embellir l'existence humaine des charmes de toutes les vertus : cette pitié naturelle, source de la bienfaisance que Rousseau, dans sa trop sévère censure (1) a cru être plus forte

---

(1) *Discours sur l'origine de l'inégalité parmi les hommes.*

dans l'état sauvage que dans l'état de civilisation, conserverait tout son empire, et ferait éprouver à tous les cœurs les plus douces émotions; l'amour propre, dont il attribuait la naissance à l'état social (1) ne serait plus que ce sentiment d'émulation, qui porte à faire le bien, à l'imitation d'un autre, ou à se rendre meilleur que lui; les hommes en cessant d'être indépendants, ne seraient pas pour cela des esclaves; ils jouiraient, au contraire, dans toute leur plénitude, de cette liberté, de cette égalité de droits, qui sont la source et le garant de tout ce qui se fait de bien parmi eux, et qui ne peuvent exister que dans l'état social perfectionné (2); les hordes sauvages se font la guerre entre elles; dans l'état de nature, s'il pouvait exister, elle aurait lieu d'homme à homme; ce serait trop attendre, sans doute, de la civilisation, que de croire qu'elle puisse jamais bannir ce fléau de dessus la terre; mais elle pourrait, certainement, en diminuer les maux ou les rendre moins fréquents; c'est elle seule, enfin, qui peut permettre l'entier développement des facultés physiques et morales de l'homme, et produire le perfectionnement de l'agriculture, du commerce et des arts.

Il est encore de son essence de laisser vivre

---

(1) *Discours sur l'origine de l'inégalité parmi les hommes.*

(2) L'impulsion du seul appetit est esclavage, et l'obéissance à la loi qu'on s'est prescrite est liberté. (*Contrat social. Livre 1er. Chap. 8.*)

l'homme en lui-même, avantage que le citoyen de Genève (1) apprécie par dessus tout, avec tant de raison, et c'est ce qui arrive à la grande majorité des hommes, même dans l'état d'imperfection où sont encore de nos jours les institutions sociales ; ce philosophe a jugé de la masse, par l'exemple de quelques individus, ambitieux de pouvoir, de richesse, et de gloire ; or ce fut, et ce sera toujours, de nécessité, le très petit nombre.

C'est par une semblable erreur que dans le fameux discours qui a remporté le prix de l'académie de Dijon, il a indiqué les progrès des lumières comme la cause des mœurs et des usages qui ont lieu dans les sociétés de l'Europe dont il fait la trop juste satyre. Il attribue la démoralisation générale à l'influence des savans dont les mœurs, dit-il, sont fort au dessous de celles de la classe ignorante, dont les talents ne sont nullement utiles et qui, conséquemment, n'ont aucun droit au titre de bienfaiteurs de l'humanité qu'ils voudraient s'arroger. Mais n'accordons point à la classe des savans une importance qu'elle n'a pas de fait par elle-même, quoiqu'elle pût et dût en avoir beaucoup sous un bon régime social.

Le genre humain éprouve dans sa masse beaucoup moins de changement qu'on n'est porté à le croire ; les effets des révolutions politiques, ceux

_______________

(1) *Discours sur l'origine de l'inégalité parmi les hommes.*

mêmes des progrès que fait la civilisation n'arrivent que tardivement jusqu'à lu   et ils sont tout autres que ceux qui ont lieu dans la classe instruite, qui est toujours très petite. Si nous examinons, par exemple qu'elle a été la partie des peuples corrompue dans les beaux siècles de la littérature et des arts, nous verrons que ç'a toujours été les grands et les riches.   Le peuple ne fût jamais corrompu par le faste des Périclès, des Augustes, des Médicis, des Léons X, des Louis XIV; et la populace d'une capitale, que l'on pervertit par des exemples pernicieux, et par des spectacles qui l'invitent à l'oisiveté et à la débauche, ne compose pas une nation; or il en est des lettres et des beaux-arts comme du luxe, qui ne corrompt et n'amolit jamais la majorité des hommes, parcequ'il est le partage exclusif du petit nombre; mais il est nuisible, en ce que le petit nombre ne se l'approprie qu'aux dépens de la grande masse, et qu'alors celle-ci tombe dans l'abjection, devient l'objet du mépris des grands et des riches, ce qui ramène aux formes oligarchiques, destructives, presque à l'égal du despotisme, de toute vertu, et de tout amour du bien public. (1)

______________

(1) Quand les loix n'étaient plus rigidement observées, les choses revenaient au point où elles sont à présent parmi nous; l'avarice de quelques particuliers, et la prodigalité des autres faisaient passer les fonds de terre dans peu de mains; et d'abord les arts s'introduisaient pour les besoins mutuels des riches et des pauvres. Cela faisait qu'il n'y avait presque plus de citoyens, ni de soldat; car les fonds de terres destinés auparavant à l'entretien

S'il me fallait des exemples pour prouver que les arts, les lettres et le commerce peuvent s'allier aux bonnes mœurs et à la valeur militaire, je citerais *Athènes* au tems de sa plus grande gloire, et la république toute moderne de *Florence*, sous les Médicis (1). Quels prodiges n'a pas opéré de nos jours la valeur française! Si Rousseau eût pu en être le témoin, il n'aurait plus dit d'eux „ Guer-
„ riers intrépides, souffrez une fois la vérité, qu'il
„ vous est si rare d'entendre; vous êtes braves,
„ je le sais; vous eussiez triomphé avec Annibal
„ à Cannes et à Thrasimène; César avec vous eût
„ passé le Rubicon, et asservi son pays; mais ce
„ n'est point avec vous que le premier eût traver-

---

de ces derniers, étaient employés à celui des esclaves et des artisans, instrumens du luxe des nouveaux possesseurs : sans quoi, l'état, qui, malgré son déréglement doit subsister, aurait péri avant la corruption, les revenus primitifs de l'état étaient partagés entre les soldats, c'est-à-dire, les laboureurs; lorsque la république était corrompue, ils passaient d'abord à des hommes riches, qui les rendaient aux esclaves et aux artisans, d'où on en retirait par le moyen des tributs, une partie pour l'entretien des soldats.

Or ces sortes de gens n'étaient guère propres à la guerre; ils étaient lâches et déjà corrompus par le luxe des villes et souvent par leur art même; outre que comme ils n'avaient point proprement de patrie et qu'ils jouissaient de leur industrie partout, ils avaient peu à perdre ou à conserver. (*Grandeur et décadence des Romains*, Chap. 8.)

(1) *The life of Lorenzo de Medicis called the magnificent, by William Roscoe, Chap. 6.*

„ sé les Alpes, [et que l'autre eût vaincu vos
„ ayeux" (1).

Il naît une autre verité de ces grands exemples donnés par une nation presque aussi corrompue que le furént jamais les peuples soumis au despotisme le plus absolu : c'est que la masse des hommes, comme je l'ai déjà dit, ne participe jamais à
cette corruption ; qu'elle n'infeste que les cours et
leurs agents ; qu'elle ne s'étend tout au plus qu'à
quelques riches, qui, dans tous les états, sont
toujours très peu nombreux. Mais comme c'est la
cour, ses agents et les riches qui gouvernent, et
maitrisent l'opinion, le levain empesté, qui fermen-
te au centre de l'état, se répand partout, et étouffe tous les germes de la prosperité publique ; veut-
on s'assurer que ceux-ci ne cessent de se reproduire ; qu'on détruise le foyer du mal, qu'on rende
l'homme à lui-même, qu'on ne comprime plus les
ressorts de son indépendance, et l'on verra bientôt
renaître tout l'héroïsme des premiers âges, avec tout
ce qu'il produisit jamais d'utile et de louable. Les
opinions, les mœurs, les habitudes des gouvernants
et des riches vieillissent ; celles des peuples ne changent guère ; ils ne font jamais que céder à l'impulsion qu'on leur donne, et si les effets en sont condamnables, n'en accusons que ceux de qui elle

_______________

(1) *Discours qui a remporté le prix à l'académie de Dijon, 2e.
partie.*

vient. Fallait-il les exemples que nous avons sous les yeux pour nous convaincre de cette éternelle vérité ?

À mesure que les rélations entre les divers membres de la société se multiplient, les avantages et les inconvéniens de cette société se multiplient aussi ; et il semble que la nature, avare de ses dons envers l'homme, veuille lui faire payer chaque chose son prix, et que la somme des biens et celle des maux se compensent dans tous les états de civilisation ; d'où l'on serait peut-être excusable d'inférer, que les diverses révolutions qu'a éprouvée l'espèce humaine n'ont nullement contribué à l'améliorer ou à la pervertir, qu'elle n'en est ni plus ni moins heureuse.

Cette conclusion, qui serait également contraire à l'avis de ceux qui se disputent sur la préférence à donner à l'état sauvage ou à l'état de civilisation, ne le serait pas moins aux vues que je me propose de développer dans la suite de ce discours ; aussi ne m'arrêterai-je point à l'indifférence du septicisme à cet égard. Cet écrit serait sans objet si je pensais que la nature des gouvernemens et des institutions n'influent en rien sur l'état et sur la prosperité des peuples. J'avouerai cependant, que les changemens, même les plus remarquables influent peu d'abord sur la masse des hommes, et que les révolutions ne s'opèrent guères que par et pour une classe très restreinte de la société ; mais il n'en est pas moins vrai qu'à la longue, un état

D 2

devient plus ou moins riche, plus ou moins peuplé, plus ou moins puissant et heureux, selon qu'il est plus ou moins bien gouverné. Tâchons de voir quelles sont les causes premières et fondamentales de la prospérité agricole, commerciale et industrielle des nations.

## SECONDE PARTIE.

Les nombreuses vicissitudes qu'a éprouvée l'industrie humaine sur les divers points du globe, et dont j'ai cru devoir présenter ci-après un tableau rapide, nous conduisent à penser que les moyens propres à la diriger, la développer et l'étendre doivent varier selon les lieux et les circonstances; elles nous apprennent aussi, jusqu'à quel point le climat, la forme des gouvernemens, les mœurs, les croyances réligieuses influent sur l'emploi des forces et de l'intelligence humaines, qui, quoiqu'à peu près les mêmes partout ont produit des effets si différens, et quelquefois si opposés, en divers lieux.

Dans toutes les régions du globe l'homme est ami de l'aisance et du bien-être; dans toutes il a cherché à étendre et multiplier ses jouissances, à diminuer et restreindre la série des maux aux-quels il est exposé; mais tantôt il a cédé à des obstacles

que sa paresse naturelle, la faiblesse de son organisation et l'inclémence du sol ne lui permettaient
pas de surmonter; tantôt il a redoublé d'efforts pour
les vaincre, et y a réussi avec un succès qui nous
étonne. Entre ces deux points extrêmes, dont le
sauvage indolent de l'Amérique, et l'industrieux
habitant de l'Europe offrent les exemples, on pourrait classer, dans une grande échelle, toutes les
autres nations, qui ont paru, ou qui existent maintenant sur la terre, et, cette classification, si elle
était faite avec soin, et d'une manière philosophique, ne serait pas sans intérêt.

Parmi les causes diverses qui ont hâté ou retardé les développemens de l'esprit humain, il en est
de purement physiques, qui tiennent à la nature du
sol et à celle du climat, sur lesquelles l'homme a
très peu d'influence; il en est de morales et qui dépendent des institutions sociales, lesquelles sont,
en apparence, l'entier ouvrage de l'homme : je dis
*en apparence*, car les lieux et le climat influent
d'une manière si puissante sur l'emploi des facultés, soit physiques, soit intellectuelles de l'homme, que les effets qui en résultent dans les mœurs
et dans ses loix sont comme inévitables, et il n'est
point déraisonnable de penser, qu'à beaucoup
d'égards, les institutions humaines et tout ce qui
en découle sont, de même que tous les événemens
qui ont lieu dans le monde physique ou inanimé,
l'œuvre de la nécessité : je veux dire de la coördina-
tion de diverses causes, toujours subsistantes.

Et comment concevoir autrement cette diversité d'habitudes, et de pratiques civiles et réligieuses, qu'on a lieu de remarquer d'un pôle à l'autre, et sur toutes les longitudes du globe ? Comment expliquer la constance de certains peuples dans les mêmes préjugés, les mêmes croyances, les mêmes mœurs, malgré les circonstances qui semblaient devoir les forcer à des changemens considérables ? Pourquoi l'Asie méridiōnale a-t-elle été constamment le siège du despotisme ? Pourquoi l'Europe est-elle devenue, après des milliers de siècles, le berceau de la liberté, le centre des lumières ? Pourquoi la barbarie semble-t-elle reléguée pour jamais dans le continent de l'Afrique ? Pourquoi la civilisation est-elle née dans les climats tempérés de l'hémisphère septentrional, tandis que les mêmes latitudes dans l'hémisphère austral sont encore plongées dans les ténèbres de l'ignorance ? Pourquoi l'Amérique n'offre-t-elle qu'une race d'hommes plus faible, moins active, moins industrieuse que celles de l'ancien continent ? Les causes puissantes qui ont agi en grand sur ces diverses régions ne sont point des causes aveugles ou fortuites ; elles découlent des grandes loix de la nature, et il en est sans doute ainsi de celles qui agissent secondairement sur les différens points de notre plânète : tout est partout l'ouvrage d'une cause universelle, qui modifie ses effets, selon les lieux, et d'après des loix invariables. C'est elle qui produit tous les changemens successifs dont l'univers est le théâtre ; c'est elle qui prépare et amène les

événemens ; qui modifie, altère et change les hommes et les choses, les sociétés humaines et la surface de notre globe ; c'est elle qui subjugue les peuples ou qui les délivre de la servitude, qui les retient dans l'état sauvage ou qui les rend agricoles,
industrieux et commerçans, à divers dégrés ; c'est
elle encore qui fait naître, à des époques et à des
distances différentes ces génies créateurs, ces héros de la terre, qui renouvellent la face des choses,
et semblent changer la destinée des nations, tandis
qu'en effet ils ne font que l'accomplir, soit qu'ils
contribuent à leur bonheur, soit qu'ils les accablent
de maux.

Il est impossible d'assigner toutes les causes
secondaires, dont l'enchaînement et la succession,
si nous les connaissions bien pourraient seuls nous
expliquer les modifications infinies qu'à éprouvé
le genre humain, dans son ensemble ou dans ses
parties, et peut-être verrions-nous alors, que ce qu'on
appelle la sagesse humaine y a eu moins de part
qu'on ne le croit communément et que l'homme, constamment jouet de ses passions, esclave de ses pen-
chans naturels, ne fait qu'obéir, comme tous les
autres êtres de la nature aux loix de son organisation, qui sont tout-à-fait indépendantes de lui ;
nous verrions que ces grands législateurs, dont le
savoir et la prévoyance sont aujourd'hui l'objet de
notre admiration, n'ont fait que suivre des impul-
sions étrangères, et purement rélatives aux circonstances dans lesquelles ils se trouvaient, sans égard

à un avenir qu'ils ne songaient pas même à calculer; nous nous convaincrions enfin, que les torts qu'on impute aux peuples ou à leurs chefs, de même que tout ce qui peut fonder la véritable gloire des uns et des autres sont les effets du temps, des lieux et des événemens antérieurs, ce qui, en diminuant notre admiration, ou notre mésestime envers eux, nous donnerait une juste idée de l'influence que l'espèce humaine exerce sur ce globe, soit en masse, soit par corps separés et distincts, soit par les efforts et le génie de quelques personnages privilègiés.

Il en est des nations comme des individus : leur organisation première, qui dépend beaucoup du climat et de la situation influe sur leur existence future, d'une manière avantageuse ou nuisible selon quelle est bonne ou mauvaise; et tous les développemens qui s'en suivent n'en sont qu'une conséquence nécessaire. Heureuses celles aux quelles de grandes destinées étaient reservées par ces causes prédisposantes ! Heureux ceux qui ont pu et dû contribuer à les développer ! Mais il n'est au pouvoir d'aucun homme de les changer, parcequ'il ne saurait se créer des moyens, hors de la sphère dans laquelle il agit; aussi les événemens qu'il semble amener et produire, de même que son existence, ses vues, ses projets, ses actions sontils toujours l'œuvre du tems et non la sienne; aussi est-il raisonnable de rapporter tous ces effets à Dieu même, seul auteur de toutes choses !

Si donc les circonstances, dans lesquelles se trouve un peuple sont favorables à des innovations utiles, si elles les appellent; si ceux qui dirigent l'esprit public sont assez éclairés pour en sentir la convenance et en prévoir les heureux effets; s'ils n'ont pas d'intérêts contraires, elles auront nécessairement lieu; mais, sans tout cela, il n'est pas de spéculation, quelque simple qu' elle soit, qui puisse se réaliser, et ceux qui les présentent, comme exécutables ne connaissent point les hommes; ils veulent recueillir avant d'avoir semé; ils veulent des fruits avant des fleurs, ce qui serait renverser l'ordre de la nature.

À considérer quel concours de choses il faut pour opérer le plus petit des changemens avantageux à l'espèce humaine, on a lieu d'être étonné qu'elle ne soit pas encore plongée dans la barbarie, et les peuples de l'Europe étaient bien heureusement nés, puisqu'ils sont sortis plusieurs fois de cet affligeant état, et que récemment encore ils ont parcouru dans l'espace de trois siècles, un si grand nombre de degrés dans l'échelle de la civilisation. Mais combien il leur en reste encore à parcourir! Que d'efforts n'ont-ils pas encore à faire, pour secouer les restes de leurs vieux préjugés et de leurs anciennes erreurs! Sera-t-il au pouvoir d'un homme appellé à influer d'une manière bien puissante sur cette génération d'en accélérer les progrès? Il en a la volonté (1):

_______________

(1) Je veux autant que je puis y contribuer que le siècle présent soit celui des grandes institutions &c. désirant que le siècle

c'est l'objet de ses pensées et de ses travaux ; c'est là sa destinée. J'attends pour le féliciter sur sa haute puissance qu'il en ait fait l'usage qui peut seul ennoblir celui qui la possède ; j'attends qu'il s'en soit servi pour améliorer le sort de la portion de l'espèce humaine dont il est le chef, et de celles sur lesquelles il étend son influence ; j'attends en un mot, qu'il ait tenu tout ce qu'il a promis. Assez d'autres vanteront ses exploits prodigieux, ce sont les effets de sa sagesse que je voudrais admirer et décrire. L'éclat de l'astre du jour peut être le sujet d'une hymne, ses bienfaits pouvaient seuls enfanter des poëmes (1) ; jusqu'ici les renommées ont succédé aux renommées, les actions éclatantes ont effacé celles qui les ont précédées ; la valeur laissera-t-elle enfin après elle quelque chose d'éternellement louable, des mouvemens qui fixent à jamais l'attention et la réconnaissance de la postérité ? Je me complais dans cette pensée que l'Europe est enfin arrivée à cette époque heureuse de civilisation, où tous les perfectionnemens de la raison et de l'industrie humaine sont possibles, pourvu que la cause motrice

---

qui commence l'emporte sur ceux qui l'ont précédé &c. *Voyez discours et arétés de Napoléon,*

(1) D'une part c'est de Reyrac : les Hymnes au soleil d'Orphée, de Martianus Capella ; de l'autre : le poëme des jours d'Hésiode ; l'Héracléide, les Dionysiaques par Nonnus, l'Argonautique d'Apollonius ; le poëme des Géorgiques de Virgile, celui des Champs de Delille, les Saisons de Tompson, de St. Lambert &c.

existe, et cette cause c'est la ferme volonté des gouvernemens; je crois voir celui qui doit donner un si grand exemple, et provoquer les efforts des autres.

L'impulsion donnée aux esprits par la révolution générale qui du foyer où elle a pris naissance, s'est étendue à toute l'Europe, et dont la commotion électrique s'est même fait ressentir aux autres parties du globe, semble être une disposition favorable aux progrés que ces vœux appellent, et c'est sans doute ce que l'académie a pensé lors qu'elle à proposé la question qui a donné lieu à cet essai ; elle a senti que si des écrits n'ont aucune influence directe sur les événemens politiques, ils peuvent du moins éclairer ceux qui les dirigent lorsqu'ils sont disposés à profiter des lumières que produit la méditation.

On peut envisager de deux manières la question proposée : ou comme restreinte et applicable à une révolution donnée, ou comme générale, et rélative à tous les tems, et à tous les lieux, l'une aurait l'avantage de permettre dans la discution des faits une précision et une exactitude que l'autre ne comporte guère, et j'avoue que c'est sous ce premier point de vue que j'avais voulu d'abord la traiter, mais j'ai pensé depuis qu'il est plus convenable de développer des principes qui par leur absolue vérité puissent s'appliquer à tous les lieux et à tous les siècles, et que tel a été en effet le but de l'académie, en posant la question d'une manière gé nérale et abstraite. Je traiterai donc ici , sans avoir égard à aucun point du globe en particulier , ni à aucune des révolutions dont il a été le théâtre, des moyens que tout gouvernement peut employer pour faire faire des progrés à l'agriculture, au commerce et aux arts, lorsque la disposition des esprits et les autres circonstances qui influent sur les déterminations populaires favorisent ces vœux philantropiques, les seuls dont la réalisation puisse honorer ceux qui gouvernent les hommes, et leur mériter le titre de bienfaiteurs du genre humain.

Les moyens les plus propres à favoriser les développemens de l'industrie humaine sont la liberté des peuples, qui provoque l'emploi de toutes les facultés humaines, l'égalité des loix qui assure à chacun la jouissance pleine et entière de ce premier des biens, et la justice des gouvernemens, sans laquelle il n'y a aucune garantie pour les citoyens. Si ensuite ces gouvernemens savent et veulent profiter de la disposition des esprits, il n'est pas de prodiges qu'ils ne puissent opérer dans l'intérêt public, comme le prouve l'exemple de ces hommes de bien extraordinaires dont nous parle l'histoire. La présence d'un grand homme à la tête d'un gouvernement est seule une révolution qui imprime une grande énergie aux caractères, et qui prépare et assure les changemens les plus heureux ; il est même à remarquer que c'est moins en faisant qu'en laissant faire que l'industrie humaine se perfectionne : qu'une nation devient plutôt riche et puissante par

le libre emploi des facultés de ses membres, que
par une activité forcée à laquelle on donne le plus
souvent une mauvaise direction ; et qu'enfin c'est
moins des reglemens qu'il lui faut, qu'une sage indépendance basée sur de bonnes mœurs. C'est une
verité constante que les gouvernemens doivent s'occuper le moins possible de l'intérieur des familles,
qui subsistent indépendamment d'eux et pour la conservation et le repos desquelles ils sont seulement
institués. Chefs des nations ! otez toutes les entraves qui s'opposent au développement de l'industrie des hommes, et vous lui verrez prendre la direction la plus avantageuse. Assurez à chacun la paisible jouissance des fruits de son travail et le produit en sera bientôt double. Proportionnez les charges publiques aux facultés de chaque citoyen, et ils
n'auront plus qu'un intérêt commun avec celui de
la patrie. Enfin, établissez des lois égales pour
tous ; mais surtout ayez de bons magistrats pour
les faire exécuter, et toute l'activité de l'homme sera
employée à produire utilement. Si vous joignez à
tout cela, pour completter le seul système d'encouragement qui soit réellement profitable : parce
qu'il s'étend à tous sans rien couter, une instruction propre à éclairer les hommes, à leur faire sentir leur dignité, à les guerir de toutes les super-
stitions nuisibles, de toutes les craintes qui les accablent ; si vous accueillez les auteurs des découvertes utiles ; si vous leur donnez, de leur vivant, des
recompenses nationales ; si vous faites honorer leur

mémoire après leur mort ; si vous établissez le culte
des grands hommes (1), à côté de celui de Dieu,
dont ils sont l'image ici bas, vous aurez tout fait
pour développer l'industrie que comporte votre état,
par sa situation et par le génie de ses habitans : s'il
est agricole commercial et industriel, tout à la fois,
vous verrez à la fois ces trois grandes branches de
prosperité faire des progrès rapides ; et s'il est condamné à n'avoir qu'une sorte d'industrie, elle s'ac-
croitra plus sensiblement encore. Imitez la nature
qui fait tout par les moyens les plus simples : elle a
donné à chaque être des facultés, un essort et tout
dans ses œuvres émane de cette disposition première ; laissez ainsi sans joug et maître de lui-même
celui chez qui l'esclavage et la contrainte éteignent
les meilleures qualités (2) et vous aurez assuré la
prosperité publique par celle de chaque individu.

---

(1) Il ne suffit pas d'honorer et de présenter à la vénération
des peuples la mémoire des hommes extraordinaires, qui par
leurs découvertes, leurs travaux, ou leurs vertus trascendantes,
appartiennent à toute une nation, ou même à l'univers entier ; il
faut encore que chaque province, chaque district, chaque bourgade ait pour ainsi dire ses dieux pénates choisis parmi les hommes de bien qui lui appartiennent en propre, afin que partout on
honore la vertu et les talens utiles. C'est par des exemples qu'il
faut parler aux peuples ; c'est en personnifiant les belles et bonnes
actions qu'on leur apprend à les imiter. Il n'y a pas à mon avis
de coin de terre, quelque petit qu'il soit, ou l'on ne put par de
tels moyens, faire germer l'héroïsme et les vertus publiques.

(2) L'uomo libero, con volonta fa tutto quel che puo, piu o
meno secondo la sua capacità ; malo schiavo fa al piu quelloche gli

Mais les peuples ne sauraient arriver tout à-coup à cet heureux état qui leur fait adopter tout ce qui peut leur être utile, et le tems seul peut amener chez eux l'âge de la raison, comme il l'amène chez les individus. Jusque-là il faut savoir se borner à préparer le développement de cette raison, qui est bien plus tardive encore dans les corps de nation, que chez l'homme en particulier; l'éducation peut, il est vrai, hâter beaucoup ce développement, et les instructions données à un peuple peuvent être tout aussi fructueuses que celles que recevrait un individu; mais il faut savoir les proportionner à l'âge et au caractère: et c'est en quoi consiste la sagesse des législateurs qui veulent améliorer le sort des nations. Ils doivent aprécier les circonstances, et agir avec mesure, de peur de perdre tout le fruit de leurs conceptions, et de leurs soins. S'il est facheux pour un novateur de laisser après lui un peuple dans l'enfance, il est dangereux de vouloir le conduire trop promptement à l'état viril, parcequ'on n'y réussit point, et qu'on n'en fait qu'un avorton difforme et plein de vices. Les moyens comme la marche à suivre doivent varier selon les lieux et le caractère primitif des peuples, mais le but doit être un et il ne faut jamais le perdre de vue.

---

si commanda e guasta la sua propria voluntà colla viollenza che gli si fa per obbedire. Habito di farlo opprime finalmente la sua capacità, e la sua razza peggiora fino a non piu désiderare quelle che dispera ottenere. (*Opere di meug. V. I. pag.* 228).

Dans l'impossibilité d'assigner le mode d'après
lequel tel ou tel peuple, placé dans telles ou telles circonstances, peut recevoir une impulsion qui
hâte les progrès de son industrie, ce qui est l'objet
des gouvernemens en particulier ; je me bornerai à
tracer ici le plan des institutions fondamentales sur
lesquelles doit être construit le grand édifice de la
prosperité des états ; et qui peuvent seules garantir
l'accomplissement des vues précédemment énoncées.
Si je parviens à démontrer que sans elles il ne peut
y avoir rien de bien, rien de durable, j'aurai sans
doute assez prouvé leur importance et la nécessité
de les établir, comme le principe de toute amélioration, de tout perfectionnement dans l'agriculture, le
commerce et les arts.

Presque toutes les nations de la terre n'ont
fait jusqu'à ce jour que flotter entre la barbarie et
le despotisme, sans pouvoir trouver ce juste milieu
qui constitue l'état de liberté, cet état qui est l'objet constant des réveries du sage, et qui, comme
la vertu, attire nos hommages, alors même que nous
ne pouvons trouver nullepart aucune trace de son
existence. Mais comme la perfection n'est qu'une,
tandis qu'il est des milliers de manières d'être plus
ou moins vicieuses, il n'est pas étonnant que celles-
ci se représentent sans cesse dans la série des situations que la fortune fait naître pour les peuples.

C'est au hazard : c'est-à-dire à des circonstances impossibles à déterminer, qu'est dûe la formation de toutes les sociétés qui ont existé et qui

existent aujourd'hui ; l'imprévoyance a présidé partout à cette formation, et le choc des intérêts divers, qui naît toujours de l'amour de soi, joint à l'ignorance de ses droits et de ceux d'autrui a produit tout ce qu'elles nous présentent de ridicule, d'absurde où d'atroce. Si la sagesse avait été appellée par les circonstances à influer sur une association d'hommes, naissante ou déjà établie, elle aurait cherché à diriger où à ramener les institutions vers l'ordre absolu, qui seul est immuable: c'est à ce caractère qu'elle se serait fait connaître aux hommes ; mais partout ses préceptes ont été méconnus ; partout l'arbitraire a présidé aux destinées des nations.

Une association politique, soit qu'elle se forme, soit qu'elle existe déjà, ne peut avoir d'autre but *légitime* que l'avantage du corps entier, par celui de chacun de ses membres, et l'état, qui est ce corps là même n'institue et ne peut instituer un gouvernement quelconque, dans d'autres vues; l'état et le gouvernement sont donc deux choses très - différentes et bien distinctes, quoique presque tous les publicistes les confondent.

En partant de ce principe, que Rousseau a demontré d'une manière incontestable, et qui sert de base au beau traité du contrat social, je dirai qu'il n'y a pour les nations, considérées indépendamment de la nature de leur gouvernement qu'une manière d'être essentiellement bonne: c'est celle où les droits de chacun sont bien définis, et où le plein

E

exercice de ces droits est également assuré à tous. Cette manière d'être est *l'état républicain*, parcequ'il y a réellement *une chose publique*, *res publica*; toute autre manière d'être est plus ou moins vicieuse. Si l'exercice des droits d'une certaine classe d'hommes est exclusivement assuré; si les individus de cette classe jouissent de prérogatives qui attentent aux droits de leurs concitoyens, l'état est *aristocratique*; si enfin un seul individu use de ses droits et jouit de prérogatives qui anéantissent, ou atténuent seulement les droits de tous les autres, l'état est *despotique*.

L'état peut être plus ou moins aristocratique, plus ou moins despotique, il ne peut être plus ou moins républicain: parcequ' il ne saurait y avoir du plus ou du moins dans la perfection.

Le melange de l'état aristocratique et de l'état despotique forme un état mixte: c'est celui de presque toutes les sociétés politiques de l'Europe. On sent que ces diverses manières d'être sont plus ou moins vicieuses, selon qu' elles s'éloignent ou se rapprochent d'avantage de la première, et selon que les prérogatives sont plus ou moins considérables, plus ou moins abusives. On sent aussi qu'il est telle aristocratie qui peut être pire que tel despotisme (1).

---

(1) „ Les familles aristocratiques doivent donc être peuple „ autant qu'il est possible. Plus une aristocratie approchera de la „ democratie, plus elle sera parfaite; et elle le deviendra moins „ à mesure qu' elle approchera de la monarchie.

On peut classer toutes les manières d'être des peuples dont nous connaissons l'histoire et de ceux qui existent maintenant, entre l'état républicain qui est le meilleur, *le seul bon*, et l'état despotique qui est le pire de tous peut-être. N'y a-t-il pas encore eu sur la terre d'exemple parfait de l'un ni de l'autre? Il est doux de penser que si la vertu ne peut regner en ce monde, le vice ne peut non plus y avoir un empire absolu (1).

Montesquieu, pour n'avoir pas distingué l'état du gouvernement confond ce qu'il appelle la nature de l'un avec la nature de l'autre; ce qu'il nomme le principe de l'un, avec le principe de l'autre; il en est résulté que si ses applications sont justes à certains égards elles sont erronées à certains autres, ou que du moins, elles n'ont pas toute la clarté et toute l'étendue désirables. Ce premier des législateurs modernes, qui semblait s'être arrogé tous les titres à la gloire, dans la carrière qu'il a

---

„ La plus imparfaite de toutes est celle ou la partie du peu-
„ ple, qui obéit est dans l'esclavage civil de celle qui commande :
„ comme l'aristocratie de Pologne, où les paysans sont esclaves
„ de la noblesse." (*Esprit des lois liv. II. chap. III.*)

(1) On pourrait se faire une idée de l'état républicain et de l'état despotique, en se représentant pour type du premier, le gouvernement patriarchal ou de famille, et pour modèle du second l'autorité d'un maître sur ses esclaves. Cette dernière comparaison est parfaitement exacte ; mais l'autre ne l'est pas ; les liens qui unissent entre eux les membres d'une famille étant d'une toute autre nature que les liens sociaux.

E 2

illustrée, a laissé à celui qui fut son égal en génie, tout le mérite d'une distinction qui est la source des vérités politiques les plus importantes ; et qui fait même ressortir la profondeur des vues législatives renfermées dans l'esprit des lois (1).

Ce que Montesquieu appelle vertu politique est évidemment le principe de l'état républicain : car c'est ce qui le constitue. Là où tous n'aiment pas la *chose publique*, c'est que la chose publique n'est pas commune à tous : c'est qu'il n'y a pas *république*, à proprement parler. Cet illustre auteur a pris, ce me semble, l'effet pour la cause. Faites qu'il y ait une chose publique; faites que tous prennent part aux mêmes intérêts, et vous trouverez de la *vertu politique* chez tous. Ce sont les institutions qui dirigent les pensées et les actions des hommes; voyez les prodiges d'Athènes, de Sparte, de Rome.

Dans l'état *aristocratique*, où il n'y a d'intérêt commun que pour une certaine classe d'hommes, il n'y a de vertu politique que dans cette classe, et elle se rapporte toute à ses propres avantages; c'est ce qui empêche les classes inférieures d'y

---

(1) Le véritable sens de beaucoup de points de ce grand et sublime ouvrage, sur les quels l'auteur avait même à dessein, répandu quelques nuages, se découvre aisément quand on a la Rousseau. Le contrat social explique l'esprit des loix, et fait deviner tout ce que Montesquieu eut dit ouvertement dans d'autres lieux ou dans d'autres tems, c'est-à-dire tout ce qu'il a voulu faire entendre aux esprits pénétrans.

participer. Et comment l'auraient-elles cette *vertu*, puisqu'elle n'a d'autre but que de perpétuer leur esclavage, leur soumission à la volonté et aux intérêts d'un petit nombre ? Voyez les républiques marchandes de Cartage, de Vénise et de Gênes ; la république agricole de Pologne.

Dans l'état monarchique de Montesquieu, plus de chose publique, et par conséquent plus de *vertu politique*. Non seulement cette vertu politique, comme le dit l'auteur de l'esprit des lois, n'est point le principe de cet état, mais même elle ne peut s'y trouver. C'est l'héritage du Prince, qui est seul maître et possesseur de la chose publique, et comme elle n'a pour but que son intérêt et ses prérogatives, la dignité de sa couronne, la gloire de son trône, personne ne peut la partager. On veut avoir part à ses *faveurs* et à la *sorte d'estime* qui en est le gage : voilà pourquoi on le sert avec dévouement, avec ce que l'illustre président appelle *honneur* et qu'il dit être le principe des monarchies ; mais qui, au fait, n'en est que la conséquence nécessaire.

Qu'étaient, en effet, les monarchies Européennes autour de Montesquieu ? Des états despotiques tempérés par l'aristocratie nobiliaire et cléricale, nées du régime féodal, et d'un reste de l'antique théocratie. Ces deux ordres, et spécialement celui de la noblesse y avaient des prérogatives qui leur donnaient une sorte de *vertu politique*, souvent distincte de celle du Prince et quelquefois même opposée, comme le prouve l'exemple de l'Angleterre, où la noblesse a réellement fondé la liberté publique, en s'opposant constamment aux prétentions du despotisme. Elle fut moins vertueuse ou moins adroite en France, où elle ne lutta jamais contre les Rois que pour cimenter la servitude des peuples, qui, par un juste retour l'abandonnèrent et la maudirent; aussi se vit-elle forcée au triste *honneur* de servir le Prince, pour avoir quelques-uns des avantages, dont elle avait perdu la jouissance constitutionnelle.

L'état monarchique, s'il n'était tempéré par les ordres intermédiaires qui reçoivent et distribuent cette monnaie de mauvais alloi, que Montesquieu lui-même appelle philosophiquement parlant (1) un *honneur faux*, digne mobile d'un tel état, serait le despotisme tout pur: c'est-à-dire la pire des constitutions, et il n'y aurait ni *vertu politique* ni *honneur*. Un maître et des esclaves rien de plus: alors, sans doute, la crainte serait le principe ou plutôt la conséquence d'une telle association. Mais heureusement pour l'espèce humaine qu'une monstruosité politique de cette nature est très difficile à réaliser et ne peut avoir guère de durée. Le despote n'eut il qu'un Visir, un Colar, des Janissaires, des Bachas, de Mandarins, aura des faveurs à distribuer, des distinctions à répandre, et on voudra y avoir part: il y aura donc un peu *d'honneur*, même dans l'état despotique, tel qu'il peut exister, parmi des hommes réunis en société.

---

(1) *Esprit des lois liv. III. chap. VII.*

Le despotisme se tempère plus ou moins chez les différens peuples où il existe ; selon que ces peuples ont un caractère plus ou moins enclin à l'indépendance, et c'est pour cela, sans doute, qu'il est si fortément enraciné dans toute l'Asie méridionale et en Afrique, où les peuples ont l'esprit docile et crédule, tandis qu'il n'a jamais pu s'établir dans la haute Asie et surtout en Europe, où il est toujours resté quelques germes d'indépendance et de liberté, même dans ces tems malheureux, ou l'ignorance et la superstition réunies semblaient devoir fonder le régime de la violence et établir l'esclavage de droit divin.

L'état actuel de cette partie du monde semble plus rassurant que jamais ; le despotisme y avait fait de grands progrés sur les ruines de la féodalité ; le monstre aux mille têtes n'en avait plus qu'une ; la philosophie et les lumières du siècle la lui ont coupée. La révolution politique, qui vient de détruire la plus puissante des monarchies, celle qui tendait le plus au despotisme absolu, pour y substituer un nouveau regime, conforme aux véritables droits de l'homme, a ébranlé toutes les *fausses maximes* du sacerdoce et des cours. La nouvelle dynastie française donnera le ton à toutes les autres, et la législation qu' elle va établir dans ses états, sera, bientôt sans doute, et d'un consentement commun, celle de tout l'occident. Cette dynastie, car un seul homme ne saurait changer tout à-fait, de son vivant, les mœurs et les coutumes des peuples, aura consommé le pacte encore inconnu sur la terre, du gouvernement monarchique avec l'état républicain (1).

Si un état était bien constitué, il importerait fort peu quelle forme de gouvernement l'on adoptât. La meilleure cependant serait celle qui tendrait le plus à conserver la constitution, ou à la rapprocher de la perfection que j'ai définie plus haut; toute forme de gouvernement peut donc être bonne et avantageuse; c'est aux tems, aux circonstances, aux localités à la déterminer; il est souvent utile qu'elle varie, et il est sage de la changer à propos (2). Une nation éclairée ne se passionnerait pour aucune exclusivement; elle adopterait toujours celle que commanderait son intérêt bien entendu. Ce n'est

_______________

(1) *Honneur et patrie*; c'est la devise des français d'aujourd'hui; elle est faite pour exprimer l'heureuse alliance de la *vertu*, qui est inséparable de l'état républicain, et de *l'amour pour l'estime publique*, qui assure au monarque, dispensateur des distinctions et des récompenses nationales, des serviteurs zélés et vraiment honnorables.

*Honneur et patrie*, c'est pour un français son père et sa mère: comme le disait avec esprit, la femme d'un ambassadeur d'Espagne.

(2) En un mot, un gouvernement libre; c'est-à-dire, toujours agité ne saurait se maintenir, s'il n'est par ses propres lois capable de correction. (*Grandeur et décadence des Romains chap. VIII.*)

Comme mille événemens peuvent changer les rapports d'un peuple; non seulement différens gouvernemens peuvent être bons à divers peuples, mais au même peuple, en différens tems. (*Contrat social livre III. chapitre Ier.*)

rien que d'établir un gouvernement; le dificile est de constituer un état. J'appelle constituer (1), donner au peuple des mœurs des habitudes, des opinions conformes au but que doit se proposer tout bon législateur; et j'ai dit plus haut qu'il n'en est qu'un; s'il est interdit à la sagesse humaine de l'atteindre, il est du moins digne d'elle de chercher à en approcher le plus possible!

L'état républicain peut subsister sous toutes les formes de gouvernement (2), et il est mille combinaisons possibles pour assortir cette forme aux be-

(1) A ces trois sortes de lois, il s'en joint une quatrième, la plus importante de toutes, qui ne se grave ni sur le marbre ni sur l'airain; mais dans les cœurs des citoyens: qui fait la *véritable constitution* de l'état, qui prend tous les jours de nouvelles forces; qui, lorsque les autres lois vieillissent ou s'éteignent, les r'anime, ou les supplée, conserve un peuple dans l'esprit de son institution et substitue insensiblement la force de l'habitude à celle de l'autorité: je parle des mœurs, des coutumes et surtout de l'opinion; partie inconnue à nos politiques, mais de laquelle dépend le succès de toutes les autres; partie dont le grand législateur s'occupe en secret tandis qu'il parait se borner à des reglémens particuliers, qui ne sont que le ceintre de la voûte dont les mœurs, plus lentes à naître, forment enfin, l'inébranlable clef. (*Contrat social liv. II. chap. XII.*)

(2) J'appelle donc république, tout état régi par des lois, sous quelques formes d'administration que ce puisse être: car alors seulement, l'intérêt public gouverne, et la chose publique est quelque chose: tout gouvernement légitime est républicain. (*Contrat social liv. II. chap. VI.*)

Il y a ici une inexactitude de langage. Rousseau aurait dû dire: tout gouvernement qui préside à un état républicain est républicain.

soins et à la situation des peuples. En général, plus
l'état est grand, et plus il faut centraliser les forces du pouvoir exécutif. Si le gouvernement démocratique doit être rélegué dans le ciel, comme étant
trop parfait pour des hommes, ainsi que l'ont pensé
Montesquieu, Boulanger, Rousseau; si le despotisme est, d'un consentement universel le plus exécrable des gouvernemens, les seuls qui conviennent à
la terre sont l'aristocratique pour les petits états,
et le monarchique pour les grands; mais leur but
commun doit toujours être l'établissement, ou la
conservation de *l'état républicain* sans lequel il n'est
rien de bon, rien de juste, même sous les meilleurs
des gouvernemens.

Comme il est dans l'esprit d'un gouvernement quelconque, de tendre sans cesse, à s'emparer des pouvoirs qui n'appartiennent qu'à l'état, afin
de changer sa forme de républicaine en aristocratique ou oligarchique, pour arriver ensuite au despotisme : ce n'est que par un heureuse combinaison
des diverses parties qui se composent, qu'on peut
fonder l'état républicain, et assurer à la fois le bonheur d'une nation est sa stabilité; ce qui serait le
chef d'œuvre de la politique.

Des conseillers, constitués interprêtes de la
volonté générale, et choisis de manière à être incor-
ruptibles dans leur auguste ministère; un Prince ou
des chefs magnanimes, les premiers des interpretes du
vœu public, constitueraient la forme de gouvernement la plus propre à fonder et maintenir l'état ré-

publĭcain, même sur un petit territoire, si les rapports des différens pouvoirs étaient tellement combinés que le Prince, les chefs et les autres conseillers de la nation ne pussent avoir d'autres intérêts que ceux de l'état, qu'ils seraient toujours à portée de bien connaître ; or, cette combinaison doit varier selon les lieux, les circonstances et la nature des instrumens qu'on emploie c'est-à-dire le caractère du Prince, ou des chefs et celui des députés. Delà, la nécessité d'un regulateur permanent qui préside à tous les pouvoirs, et qui interprête le vœu public sur les changemens constitutionnels, que les événemens peuvent rendre nécessaires, ou sur les mesure extraordinaires que peuvent commander les besoins de l'état.

Cette existence d'un corps constituant ne pourrait que produire les plus heureux effets ; elle serait propre à prévenir les scènes violentes, les révolutions sanguiniaires qu'amènent la nécessité des choses dans les états où l'on s'efforce de maintenir des institutions contraires aux intérêts et aux vœux des peuples ; par les soins de cet utile surveillant, les changemens de forme dans les gouvernemens se feraient d'une manière insensible, et à mesure que les convenances ou le besoin le commanderaient ; la chûte des dynasties, ou des chefs, dont les peuples ne peuvent plus rien attendre de bon, s'opérerait constitutionellement, après avoir cherché à prevénir, autant que possible, cette facheuse nécessité; l'état serait la seule idole des citoyens, et l'on marcherait progressivement, et sans cesse, vers l'amélioration de toutes les institutions sociales, à l'exemple de la nature qui procede à pas lents; mais sans jamais s'arrêter dans ses œuvres, lesquelles ne sont éternelles que parce qu'elles varient sans cesse. Ce fatal respect que toute la terre a montré pour les vieilles erreurs, et qui ne peut subsister qu'avec l'extrême ignorance, serait bani de tous les esprits, et de sages innovations apprendraient chaque jour à mieux faire, et seconderaient la tendance naturelle qu'ont les hommes vers cette perfection qui n'est idéale, que parce qu'ils la perdent sans cesse de vue.

Outre le pouvoir exécutif, le corps des conseillers et le sénat regulateur, il faudrait instituer dans l'état des comices, ou collèges, dont les membres seraient élus par tous les citoyens, sans distinction de classe, ni de rang, et qui auraient pour objet la discution des intérêts publics soit généraux, soit purément locaux, et l'élection des grands magistrats de la république. Ces comices peuvent être organisés d'une infinité de manières, et c'est encore aux tems aux lieux aux circonstances, à les déterminer.

Le gouvernement s'instruirait par ses agens de l'effet des loix, qui expriment la volonté présumée de la nation, et saurait si elles remplissent réellement le vœu public, et le but pour lequel elles ont été portées; le corps des conseillers nationaux s'en instruirait, de son côté par les recherches particulières de ses membres, et par le rapport des comiçes. Ces rapports des comices et des agens du gouvernement formeraient l'opinion du Prince, ou des chefs, et celle des conseillers de la nation, sur l'efficacité des loix existantes, et sur la nécessité de les maintenir, de les réformer, ou d'en faire de nouvelles. cette manière de connaître le vœu public, par deux voies différentes et qui se serviraient de contrôle l'une à l'autre serait sans doute, préférable à celle des assemblées de toute la nation qui sont comme impraticables, dans un état d'nne certaine étendue, et elle donnerait, cependant, à la loi un caractère vraiment national, puisque celle-ci serait en définitif, le résultat des suffrages de la portion la plus éclairée de la société, de celle qui par son éducation, et ses habitudes, peut seule s'occuper, avec connaissance de cause des intérêts publics, qui sont les siens propres. Qui doutera que des hommes sages, et instruits par l'expérience, que l'on réunirait ainsi sur les points principaux du territoire d'un état, afin de les interroger sur ses grands intérêts, et sur ceux des localités, ne fissent mieux ressortir la volonté générale, dont la loi doit être l'expression, que des assemblées fractionnaires de toute la cité, dont les délibérations influencées par les brigues et la cabale, troublées par les égaremens d'une multitude ignorante, sont le plus souvent, contraires à cette volonté, qu'il sagit de constater.

Des discutions périodiques et regulières, entretiendraient parmi les citoyens, ce zèle et cet amour pour la chose publique qui sont si propres au main tien de la liberté et à la stricte exécution des loix; elles donneraient lieu aux élans du patriotisme et à cette noble éloquence, qui échauffant les ames et les cœurs, les porte aux belles actions et à l'amour du bien public.

Tant que les choses iraient dans le sens de la constitution, et d'une manière conforme aux intérêts de l'état, les citoyens assemblés n'auraient qu'à adresser des louanges et des actions de grâces aux différents pouvoirs, dont le concert aurait produit une si douce, une si heureuse harmonie, ce qui serait la plus digne recompense d'un gouvernement juste et éclairé.

Le gouvernement et le sénat regulateur devraient s'instruire aussi l'un par ses agens, l'autre par les comices de tous les vœux publics au sujet des lois constitutionnelles, afin de regler leurs communes délibérations sur ces vœux bien constatés; par là se trouverait réellement établi le regne de l'opinion, mais d'une opinion sage et éclairée, qui s'améliorerait chaque jour, et dont la loi n' aurait jamais à rougir d'être l'expression (1).

_______________

(1) Il est aisé de voir que dans ce mode d'organisation sociale, que peuvent réaliser aujourd'hui toutes les nations de l'Europe et surtout l'Angleterre et la France, qui en ont déjà les principaux élémens, j'ai pour but essentiel de concilier l'existence d'un corps législatif et d'un corps constituant avec ce principe incontestable établi par Rousseau, que la volonté générale ne peut pas plus être représentée qu'aliénée; les représentans ne sont et ne peuvent être, en effet, que les conseillers de la nation, chargés

Un gouvernement sage et revêtu de toute la puissance qui lui est nécessaire, a une grande influence sur l'opion des peuples, et il peut les modifier à son gré ; mais comme c'est une faculté dont il pourrait abuser, à l'exemple des mille tyrans, dont nous avons l'histoire, il ne doit en jouir, qu'autant qu'il en use dans les vues constitutionnelles : c'est au regulateur des pouvoirs à la restreindre, ou à l'étendre selon le besoin, et comme à cet égard, l'éducation fait tout chez les hommes, ce n'est pas sans raison qu'on a regardé comme une des principales attributions du pouvoir constituant de déterminer quelle direction il convient de donner aux jeunes cœurs, et quelle impulsion aux esprits (1).

Toutes les institutions dans ce genre doivent tendre à la conservation et au perfectionnement de *l'état républicain*, en quoi consiste specialement

---

de présumer son veu et de l'émettre ; celle-ci donne son approbation tacite à la loi lorsquelle s'exécute sans réclamation ; il serait bon qu'elle put au besoin en faire ressortir les inconveniens par l'organe de ces comices. Le Prince ou les chefs d'une nation sont de fait et de droit ses premiers conseillers, et ils sont à portée d'en être les plus éclairés, comme ils doivent en être les plus vertueux ; ils doivent donc participer à l'émission du vœu public, toujours dicté par l'intérêt général, auquel la loi doit être comforme, pour avoir le caractère qui lui convient ; je la définirais volontiers : *l'expression de l'intérêt-général.*

(1) Telles étaient les fonctions de l'aréopage à Athènes ; il veillait sur les mœurs et sur l'éducation. C'était un véritable pouvoir régulateur ou constituant ; et il s'est toujours mérité les respects de la multitude sous un gouvernement démocratique.

l'art social, le plus beau de tous les arts ; et pour cela il faut que l'éducation inspire aux citoyens, dès leur plus tendre enfance, l'amour des vertus publiques, et l'émulation pour les actes qui tiennent de l'héroïsme ; il faut qu'elle apprenne à chacun tous les principes de conduite qui dérivent de ses droits et de ses devoirs comme citoyen (1) ; il faut aussi qu' elle aît pour objet l'enseignement particulier des différentes branches de magistrature, afin qu' elles soient suffisamment connues, par ceux qui veulent se consacrer à l'exercice de fonctions publiques qui, toutes exigent la réunion du savoir et de la vertu.

Tout ce qui est relatif aux droits et aux devoirs domestiques doit être l'objet de l'enseignement privé, ainsi que toutes les connaissances qui se rapportent au développement de l'industrie particulière, comme l'agriculture les arts et métiers, le commerce, il est cependant de l'intérêt de l'état de favoriser cet enseignement, afin de contribuer à l'augmentation des ressources particulières, dont celles du gouvernement sont une partie proportionnelle. De sages reglemens, des recompenses pécuniaires et honorifiques peuvent remplir ce but important, que le gouvernement ne doit jamais perdre de vue.

_______________

(1) „ Les loix de l'éducation seront donc différentes dans „ chaque espèce de gouvernement, dit Montesquieu: dans les „ monarchies elles auront pour objet *l'honneur* ; dans les républi- „ ques la *vertu* ; dans les despotiques la *crainte*. (*Esprit des lois li-* „ *vre IV. chap. Ier.*)

On voit par là le choix à faire dans un état bien constitué.

Quant à l'enseignement des hautes sciences, des beaux arts et des lettres, l'état doit le favoriser spécialement, ou même s'en charger comme de celui qui a trait aux magistratures ; n'en est-ce point une en effet, que celle du savoir et du génie, qui influent d'une manière si puissante sur la destinée des nations par les découvertes qui sont leur ouvrage ; par l'impulsion qu'ils donnent aux facultés naturelles de l'homme, et dont les effets s'étendent tôt ou tard à toutes les classes de citoyens, par la gloire et la splendeur qui en rejaillissent sur tout le corps social ? Leurs productions, d' ailleurs sont un objet de luxe national, qu'il faut que l'état paye, jusqu'à ce qu'il puisse recevoir le prix de ses avances, par les avantages qui devront résulter de leur application particulière aux différentes sources de l'industrie et de la prospérité des peuples.

C'est par l'établissement de ces dispositions constitutionnelles, et de toutes celles qui en découlent qu'on peut seulement fonder le bonheur d'une nation et assurer la prospérité de son industrie. Tant que l'homme n'aura pas une existence politique qui lui assure le libre exercice de ses droits et de ses facultés naturelles ; tant qu'il ne sera pas tout-à-fait à l'abri des prétentions du despotisme et affranchi de l'esclavage de ses faux préjugés, plus redoutable encore ; tant qu'il ne sera pas en paix avec lui - même, par l'accord de ses mœurs, de ses croyances et de ces loix, c'est envain qu'on voudra chercher à augmenter la somme de son bien être,

et développer son industrie ; il sera perpétuellement
la dupe des impostures et le jouet des revolutions,
qui, changent la face de la terre, sans embellir la
demeure de ce Roi de la création, dont le domaine
est immense ; mais qui ne sait qu'abuser de sa puissance, au lieu d'en jouir. Ce n'est donc que le
meilleur emploi possible des facultés phisiques et
morales de l'homme, aux choses les plus essentiellement utiles à son bonheur, qui peut constituer le
meilleur état de civilisation, et il est encore à naître.

Les gouvernemens d'Athènes, de Sparte, de
Cartage, de Rome, et tant d'autres moins remar-
cables furent d'abord institués pour une seule ville,
et quand cette ville devint la métropole d'un empire
un peu étendu, ses magistrats ne virent que la capitale dans l'état ; c'est pour ses habitans seulement
qu'on faisait des loix et des reglémens ; eux seuls
avaient le droit de cité ; eux seuls occupaient les magistratures de la république ; les intérêts des provinces n'étaient que secondaires et on en tenait peu de
compte, quoi qu' elles fussent paisibles qu' elles payas-
sent regulièrement les impots, et qu' elles fournissent
leur contingent des milices. La chose publique était
toute renfermée dans l'enceinte des murailles, ou
dans des bornes extrêmement étroites.

Les métropoles se montrèrent dans tous les
tems fort avares du droit de cité, qu'elles n'accor-
dèrent jamais que sur de grands motifs, et forcées
par les circonstances ; elles aimerent toujours mieux
se faire des esclaves que des concitoyens. C'est

ainsi que partout l'intérêt du petit nombre l'emporte
sur celui du grand ; parce que partout, c'est la mi-
norité qui gouverne, et que l'esprit despotique, ou
tout au moins aristocratique se glisse aisément dans
le cœur de ceux qui tiennent les rênes, ou qui contribuent à les diriger. Presque toutes les républiques ont marqué dans les annales du monde par leur
injustice et leur cruauté, témoin le peuple-Roi,
qu'on pourrait, à plus juste titre, appeller le peuple despote ; mais d'où vient que dans les états les
mieux policés de l'antiquité, il n'y avait pour ainsi
dire d'organisation sociale que dans la métropole, et
que tout le reste était sous la dépendance et dans
l'esclavage ? Cela se divine aisément : c'est qu'à mesure que l'état s'agrandissait, tout se faisait, à l'égard
des pays conquis ou agrégés, dans l'intérêt de quelques dominateurs. Les lois d'Auguste n'étaient point
organiques ; mais palliatives et circonstancielles ; ce
modèle des politiques ne s'est donc acquis aucun
titre de plus que ces dévanciers ou ses successeurs
à la reconnaissance de ses contemporains et aux éloges de la posterité, si ce n'est qu'il sut dorer les
chaines du despotisme, pour les rendre tolérables
et façonner le peuple le plus fier de la terre au joug
le plus honteux et le plus lourd que portèrent jamais les hommes (1).

---

(1) „ Auguste établit l'ordre : c'est-à-dire une servitude dura-
„ ble ; car dans un état libre, où l'on vient d'usurper la souve-
„ raineté, on appelle regle, tout ce qui peut fonder l'autorité sans

Il y a eu des législateurs de bourgade ; il n'a point encore paru de législateur d'empire, on n'a jamais su faire un seul tout d'un grand état. Serions nous reservés à voir ce prodige ? Il consolerait la terre, encore éplorée, des maux qu' elle a soufforts sans interruption depuis des milliers de siècles ! On s'est étrangement égaré, jusqu'à ce jour, sur les veritables causes du malheur des peuples, et sur les sources de corruption quand on les a vues dans les progrés des arts et de l'industrie générale ; c'est la misère qui corrompt tous les citoyens d'un état et non les richesses et le luxe, qui, s'ils étaient convenablement répartis, ne se feraient jamais sentir ; si toutes les productions de la terre et des arts étaient partagées entre tous les hommes, il en résulterait un bien être universel ; mais point de luxe proprement dit ; ce sont les peines que le peuple se donne, afin de pourvoir au besoin d'une classe privilegiée qui vit dans la molesse, et jouit du produit des arts, qui le rendent malheureux, tandis que le faste impose aux yeux qui le contemplent, sans savoir ce qu'il coute, et jette du lustre sur l'histoire d'une nation qui n'est, ordinairement, que celle de ses oppresseurs titrés.

Le mal est déjà fait quand les arts fleuris-

---

„ bornes d'un seul, et on nomme trouble, dissention, mauvais „ gouvernement, tout ce qui peut maintenir l'honnête liberté des „ sujets." (*Grandeur et décadence des Romains, chap. XIII.*)

sent, c'est le plus souvent une exuberance qui couvre les malheurs populaires, comme pour en dérober le hideux spectacle, et puisque ces arts ne peuvent naître que par le luxe, le luxe n'en saurait être le produit. D'ailleurs n'existe-t-il pas sans eux dans toutes les cours de l'Asie, où l'ignorance regne et où on l'avait assise sur les marches du trône? Veut-on savoir le secret des maux qui résultent de la cumulation des richesses, en de certaines mains? Le voici : sous les monarques fastueux, ou dans les républiques corrompues, les beaux-arts ne sont jamais encouragés qu'aux dépens de l'agriculture, du commerce et des arts utiles, qui sont négligés ou abandonnés ; les Princes et les grands n'y voient que des moyens de satisfaire leur vanité personnelle et leur goût pour le luxe, ce qui corrompt les mœurs et étouffe tous les germes de vertu. Mais dans un état bien constitué, bien gouverné, bien administré, loin de nuire au bonheur général l'exercice des beaux-arts et la culture des lettres ne feraient que le compietter par ce qu'ils seraient encouragés par l'état, dans l'intérêt national, et destinés à consacrer les belles actions, et à exciter les passions nobles ; on n'honorerait jamais les talens aux dépens des vertus, comme cela se pratique dans toutes les sociétés prétendues poliées ; on accorderait au vrai mérite, les honneurs, les récompenses qui lui sont dûs, tandis que les prétentions au savoir, et l'inutile oisiveté seraient vouées au mépris public. C'est la fausse distribution de l'estime

publique qui est la première source de la perversité
des hommes.

Quand les principes constitutifs d'un état sont
vicieux et que la fortune, le luxe et les talens agréables y sont comptés pour tout, ou ne cherche
plus qu'à se procurer des richesses, ou à aquerir
des connaissances futiles, parce que les hommes
n'ambitionnent rien tant que les témoignages de l'estime publique, ou de ce qui la représente, et si elle
est le partage du vice, ils deviennent vicieux pour
l'obtenir; c'est un mal inévitable, dans tous les états
où quelques individus sont tout, tandis que le peuple n'est rien, parce que ce sont eux qui distribuent ce qu'ils appellent *faussement* de l'honneur,
de l'estime, et qu'ils le fondent, non sur les services qu'on rend à la patrie, mais sur ceux qui n'ont
qu'eux seuls pour objet, sur les agrémens qu'on leur
procure. Alors naissent la basse adulation, les villes complaisances; alors fleurissent ces arts mercenaires que le luxe enfante et paye; le génie lui-même
serait reduit à se prostituer, s'il n'était de son essence de s'élever au dessus des vanités humaines, et
de retourner vers sa source, qui est l'essence divine, plutôt que de ramper sur la terre, et de s'abaisser jusqu'à la faveur des grands.

L'abus des arts et des sciences tient donc aux
mauvaises constitutions et à la dépravation des
mœurs; leur bon emploi est inséparable des bonnes
lois et de leur stricte exécution. Là ou l'intérêt de
tous commande, il n'y a de louable et de loué que

ce qui est conforme à l'intérêt de tous: c'est-à-dire ce qui est vertueux ; et voilà pourquoi les états républicains nous offrent tant d'exemples de belles actions et les états déspotiques point. Gardons nous donc de croire que la science soit incompatible avec la vertu ; le véritable savoir n'aprécie que le vrai, le juste et l'utile ; il ne loue et ne recompense que les bonnes actions ; hé ! les hommes les plus vertueux ne furent ils pas toujours les plus éclairés de leur tems ?

Ce n'est pas qu'il faille nécessairement une grande instruction pour être homme de bien ; le ciel ne la point voulu ainsi ; il a empreint au fond de tous les cœurs, l'auguste image de la vertu ; elle parle à tous les hommes et sa voix se ferait entendre à tous et à chaque instant, si de vicieuses institutions et des rapports mal établis ne nous égaraient sans cesse pour notre malheur et celui de nos semblables. Il est cependant un genre d'instruction qui convient à la multitude, mais cette instruction doit se borner à la connaissance des droits et des devoirs de chacun, fondément de toutes les vertus sociales, qui existaient avant les lumières, et qui peuvent, et doivent exister indépendamment d'elles, pour la majorité des citoyens.

Quand la vertu sera pour toutes les classes, la base de l'éducation, les progrés des sciences, des arts, et des lettres qui sont l'œuvre du très petit nombre, loin de contribuer à corrompre les mœurs, comme on les en a justement accusé, chez presque tous les peuples , ne feront qu'ajouter aux avantages de la société , en multipliant ses ressources et ses jouissances : les abus condamnables qui ont lieu dans ces honorables professions, ceux qui tendent à amolir les ames et à altérer les bonnes institutions peuvent être aisément reprimés , ou prévenus ; d'ailleurs la classe des savans est si petite , leur influence directe est si bornée ; ils se plaignent, avec tant de raison , de n'être point écoutés par la multitude , et de prêcher dans le désert, qu'ils n'ont jamais fait, en résultat, ni grand bien ni grand mal , à moins qu'ils n'ayent été aidés par l'influence des gouvernants, qui tantôt en propageant leurs maximes, tantôt en s'opposant à leur publication , leur ont donné une influence, et un crédit qu' elles n'auraient pas eu d'elles-mêmes , dans l'opinion des peuples ; et cela prouve encore que les gouvernemens , semblables au Jupiter de la fable, versent sur les humains, les biens et les maux , selon leur bon plaisir ; les uns et les autres émanent, en effet, des institutions politiques, qui portent l'homme à développer son instruction , ou à l'étouffer , et qui dirigent ses pensées et ses actions de telle ou telle manière.

Que les lois donc soient empreintes au fonds des cœurs ; que leurs préceptes se confondent avec ceux des mœurs (ce qui aurait nécessairement lieu et d'une manière immuable, si les lois et les mœurs étaient conformes à la véritable nature de l'homme) que chacun connaisse bien l'étendue de ses droits , de ses devoirs, et mille sources de désunion et de procès seront taries; la jurisprudence se simplifiera quelque étendus que soient les rapports des citoyens entre eux ; elle ne causera plus par ses formes lentes et tortueuses la perte du tems, la ruine des familles, et la démoralisation générale; l'homme d'accord avec lui-même, revenu de ces terreurs de ces craintes que, depuis le revouvellement du monde, ne l'ont jamais abandonné sur la prochaine destruction de notre globe, s'adonnera sans réserve à l'emploi fructueux de toutes ses facultés, et l'industrie, dans tous les genres, se perfectionnera rapidement. C'est là l'unique but vers lequel doit tendre cette aimable et douce philosophie qui est l'apanage des gouvernants, des magistrats et des savans de profession, et tant que les travaux de ces derniers n' auront pas d'autres objets en vue, ils seront réellement utiles, et leurs auteurs auront des droits à la dispensation de la véritable gloire. Oui, j'ose l'affirmer, le perfectionnement de l'espèce humaine pour la beauté du corps, l'élévation de l'ame et la bonté du cœur tient au perfectionnement de la civilisation et des institutions politiques.

Quand les grandes bases constitutives d'un état sont posées il ne reste plus qu'à en suivre l'esprit dans les différentes parties de la législation ; ce qui ne peut manquer d'avoir lieu, si tous les intéressés sont appelles à manifester leurs besoins et leurs vœux, soit par eux-mêmes, soit par des *commettans*, qu'ils auront choisis ; si le Prince les chefs et les conseillers de la nation sont attentifs à recueillir des vœux pour en faire ressortir la volonté générale, et former autant de codes divers qu'il existe de rapports d'une nature différente entre les citoyens, ces codes, d'abord imparfaits, parce qu'ils ne sauraient tout embrasser, tout prévoir, s'étendront, se rectifieront successivement, par des additions et des corrections qu'indiquera un vœu plus éclairé; il est même dans leur nature de devenir insuffisants, et c'est un inconvenient auquel peut toujours remedier une nation, qui a des conseillers permanents, et qui ne pert jamais de vue ses intérêts. La mutabilité de la législation politique civile et administrative doit être admise en principe, dans tout état bien constitué, parce qu'il est de son essence d'être toujours, plus ou moins imparfaite, et de le devenir davantage avec le tems. Ce respect réligieux qu' avaient les anciens peuples, pour des codes qu'on leur faisait croire être émanés du ciel, n'est propre qu'à entrétenir la terreur, et à prévenir toute amélioration, outre que ce ressort, qui peut servir à égarer une nation, comme à la conduire au bien, ne saurait être employé avec succès chez celles qui sont parvenues à un certain degré de civilisation; auprès de celles qui sont susceptibles de se laisser persuader et convaincre, il ne faut employer que la force de la vérité et de la raison.

Certaines loix doivent être immuables de faits; et ce sont celles qui statuent sur des rapports constants, fondés sur la nature de l'homme, qui est la même en tous lieux et dans tous les tems; il en est qui conviennent à telles contrées, d'autres à telles circonstances, d'autres enfin qui ne doivent être que d'un moment; la législation générale d'un état quelconque ne peut être en grande partie que l'œuvre du tems et des lieux; or ces élémens varient sanscesse, et de nouveaux rapports amenant de nouveaux besoins donnent nécessairement lieu à de nouvelles lois. Laissons donc aux hommes et aux tems à venir, le soin de statuer sur ce qui pourra leur être convenable, et ne cherchons jamais à étendre notre prévoyance au-de-là de ce qu' elle peut embrasser.

Je ne saurais indiquer ici quels doivent être les principaux points de la législation des états; car il faudrait en prendre un pour exemple, et mon objet se borne à faire connaître les principes applicables à tous; ceux sur lesquels tous devraient fonder leur prospérité, pour la rendre aussi durable qu'étendue. Généralement parlant, il faut peu de lois à un peuple purement agricole; il en faut d'avantage à celui qui est à la fois agriculteur et manufacturier; il en faut plus encore à celui qui joint à l'exercice de ces premiers arts, celui du commerce (1); mais chez tous, il faut qu' elles soient claires, précises et conçues dans un esprit d'utilité générale; qu' elles assurent à la fois autant que cela est com-

---

(1) Dans une ville où il n'y a point de commerce maritime il faut la moitié moins de lois civiles. (*Platon*, *des lois, livre VIII*).

patible, l'avantage du corps social et l'intérêt de chacun de ses membres.

Les lois statuent sur des intérêts généraux, communs à tous les individus de l'état; mais il est des rapports particuliers auxquels on peut faire l'application des principes que ces lois contiennent; et c'est l'objet des statuts, appellés décrets ou réglemens; c'est au gouvernement qu'il appartient de les faire et c'est un de ces devoirs. L'esprit qui les dicte ne doit pas être moins impartial que celui qui a dicté la loi même et comme celle-ci doit toujours servir de guide ou de fanal, pour leur redaction, il est difficile qu'un gouvernement bien intentionné, se trompe sur l'esprit de ses réglemens; ils doivent tous avoir pour objet d'assurer la pleine et entière exécution des lois, et l'accomplissement des vœux qu'elles renferment.

Ceux qui doivent se rapporter à l'encouragement de l'industrie nationale, au perfectionnement de l'agriculture, du commerce et des arts, ne sont pas les moins importants; or, pour qu'une législation, qui embrasse à la fois ces trois branches de la prosperité publique remplisse bien son but, il faut qu'elle porte sur des faits bien averrés, qui constatent d'une part, l'importance de chaque branche particulière, en elle même, et qui indiquent de l'autre, quels sont les moyens propres à la favoriser, sans nuire à aucune, et de la manière qu'il importe le plus à l'état.

C'est un grand inconvenient que de donner

à l'industrie d'une nation une direction exclusive (1) ; à moins que sa situation et le caractère de ses membres ne le commandent ; c'en est un autre tout aussi grand, que de vouloir favoriser et introduire dans un état, toutes les branches de l'industrie humaine, lorsque ces mêmes considérations doivent en faire choisir quelques unes de préférence, et qu'on peut se procurer plus avantageusement par le commerce, les produits des autres. C'est à ne faire ni trop, ni trop peu, et à ne prescrire que ce qui est convenable, à n'encourager, que ce qui est vraiment utile à la société, que consiste la sagesse des lois et celle des gouvernemens.

La première chose à faire, à cet égard, est donc de bien connaître les ressources territoriales d'un état, et celles qui peuvent naitre de sa position phisique, de ses rapports politiques et du génie particulier de ses habitans ; élémens qui tous sont d'une importance majeure, et dont plusieurs sont variables de leur nature. Cette réunion de données constitue ce qu'on appelle de nos jours la *science statistique*, base de l'économie sociale, matériaux indispensables pour construire, avec solidité, l'édifice de la prosperité publique, première étude de l'homme d'état, de l'administrateur qui veut agir avec connaissance de cause et sans laquelle on ne

---

(1) Sully fit peut-être trop pour l'agriculture et trop peu pour les arts et le commerce. Je dirai le contraire de Colbert ; que n'est-il possible de retrouver ces deux génies dans une seule personne !

peut rien faire d'essentiellement bon, ni dans l'ensemble, ni dans les détails du gouvernement: parce
qu'on ignore de quel côté, et jusqu'à quel point,
il faut maintenir où diriger l'activité de l'homme
qui, le plus souvent, par pure ignorance, détruit
d'une main ce qu'il édifie de l'autre et fait le mal
en croyant faire le bien. Sans savoir, et sans un
savoir qui embrasse tout, on ne peut agir qu'en aveugle. L'univers n'étale ses merveilles à nos yeux,
il ne nous présente l'image de l'ordre et de l'éterni-
té que parce que son auteur en a embrassé toutes
les parties dans sa vaste pensée, que parce qu'il a
réglé l'action de chacune, pour la conservation du
tout.

Sans doute il est impossible à l'esprit humain
de tout saisir à la fois, et même il est assez dans
sa nature de n'envisager les objets que sous un seul
point de vue, aussi est-il arrivé aux plus grands
génies de commettre les erreurs et les fautes les plus
graves pour s'être laissé entraîner à cette tendance,
et c'est sur tout, en économie politique que nous
en avons des exemples frappans. Ici, encore, je
dirai que c'est aux tems, aux lieux, aux circonstances, à éclairer les hommes d'état, les administrateurs
sur la marche à suivre; mais le meilleur preservatif
contre l'erreur, c'est l'étude des faits et dé tous les
faits.

Quand on les a bien connus, bien appréciés,
il devient aisé de déterminer quelle sorte d'encouragement et de direction il convient de donner à cha-

que branche de l'industrie sur les divers points du territoire d'un état, et celà doit varier selon les localités. Partout il faut autant que possible, favoriser l'agriculture qui est le premier, le plus indispensable, et le plus productif des arts; celui qui seul peut tenir lieu de tous les autres; celui par lequel un grand peuple peut toujours se suffire à lui-même; tout gouvernement sage s'attachera donc spécialement à le favoriser et il est un moyen bien efficace pour celà: c'est de faire ensorte que les riches habitent la campagne, au lieu du peuple les villes (1), et qu'ils fassent cultiver les terres, au lieu d'en dévorer la substance par un luxe désordonné, que les gouvernants au lieu de s'environner d'un faux éclat, commandent cette vénération qu'inspire toujours au peuple la simplicité unie à la grandeur, qu'au lieu d'avoir près d'eux une foule de grands, nourris dans le faste et l'oisiveté, décorés de tous les honneurs, qui devraient n'appartenir qu'aux ci-

---

(1) Qui emit agrum vendat domum, quam habet in urbe; disait Magon général Cartaginois qui avait fait un beau traité sur l'agriculture. (*Varron pline.*)

Peuplez également le territoire, étendez y partout, les mêmes droits, portez y partout l'abondance et la vie; c'est ainsi que l'état deviendra tout à la fois le plus fort et le mieux gouverné qu'il soit possible.

Souvenez vous que les murs des villes ne se forment que des débris des maisons des champs; à chaque palais que je vois élever dans la capitale je crois voir mettre en mazures tout un pays. (*Contrat social liv. III. chap. XIII*).

toyens utiles, ils fassent tomber leurs faveurs sur le propriétaire industrieux, sur le manufacturier, le négociant distingués, sur tous ceux qui auront fait faire, des progrès à une branche quelconque d'industrie ! Si on n'obtenait des distinctions, que par des services aussi essentiels, et qui vont de pair avec ceux que rendent les braves guerriers et les magistrats intègres, au lieu de se les attirer par l'adulation, par de basses complaisances, par des services ignobles en eux mêmes, ou tout au moins inutiles; la foule des courtisans s'empresserait de courir aux champs (1), pour avoir ces distinctions dont elle est si avide, et l'état et le Prince en seraient plus heureux. Alors les honneurs reçus seraient vraiment honorables, parce qu'ils seraient le prix du mérite et des talens utiles, la recompense de la vertu!

Mais toute l'étendue du territoire d'un état ne peut être également propre à tous les genres de culture; il faut donc appliquer à chaque point celui qui lui convient le mieux, et c'est encore l'objet de la statistique de le déterminer, soit pour l'état en général, soit pour chaque division et sous-division de territoire, et il n'est pas jusqu'au dernier des ad-

---

Tout ce que Rome avait de plus illustre vivait au champs et cultivait les terres; c'était là qu'on allait chercher les soutiens de la république. Ce n'est pas sans raisons disait Varron, que nos magnanimes ancêtres établirent au village la pépinière de ces robustes et vaillans hommes qui les diffendaient en tems de guerre et les nourrissaient en tems de paix.

ministrateurs, des agens du gouvernement, qui ne doive s'appliquer à reconnaître quelle espèce de culture convient le mieux au terrain sur lequel il exerce son ministère, et même à chaque point de ce terrain.

Il en est de même du commerce et surtout de l'industrie manufacturière, qui ne saurait être la même partout; il est de leur nature d'être plus restreint que l'industrie agricole, et les circonstances locales exercent sur eux une trop grande influence pour qu'on ne doive pas s'appliquer à la connaître afin de pouvoir la seconder, si elle est favorable, ou la combattre si elle est nuisible; mais à cet égard, il est des obstacles qu'on ne saurait vaincre et qu'il faut avoir le bon esprit de respecter, afin de ne prendre que des mesures utiles, convenables, et de ne les appliquer qu'aux lieux qui les comportent. Chacun sous ce rapport, offre des avantages et des inconveniens d'après lesquels une administration sage et éclairée ne manquera pas de se déterminer, dans les opérations quelle doit provoquer, soit de la part du gouvernement, soit auprès des particuliers.

Un grand inconvénient, serait celui de vouloir tout réglémenter, tout soumettre à l'uniformité, et le seul moyen de se préserver d'une semblable manie, que dans divers états a produit de si grands maux, est de bien connaître les localités, parce qu'elles commandent évidemment la diversité dans les procédés; cette diversité même doit varier sans cesse, comme l'expérience le prouve; aussi ne faut-il jamais se lasser d'observer, afin de changer à propos de mesure, ou de rectifier, d'étendre, de modifier les anciennes.

Il serait bon d'abord de déterminer combien d'hommes dans l'état doivent s'appliquer à tel ou tel genre d'industrie pour son plus grand avantage, soit dans toute son étendue en général, soit sur chaque point de son territoire en particulier, afin d'encourager et de diriger l'activité des citoyens de la manière la plus convenable et la plus appropriée aux localités ; ce qui doit varier selon la nature du sol, la position géographique, les mœurs et le caractère des peuples. Mais partout il faut, autant que possible restreindre les classes non productives, et augmenter celles qui exercent les arts de premiè-re nécessité, en tête des quels se trouve l'agriculture ; c'est le plus sûr moyen d'augmenter l'aisance générale, de décharger l'état de fardeaux sous le poids des quels il est souvent prêt à succomber. L'inutile oisiveté doit partout être scrupuleusement bannie et le premier soin d'un gouvernement doit être de borner les professions rélatives aux arts de luxe et d'agrément; de manière à ce qu'elles ne nuissent point aux professions nécessaires et même à celles qui ne sont qu'utiles.

Il faut une armée de terre, il faut une marine à un état puissant et étendu; mais il faut que ces forces se bornent au strict nécessaire, afin que leur entretien ne devienne pas ruineux, et qu'elles ne dévorent pas l'état sous prétexte de le défendre. C'est là que l'économie doit être employée, si l'on veut favoriser l'agriculture le commerce et les arts, aux quels l'état de guerre est si pernicieux, quand il coute trop, et qui ne peuvent jamais fleurir que dans la paix. Sans doute il faut qu'un peuple soit toujours prêt à repousser une injuste agression, et c'est souvent le moyen de la prévenir; il en faut convenir, c'est plutôt la force et la valeur qu'on respecte dans ses voisins, que la sagesse et l'industrie, qui ne font qu'exciter l'envie; mais il est tel régime militaire qui peut être à la fois imposant et économique, et c'est celui là qu'il faut s'appliquer à réaliser. Des troupes victorieuses dans la guerre peuvent exercer les arts dans la paix, et rendre les plus importants services. N'avons-nous pas l'exemple de Romains? Que ne l'imitons-nous?

Il est pour l'agriculture, l'industrie et le commerce un genre d'encouragement, qui tient à la nature des impôts et au mode de leur perception, et c'est un objet de la plus grande importance; les modifier, les changer, les restreindre et les étendre à propos, est encore ce que dicte la sagesse, et cela doit varier beaucoup, selon les lieux et les circonstances; on ne peut donc à cet égard, que donner des preceptes généraux: il faut que les impôts soient toujours le moins forts (1), le moins onéreux et le

_________________

(1) Ce n'est point à ce que le peuple *peut* donner, qu'il faut mesurer les revenus publics; mais à ce qu'il *doit* donner; et si

moins vexatoires qu'il est possible; mais ils doivent toujours être proportionnés aux véritables besoins de l'état. S'ils tournent tous à son profit, on ne les trouvera pas pésans; ce qu'on dépense pour son propre avantage (1) coute peu à donner et dans ce cas, avoir occasion de dépenser, c'est sentir d'avantage le besoin de produire; c'est donc moins la quotité des impots que le mode de leur levée et sur tout leur emploi qui pésent sur les peuples. Ce ne sont pas les embellissemens de la capitale, des villes et des bourgades qui épuisent une nation, ce sont les dissipations des Princes, c'est le faste des cours, c'est le luxe des grands et des riches, parce que le peuple ne jouissant de rien de tout celà, sent toute son activité s'éteindre, et qu'il produit d'autant moins qu'on lui demande d'avantage. Il en serait tout autrement d'un luxe vraiment national, d'un luxe qui flaterait les goûts de la multitude, et qui

---

on le mesure à ce qu'il *peut* donner, il faut que ce soit du moins à ce qu'il *peut toujours* donner. (*Esprit des lois, livre XIII. chap. Ier.*)

(1) Règle générale : on peut lever des tribus plus forts à proportion de la liberté des sujets; et l'on est forcé de les modérer, à mesure que la servitude augmente. Celà à toujours été et celà sera toujours.

On peut augmenter les tribus dans la plûpart des républiques; parce que le citoyen qui croit payer à lui-même a la volonté de les payer, et en a ordinairement le pouvoir par l'effet de la nature du gouvernement. (*Esprit des lois, livre XIII, chap. XII. et XLI.*)

augmenterait son bien être et ses jouissances. Cè
serait un luxe prospère que celui là, et il laisserait
après lui des monumens de grandeur et de dignité;
tel fut celui d'Athènes, et de plusieurs autres villes
de la Grèce, tel fut celui de Florence, sous Come
et Laurent de Médicis. Dans ces états le désir de
jouir doublait l'activité de l'homme, et l'érection
des chefs d'œuvre, dont nous admirons aujourd'hui
les déplorables restes, ne fit qu'activer l'industrie
agricole, commerciale et manufacturière, au lieu de
l'éteindre, comme le fait le luxe, mal entendu, des
cours et des capitales de notre moderne Europe,
qui flatte la vanité des grands et insulte à la misère
des peuples.

Enfin il est un dernier moyen que les gouvernemens doivent employer pour favoriser l'industrie nationale: c'est la confection des grands ouvrages d'arts, que les particuliers ne peuvent entreprendre et que l'état seul peut exécuter. Tel sont les
grandes routes, les canaux de navigation, les ports
maritimes &c. on connait assez l'importance de ces
ouvrages pour la prosperité soit générale soit particulière de l'agriculture, des arts et du commerce,
et il serait superflu de s'étendre là dessus; mais ce
qui mérite une attention spéciale, c'est de bien
reconnaître quels sont ceux de ces travaux qui sont
éminemment utiles, et quels moyens on peut employer pour les exécuter convenablement, et aux
moindres frais possibles.

Le gouvernement qui ne peut tout voir par

lui - même, doit pour bien remplir son but et ses devoirs choisir des conseillers, former des académies, des réunions d'hommes éclairés, qui s'occupent spécialement des différentes branches de l'économie publique ; de même les administrateurs locaux doivent s'aider des hommes éclairés qui les entourent, et provoquer sans cesse leur zèle et leurs observations, former des sociétés qui recueillent les faits et les comparent, enfin examiner sur leurs rapports l'influence du régime adopté, ses avantages et ses inconveniens, afin d'accroître les uns et de diminuer les autres, par de sages innovations ; elles doivent être fréquentes, si l'on veut marcher sans cesse vers la perfection, qu'il ne faut point perdre de vue, et qu'on ne saura jamais atteindre.

C'est par des vues semblables, par de tels moyens qu'on peut opérer partout le bien général et particulier, et ce ne sera qu'après avoir donné à l'industrie sur chaque partie du sol, tous les développemens grands ou petits, dont elle est susceptible, qu'on aura atteint le dernier degré de prosperité, auquel une nation peut prétendre. Des avantages, quelques petits qu'ils soient doivent être recueillis avec soin et il est bon de diriger tous les efforts soit publics soit particuliers vers ce but essentiel.

Il me reste à parler des colonies qui devenues comme nécessaires, à l'existence des nations européenes, sont pour elles la source de biens et de maux incalculables : ceux-ci proviennent des inconveniens attachés à la possession d'un pays lointain,

dont le climat est défavorable; de la nécessité d'y
entretenir un esclavage à la fois inhumain et ruineux; mais, surtout de la rivalité, et des guerres
perpétuelles qu' entraîne la jouissance de ces richesses d'outre-mer, qui sont l'objet de la convoitise
universelle : les biens consistent, dans l'augmentation
des ressources des métropoles, et dans l'accroissement du commerce, qui, en multipliant les objets
utiles à l'homme, augmente ses jouissances et active son industrie.

C'est une chose encore douteuse que de savoir si l'Europe a plus gagné que perdu dans son
commerce avec les Indes et le nouveau monde ; mais
il est certain qu' elle n'y pourrait renoncer aujour-
d'hui sans de grands inconveniens, non plus qu'à
ses possessions coloniales ; les nouveaux besoins
qu'elle s'est crées les lui rendent nécessaires, et il
n'est plus en son pouvoir de s'en passer ; que lui
reste-t-il donc à faire à cet égard? C'est d'en tirer
le meilleur parti possible, et le seul moyen efficace
pour y parvenir, serait une confédération maritime
entre les divers peuples qui ont des colonies; tous
y trouveraient leur intérêt, et ces possessions lointaines, qui coutent tant aux métropoles deviendraient
pour elles extrêmement fructueuses. Sous les auspices d'une alliance, cimentée par un intérêt commun, on pourrait s'occuper de l'amélioration du régime colonial ; on y oppérerait avec le tems l'abolition de l'esclavage, et l'on substituerait à ces misérables victimes du despotisme et de l'avarice, des

çolons libres et industrieux ; il n'est personne qui ne
sente aujourd'hui tout l'avantage d'un pareil sistê-
me sur celui, auquel les premiers crimes des Européens, dans le nouveau monde, les ont forcés de
recourir ; on trouvera dans le précis qui fait suite
au discours, le développement de ces idées, que je
n'ai pu présenter ici que sommairement.

Mais il ne suffit pas, pour assurer la prosperité d'un état, de favoriser sur son territoire et
dans ses possessions coloniales, toutes les branches
d'industrie, en raison de leur importance respecti-
ve ; il faut encore lui ménager au dehors, des relations amicales, avec ses voisins, et, s'il est possible, avec toutes les nations, afin que, par un
échange facile et avantageux de son superflu contre
celui des autres, il augmente ses ressources et le
bien-être de chacun de ses membres, unique fin de
toute l'activité sociale ; or, c'est en multipliant les
besoins qu'on excite cette activité, et les besoins
naissants avec la connaissance des objets utiles, ou
agréables, c'est assez de les connaître pour vouloir
se les procurer ; le desir de jouir est l'ame du commerce et des arts : c'est lui qui rend industrieux,
appliqué, entreprenant, et s'il est vrai qu'il peut
corrompre, vicier, et rendre malheureux un peuple
dont la situation est tellement défavorable, qu'il ne
puisse se procurer les objets desirés par son travail
et son activité, il ne l'est pas moins que chez les
nations intelligentes et industrieuses, il crée mille
ressources inatendues. Par tout le mal est à côté

du bien ; c'est aux gouvernemens à chercher autant que possible, à écarter l'un et à se procurer l'autre.

De peuple à peuple, il n'y a que des rapports de bienveillance qui puissent faire atteindre ce double but ; et ces odieuses rivalités, d'où naissent les exlusions, les prohibitions, et tout ce qu'on appelle guerre d'industrie, tournent constamment au désavantage de tous. C'est en grand ce qu'on voit souvent en petit, entre les différentes provinces d'un même empire, dont les rapports commerciaux sont soumis à mille entraves vexatoires, qui les ruinent mutuellement, sans profiter à la chose publique. Un pareil sistème à été aboli par tous les gouvernemens sages, comme essentiellement destructif de toute industrie. Quand donc verrons-nous les nations adopter et suivre entre elles les mêmes principes, laisser au commerce extérieur une entière liberté, et détruire ces lignes de douanes qui, lorsqu'elles ne sont que prohibitives, les entraînent dans des frais considérables, et qui tuent l'industrie particulière, lorsqu'elles sont fiscales ?

Il faudrait, pour cela, que les gouvernemens sentissent enfin que les peuples ont, de même que les habitants des différentes provinces d'un état, un intérêt commun à la liberté indéfinie du commerce ; que c'est en vain qu'ils cherchent à s'égaler en industrie sur tous les points, parce que chaque contrée a des avantages naturels et immuables, qui n'appartiennent qu'à elle ; (et c'est cela même qui rend le commerce nécessaire et avantageux pour tous ;)

et qu'enfin chacun d'eux peut, sans avoir recours
à des prohibitions de marchandises étrangeres, qui
commandent des privations, et donnent lieu à la
fraude, à la contrebande, encourager, favoriser
tous les genres d'industrie qu'il croit susceptibles de
prospérer sur son sol; quant à ceux dont les développemens tiennent à certaines circonstances locales, et qu'on ne peut se procurer avantageusement,
il est sage d'y renoncer, et encore ici se retrouve
l'application des maximes que j'ai exposées au sujet
de l'industrie agricole, et manufacturière, des différens points d'un état. La nature n'a ainsi repar-
ti diversement ses dons que pour établir entre les
hommes une communauté de besoins et de jouissances qui les rendent nécessaires les uns aux autres, et
qui leur apprenne qu'ils sont tous frères. Pourquoi
donc ne pas respecter ses decrets éternels?

Un jour viendra peut-être, où ces verités
seront triviales, et feront la base du droit des gens,
dont l'importance n'est pas moindre, pour le bonheur des nations, en général, que celle du droit
politique et du droit civil, pour celui d'un peuple
en particuler; quand on aura ramené les principes
de tous ces codes à l'unité : c'est-à-dire qu'ils seront fondés sur la nature et les besoins des hommes, les nations ne seront plus que les diverses
branches d'une même famille, que les diverses parties
d'un corps fédératif; déjà on en voit former les élémens
sur le continent européen; puissent d'aussi beaux es-
sais conduire aux grands résultats qu'ils promettent!

Alors, au lieu de chercher à s'entre-détruire, les sociétés réuniront tous leurs efforts pour un but commun ; au lieu de se ruiner les unes les autres, en faux frais, elles ne s'occuperont plus qu'à produire, et l'agriculture le commerce et les arts acquerreront tous les développemens que promettent les ressources répandues sur toute la terre, et que peut produire l'activité de l'homme qui en couvre la surface ; alors l'augmentation de l'aisance générale, et celle de la population, permettront sans inconvenient, que certaines classes de citoyens se consacrent, exclusivement, à l'exercice des arts d'agrement, et de tous ceux qui exigent de grandes combinaisons de la part de l'esprit ; alors les beaux arts, les lettres, et les sciences fleuriront, avec les professions mécaniques, pour les étendre et les perfectionner ; alors enfin sera atteint le but que doit se proposer toute nation et tout individu dans l'employ de ses facultés ; la réunion de tous les avantages et de tous les agrémens attachés à l'existence humaine. *Omne tulit punctum qui miscuit utile dulci.*

Je n'ai pas examiné jusqu'à quel point, les progrès des arts et de l'industrie, en général, peuvent se concilier avec de bonnes lois, et une constitution sage ; ce n'était pas ici le lieu de discuter tout ce qu'on a dit pour et contre à cet égard ; mais je crois avoir fait sentir qu'une bonne constitution, des lois justes, un gouvernement équitable, une bienveillance universelle, sont les premières bases de la prosperité des nations.

Le meilleur moyen de créer une patrie aux hommes, c'est de les attacher au sol par l'emploi de leur industrie ; s'ils la voyent prospérer et s'accroitre chaque jour, ils béniront le gouvernement qui leur assure d'aussi grands avantages, et ils s'empresseront de le secourir, si des ennemis venaient l'attaquer, parce qu'un bon gouvernement est la plus précieuse des propriétés ; chez une nation où tous les genres d'industrie sont favorisés, ce n'est pas seulement ceux qui tiennent au sol qui sont portés à le défendre, ce sont encore tous ceux qui ne trouveraient pas ailleurs à exercer leurs talens aussi avantageusement ; l'intérêt seul les attacherait donc à la patrie, quand même l'éducation ne leur inspirerait pas ce patriotisme sentimental qu'il est si facile d'imprimer, ou plutôt d'entretenir dans le cœur des hommes qui jouissent de la liberté : c'est-à-dire d'eux-mêmes ; eh ! ne croyons pas que l'héroïsme qui se montre dans toutes les républiques ait une autre source ; partout, sous un semblable regime, les hommes seront actifs, courageux, citoyens ; partout ils béniront le ciel de les avoir fait naître sur une terre fortunée ; partout ils la féconderont : parce qu'ils seront assurés d'employer le produit de leur travail à se procurer les plus douces jouissances de la nature, le spectacle du bonheur de leurs enfans et de celui de la nation toute entiere, qui pour eux sera la grande famille.

*Les moyens qu'un gouvernement peut employer pour faire tourner au profit de l'agriculture, du*

*commerce et des arts, le développement qu'une
grande révolution donne aux idées, et l'énergie
qu' elle imprime aux caractères*, consistent donc
à favoriser ce développement; à seconder cette énergie, à diriger l'un et l'autre convenablement, et de
manière à créer et faire adopter les institutions fondamentales dont nous avons parlé; celles qui peuvent seules assurer une progression constante dans
le perfectionnement de toutes les autres; celles d'où
dépendent le bien-être, le bonheur des peuples; ce
qui exige pour condition première, de la part des
citoyens, des magistrats, et du gouvernement, une
attention journalière et des soins assidus.

Il y a eu bien peu de révolutions sur la terre
qui aient eu ce but pour objet, et pour résultat un
seul peuple en Europe semble destiné à donner ce
grand exemple à l'univers. Dès l'origine de la commotion politique, qui a changé les principes de son
gouvernement, il a paru mûr pour cette liberté sociale, qui est le premier de tous les biens, parce
qu'il est la source de tous les autres, et si, se res-
souvenant de sa première origine, il a été feroce un
moment, cette aberration de son caractère habituel
sera sans doute pour lui une leçon profitable, comme
elle est pour le sage, une nouvelle preuve de la
grande influence qu'exercent les gouvernants sur les
peuples, puisque celui de tous, qui est le plus doux,
le plus humain, le plus poli, a pu se porter, tout
à coup, aux excès les plus inouis, et les plus condamnables. Français! Après avoir deployé tout
l'appareil de votre puissance militaire, après avoir

prouvé à l'Europe encore étonnée, que vous êtes invincibles lorsqu'une seule pensée vous dirige, après avoir fondé votre indépendance sur des trophées dont l'éclat remplit l'univers, après avoir ceint vos fronts de lauriers immortels, après avoir terminé vos dissentions intestines par l'adoption d'un gouvernement stable, il vous reste un seul triomphe à obtenir ; mais le triomphe le plus beau, le plus honorable, c'est celui d'acquérir, sur vous mêmes, sur vos habitudes, sur vos faux préjugés, l'empire que vous avez acquis sur vos ennemis, afin de refondre votre législation, et de la jetter dans le moule éternel de la sagesse, qui seule consacre les grandes actions et en rend les effets durables. Marchez, vous le pouvez, avec toute la rapidité qui tient à votre caractère, dans le sentier de la civilisation. Réalisez toutes les grandes vues, toutes les grandes idées, et si ceux qui sont appellés à vous guider dans cette noble et brillante carrière, ne peuvent voir le terme de vos progrès, ils légueront à ceux qui doivent leur succéder, l'honorable soin d'accomplir leur ouvrage, et les générations à venir recueilleront les fruits de leurs dignes efforts, et de leurs premiers succès. C'est ainsi que fondateurs du plus beau régime social, ils vivront à jamais dans le cœur de leurs descendants et dans la mémoire des hommes ! Heureuses les nations qui participeront à d'aussi grands bienfaits, et qui se confiant à la magnanimité d'un peuple trop grand pour devenir dominateur, s'uniront à ses destinées pour les partager !

# PRÉCIS HISTORIQUE.

# PRÉCIS HISTORIQUE

DES RÉVOLUTIONS QU'ONT ÉPROUVÉS, SUR LES DIVERS POINTS DU GLOBE, L'AGRICULTURE, LE COMMERCE ET LES ARTS, AVEC L'INDICATION DES CAUSES QUI LES ONT AMENÉES.

J'ai tracé, d'une manière rapide et abrégée, dans la première partie de mon discours, la naissance et les progrès de la civilisation, sans me dissimuler qu'il faudrait des volumes pour appuyer de faits cette histoire. Mais ce n'était pas ici le lieu de les présenter; et d'ailleurs, j'ai supposé, dans mes juges, ce degré de connaissance dans l'histoire générale des nations, qui est indispensable pour apprécier la justesse de mes inductions et de mes raisonnemens. Dans la seconde partie j'ai exposé mes vues sur les moyens propres à faire tourner, au profit de l'agriculture, du commerce et des arts, le développement des idées et l'énergie des caractères, ce qui était l'objet principal de cet ouvrage. Maintenant je crois devoir présenter, à l'appui du discours une série de faits, propres à nous faire connaître quelle a été l'influence réelle de la civilisation, sur les richesses et le bonheur des hommes, dans toutes les parties du globe; cela fera mieux sentir encore qu'elle est la sorte d'impulsion qu'il faut donner aux peuples, pour développer leur industrie de la manière la plus avantageuse ; et ce ne sera pas, j'espère, un travail inutile, quoi qu'il n'entre pas essentiellement dans le plan de l'ouvrage.

Le tems qui s'est écoulé entre l'origine des peuples et le dernier degré de leur civilisation ne saurait être aprécié, et leur histoire, pour nous, n'est que celle d'une très petite période que nous osons néanmoins régarder, dans notre vanité, comme embrassant presque toute l'histoire du genre humain ; que de siècles cependant se sont écoulés ! Que de générations successives ont eu lieu, sur cette terre de révolution ! Combien de cataclysmes, de déluges généraux ou partiels ont changé la surface du globe, et renouvellé le genre humain, en tout ou en partie, avant les monumens et même la tradition, sur le témoignage des quels nous fondons notre ancienneté ?

L'histoire, digne de ce nom, ne remonte pas à trois mille ans pour l'Europe, et les écrits chinois nous sont trop peu connus pour que nous ajoutions une foi éclairée à leur grande antiquité, qui cependant parait constatée par des faits irrécusables ; mais à quoi nous servirait de connaître l'histoire de quelques mille ans de plus ? Nous ignorerions toujours celle du globe, et nous pouvons juger de celle de l'espèce humaine par les échantillons qui nous en restent. Il est très vraisemblable, en effet, qu' elle a subi bien des fois les diverses métamorphoses dont nous avons été en quelque sorte les témoins, je dirais presque les contemporains, eu égard au laps de tems qui s'est écoulé avant cette période, et à tout celui qui probablement s'écoulera après nous. L'instabilité des choses humaines, ce flux et reflux perpétuel des peuples, et jusqu'aux changemens physiques qu'à éprouvé notre globe, autorisent cette pensée, et nous consolent, en quelque sorte, (malgré notre avide curiosité, qui voudrait saisir et connaître tous les tems,) de l'ignorance nécessaire où nous sommes plongés sur l'origine du monde, et les diverses transformations auxquelles il a été soumis.

„On pourrait, sans doute, en conclure que cette connaissance ne nous importe nullement, qu'elle nous est interdite et que nous sommes destinés à naître, croître et périr sur ce globe dans une parfaite ignorance du passé. Il n'est pas douteux cependant, que la connoissance des faits antérieurs ne soit profitable aux générations qui les suivent, et qu' elles ne puissent en tirer d'excellentes leçons pour l'avenir, lorsqu' elles savent les envisager sous l'aspect qui convient. Voyons donc qu' elles sont celles que nous donne l'histoire sur le sujet qui nous occupe.

Les révolutions politiques, dont notre globe a été le théâtre, sont infinies; et il serait même impossible de les énumérer, si on se ne prescrivait des bornes à cet égard. Je ne parlerai que de celles qui, par leur étendue, ou par leur nature, ont eu une grande influence, soit immédiate, soit consécutive, sur la prospérité ou le malheur des nations. On doit s'attendre d'avance à voir le nombre des dernières de beaucoup superieur à celui des autres; l'influence des mauvais génies, auxquels sacrifient surtout, les peuples ignorans, a été dans tous les tems, et par une conséquence nécessaire, beaucoup plus étendue que celle des bons; et l'histoire du monde n'est presque qu'un tissu d'événemens malheureux et déplorables; à peine trouve-t-on, dans ce drame affligeant, quelques scènes qui soulagent le cœur du poids accablant des infortunes humaines. La vertu y est d'ailleurs présentée sous des couleurs si fausses, le vice y est tellement travesti, qu'on ne sait souvent ce qui est digne de louange et ce qu'il faut blâmer, tant les auteurs ont pris soin de pallier certains faits, et d'en faire valoir d'autres, dans l'intérêt des dispensateurs de la fortune et des distinctions, auxquels ils ont prostitué leur saint ministère, tandis qu'ils n'auraient dû être que les organes de la vérité. Ceux qui veulent aujourd'hui se servir de son flambeau pour éclairer l'antiquité, rencontrent des ténèbres si épaisses à dissiper, dès qu'ils s'enferment dans le dédale des anciens écrits, qu'ils ne peuvent souvent parvenir à y répandre qu'une lumière incertaine, qui laisse mille doutes sur leur véritable nature. Nous tâcherons de bien discerner ceux qu'il nous importe ici d'aprécier, comme devant servir de base à notre travail, et nous userons, au besoin, de l'art de la critique, sans lequel on prend des fables pour des vérités, et des contes pour des histoires.

# CHAPITRE I.

## DES CONTRÉES ORIENTALES.

Ce que nous connaissons de positif sur la Chine, la Chaldée, la Phénicie et les autres parties de l'Asie, ainsi que sur l'Egypte elle-même, régions qu'on a tour à tour regardées comme le berceau du genre humain, se réduit à bien peu de chose. Cependant, nous ne saurions douter, d'après la puissance des différents peuples qui ont brillé sur l'ancien continent, d'après les monumens qui l'attestent encore aujourd'hui, que l'agriculture, les arts et le commerce n'y ayent été portés à un très haut degré de splendeur.

L'heureuse situation de ces contrées, leur grande élévation au dessus du niveau de la mer, ont dû, en favorisant l'accroissement de leur population, y développer plutôt qu'ailleurs les germes de la civilisation, et la prétention des Egyptiens, des Phéniciens, des Chaldéens, des Indiens et des Chinois, à une antiquité très reculée, au lieu d'être le résultat de leur vanité, était fondée sur une tradition raisonnable et sur des faits dont on a reconnu de nos jours l'authenticité ; en effet, s'il est quelques autres parties du globe qui ayent pu rivaliser avec ces contrées, ou même les devancer en civilisation, il est certain que toute l'Europe, une grande partie de l'Afrique et l'Amérique surtout, se trouvaient entièrement enveloppées des ténèbres de la barbarie, lorsque les peuples de l'orient étaient florissants, et que, pour les occidentaux, ces anciens habitans de l'Asie méridionale et de l'Ethiopie doivent être regardés comme les instituteurs des nations; c'est d'eux que leur sont venus les sciences et les arts; ce sont leurs colonies qui ont civilisé la Grèce, l'Italie et tout le reste de l'Europe.

## § I. *De la Chine.*

Il parait démontré aujourd'hui que les Chinois sont le peuple le plus anciennement civilisé de toute la terre; qu'ils ont tiré leur origine, comme tous les autres habitans de l'Asie, de ce vaste plateau du Thibet, centre de la Tartarie, qu'on regarde comme le point le plus élevé du globe (1), et qui par conséquent a dû être plusieurs fois la vraie pépinière du genre humain; du moins pour l'Asie et pour l'Europe; mais les Chinois ont précédé de beaucoup, dans l'échèle de la civilisation, les peuples dont il ne sont, pour ainsi dire, qu'une colo-

---

(1) Je fais abstraction des grandes chaînes de montagnes de l'un et de l'autre continent, ainsi que des pics aigus que présentent quelques îles; parceque ces sommités ne sont point habitables, et que le genre humain n'a pu jamais y trouver un refuge assuré, dans les grandes catastrophes qui semblaient devoir entraîner sa perte, comme les déluges généraux ou partiels, auxquels notre globe a été indubitablement sujet, et qu'il éprouvera sans doute encore. C'est sur les grands plateaux du globe qu'a dû toujours se réfugier l'espoir des races futures.

nie, et que l'on sait être encore aujourd'hui à demi barbares; différences frappantes! Effets prodigieux des climats, ou peut-être de quelques causes étrangères qu'on n'a pas su encore aprécier! Il est très croyable, cependant, que l'heureuse situation de la Chine, sa température agréable et douce, son sol naturellement fertile et d'une facile culture, ont surtout contribué à développer, dans les sauvages montagnards qui se sont emparés des belles plaines qu'arrosent le fleuve blanc, le fleuve jaune et le fleuve bleu, ces premiers germes d'industrie, que l'homme porte partout avec lui, et qui n'attendent que d'heureuses circonstances, pour recevoir le plus grand développement.

A quelque antiquité que remontent les annales Chinoises, il est extrêmement probable qu' elles ne pourraient nous indiquer la première origine de ce peuple intéressant, dont on a tour-à-tour trop vanté et trop déprécié les institutions et que nous sommes encore loin de bien connaître, parvenu, depuis plusieurs milliers d'années, au degré de civilisation qu'il nous offre maintenant, il nous présente, dans ses mœurs, ses lois et son industrie, un état stationnaire extrêmement remarquable, et qui lui est tout particulier : précurseur des autres peuples de l'Asie, et sûrement de beaucoup antérieur aux Egyptiens dans la civilisation, il est resté au dessous d'eux, et surtout des derniers, pour les arts et les sciences; et, aujourd'hui même, l'Europe occidentale, qui était toute barbare il y a quelques siècles, l'a délaissé bien loin derrière elle, après avoir égalé et même surpassé, à quelques égards, des maîtres aussi modernes que le sont les Romains et les Grecs. D'aussi grandes différences dans la progression des lumières, chez les divers peuples, ne sont pas l'effet du hazard, et elles méritent de fixer l'attention des philosophes. On en trouverait sûrement la cause dans l'influence des climats que la nature a rendu immuables, et dans celle des institutions humaines qui varient à l'infini, et d'après des circonstances qu'on peut étudier; mais qu'il était impossible de prévoir. C'est ainsi qu'à cet égard nous sommes bornés à la simple connaissance des faits, sans pouvoir lier leur existence à celle d'une cause prédisposante; ce qui est bien différent, quand il s'agit des effets du sol et de la température, dont on peut apprécier d'avance, et par analogie les résultats les plus marquants.

De toutes les parties du globe, il semble qu'il n'en est aucune dont la situation soit comparable à celle de la Chine, pour les avantages qui peuvent en revenir à l'espèce humaine; et en effet, elle y a acquis un accroisement et une industrie que beaucoup d'autres contrées n'offrent point à beaucoup près; cependant les peuples qui l'habitent sont encore loin du degré de prospérité auquel ils devraient aspirer, et il est aisé de voir que les diverses révolutions qu'ils ont éprouvées, n'ont pas toutes été faites au profit de leur civilisation, qui, comparée à celle de l'Europe moderne, se trouve fort arriérée.

L'agriculture, qui est si fort en honneur chez les Chinois, si nous en jugeons par la vaine cérémonie que pratique chaque année leur despote (1), et qui contraste si fort avec le soin qu'ont les lettrés de laisser croître leurs ongles, de peur qu'on ne les confonde avec les laboureurs; par l'usage où est l'Empereur d'éléver chaque année, au rang de mandarin du huitieme ordre, le laboureur qui s'est le plus distingué dans sa profession, n'a pas pour cela cette perfection que lui attribuent certains voyageurs qui n'ont vu que le voisinage des grandes villes, et le cours des grands fleuves, où la nécessité, résultant de l'entassement d'une énorme population a pu forcer à cultiver tout le sol, avec beaucoup de soin, et où la grande division des propriétés et une culture facile peuvent procurer de forts produits (2); ils

---

(1) Tout le monde sait que le gouvernement Chinois est un pur despotisme comme celui de tous les peuples de l'orient : c'est le bâton qui gouverne la Chine, dit le père Du Halde : c'est le bambou, dit Barrow. (*Voyage en Chine traduit par Castéra*).

(2) *Voyage de lord Macartney en Chine :* on ne saurait douter d'après cette rélation que les procédés de l'agriculture ne soient portés à un haut degré de perfectionnement, dans les provinces de la Chine que l'ambassade a traversé : les engrais, les irrigations, le labourage des terres et des potagers semblent ne laisser rien à désirer, quoique Barrow s'exprime moins avantageusement là-dessus, chap. XI. page 360 et chap. XII; mais ce n'est là qu'une très petite portion de ce vaste empire, et la portion la plus heureusement située ; on trouverait sans doute la contre partie de ce riant tableau, si on pénétrait dans le centre et qu'on remontât le cours des deux grands fleuves qui traversent et arrosent la Chine.

n'ont point parcouru l'intérieur du pays, où il existe un grand nombre de terrains inondés et marécageux (1), beaucoup de terres incultes, et même des déserts fort étendus; retraite habituelle des tigres et d'autres animaux carnasiers, dont les Chinois se plaignent, et qui ne sauraient exister dans un empire bien cultivé (2); il ne saurait y exister non plus des peuplades sauvages (3), comme on en

----

C'est la grande population qui a perfectionné l'agriculture; mais elle ne saurait être la même dans les régions moins favorables.

L'ambassade Hollandaise a vu les choses tout autrement que l'ambassade Anglaise: la misère, la dépopulation, le défaut de culture. Voyez dans Barrow la note au bas de la page 374, du 2e. volume.

(1) Barrow, chap. XII. page 70; comme cultivateurs de jardins, dit-il, les Chinois méritent sans doute beaucoup d'éloges; mais pour l'agriculture en grand, ils ne peuvent pas être mis au rang de plusieurs nations Européenes.

(2) Près d'un quart de la Chine, dit Barrow, consiste en lacs, en étangs, en terrains bas, marécageux et absolument sans culture, chap. XII; voyez aussi ce qu'il dit de la mauvaise culture, du peu de richesses, du défaut d'aisance et des misérables habitations des Chinois, le long de la mer jaune. (*Chap. II page* 115 *et suivantes*).

La grande route de toug-tchou-fou à Pekin traverse un pays découvert, sabloneux et mal cultivé. Le peu de maisons qu'on apperçoit dans la campagne ont assez mauvaise apparence. (*Idem chap. III page* 151).

(3) Ces sauvages qui s'appellaient Manlao et Miao-tsée, ont été soumis par l'Empereur Tchien-loug, vers le milieu du siècle dernier, ils étaient en assez grand nombre et ont opposé une grande résistance. Ce Prince conquérant ne sut être que barbare après la victoire; il n'aura sûrement pas fait de ces sauvages des sujets fidèles et laborieux. Il a soumis aussi les Elheuts, tribus Tartares, indépendantes jusqu' alors.

voyait, présque de nos jours, vers la région montagneuse de la Chine.

L'inégale répartition de la population, sur le sol d'un état, nuit beaucoup à l'agriculture ; et partout où il existera de trop grandes villes, les campagnes resteront désertes ; c'est ce qui a lieu en Chine (1), où une mauvaise police et de fausses idées sur le commerce, auquel tous veulent prendre part, ont donné naissance à ces grandes réunions d'hommes qu'on trouve le long des canaux, sur les bords de la mer, à l'embouchure des rivières, et qui ont sans doute, servi de mesure d'évaluation aux écrivains qui ont porté à près de 200,000,000 (2) toute la population de l'empire Chinois, proprement dit, ce dont on rabatra beaucoup, si on fait attention à ce qu'il est dans l'intérieur, où le brigandage et la misère (3) s'opposent sans cesse à son accroissement.

_______

(1) C'est surtout dans le voisinage de la capitale et des grandes villes qu'on voit les campagnes abandonnées. (*Voyez Barrow*, *chap. XII*).

(2) Le père Amiot, dont l'évaluation est jugée au dessous du vrai par Barrow ; qui ensuite, fait croître progressivement la population, on ne sait trop pourquoi, et l'augmente de 83,000,000 en 30 ans ; mais il convient que les Européens ne peuvent avoir aucune certitude sur une prodigieuse population de 333,000,000 ; et il l'admet sur les preuves qu'il croit avoir données de la possibilité que le sol de la Chine nourrisse tant d'habitans. (*Chap. XII, page* 97).

(3) Barrow dit, chap. XI, page 344 : la multitude de spectateurs que nous vîmes quand nous remontâmes le Peï-ho venait de

Il faut compter comme obstacles à la multi-plication de l'espèce humaine cette horrible dépra-vation qui établit entre des individus du même sexe des rapports honteux et contre nature, et ce vice est encore plus général, plus enraciné, en Chine, qu'il ne le fut jamais dans la Grèce (4), l'existen-ce d'une foule de Bonzes ou moines de toute espèce qui tous sont mendians et célibataires; celle d'un grand nombre d'hommes que la castration, qui est fort en usage dans ce pays, a totalement dégradés; celle des esclaves dont le nombre est très considé-rable, et auxquels les maitres ne permettent point le mariage; celle enfin d'un grand nombre de brigands, également célibataires, qui réunis par troupes, dé-vastent sans cesse le pays, prennent et saccagent les villes (même la capitale, qui a été la proie des vo-leurs, avant la dernière dynastrie) et forcent les pau-vres agriculteurs, qui se trouvent éloignés des villes, à vivre en troglodites, dans de misérables huttes sou-

---

plusieurs milles de distance et était attirée par la seule curiosité. A notre retour, nous ne trouvames que les habitans des rives du fleuve, et nous fumes également surpris et de leur petit nombre, et de l'état de ruine et de misère de leurs chaumières. Il rappor-te un proverbe qui dit: que quoiqu'il y ait de la pauvreté hors de Pekin, l'abondance regne dans les murs: il rapporte aussi que l'ambassade Hollandaise, qui eut lieu après celle de lord Macart-ney, fut fort étonnée de voir que plus on approche de la capitale de l'empire et plus le pays parait pauvre et le peuple malheureux. Le pays dit-il semblait n'avoir que peu d'habitans. *Chap. X, page* 349. Voyez aussi ce qu'il dit du brigandage intérieur. *Chap. XII.*

(4) *Barrow*, *chap. IV*, *page* 253.

terraines, faute d'être protegés, et secourus par la force publique, ou par un bon régime administratif. Si l'on en croit certains voyageurs, on exécute en Chine, chaque année, jusqu'à 40000 criminels ; d'après Georges Stauton, rédacteur du voyage de lord Macartney, il n'en périt que 200 environ, ce qui n'est guère croyable. Barrow dit qu'on retient les criminels en prison jusqu'à ce qu'on les vide ; mais quoiqu'il en soit sur ce point, il est hors de doute que toutes ces causes réunies, doivent contrebalancer celles qui, dans les climats tempérés de l'Asie favorisent extraordinairement la multiplication de l'espèce humaine : comme une nourriture simple, succulente, d'excellents fruits, le peu de frais qu'il en coute pour l'éducation des enfants, dont la mortalité est beaucoup moindre qu'en Europe, enfin l'extrême fécondité des femmes ; de sorte qu'on ne peut raisonnablement croire à cet excédent de population, dont nous parlent les voyageurs, sur des données qui ne peuvent être que très fautives, si l'on songe aux inexactitudes qu'offrent, même en Europe, les récensemens faits par une administration régulière, qui n'existe point en Chine.

Une preuve que l'agriculture n'est pas portée dans cet empire à un point aussi étonnant qu'on a voulu le faire croire, ce sont les fréquentes disettes qu'on y éprouve, et dont il résulte les plus grands maux: une province a-t-elle une mauvaise récolte, tous ceux qui ne peuvent y vivre se portent en masse sur celles qui ont du grain ; les habitans des villes sortent de leurs murailles, ou se livrent aux plus grands excès; ils vont même jusqu'à se manger entre eux et l'on a vu des pères dévorer leurs propres enfants. La responsabilité qui pèse sur les mandarins, que l'Empereur ne manque jamais de punir dans ces circonstances, n'empêche pas tous ces maux de se reproduire souvent. C'est l'usage des despotes de livrer aux peuples irrités, des victimes, qui par leur expiation détournent l'orage de-dessus leur propre tête, au lieu de songer à le pré-venir; c'est par une autre faiblesse de l'humanité qu'en Chine, l'Empereur est responsable aux yeux du peuple des dégats causés par les sauterelles. Celui qui veut qu'on croie que tout émane de lui, doit souffrir qu'on l'accuse des maux mêmes causés par la nature.

Les dures extremités aux-quelles se portent les Chinois, et qu'une bonne administration pourrait prévenir, en établissant des magasins de bléd dans les provinces (1), ou en facilitant le commerce intérieur, qui ferait refluer les denrées des lieux où elles abondent, sur ceux qui en manquent, me

---

(1) D'après la relation de Stauton, on devrait croire qu'il existe des magasins dans les provinces. Mais c'est un fait que l'embassade Anglaise n'a pas vérifié, et Huttner, qui a décrit aussi ce voyage, avoue que la manière dont cette ambassade a été reçue ne lui a guère permis de prendre des renseignemens, et que la manière dont elle a voyagé ne lui a pas non plus permis d'observer le pays.

semblent expliquer l'infanticide habituel qu'on reproche aux Chinois et qui, sans doute, n'a lieu que dans les grandes villes (1), où l'entassement d'une énorme population, et le défaut d'une bonne police, rend l'existence du peuple toujours très précaire, et souvent impossible, par le manque absolu de denrées de première nécessité; il a paru moins cruel d'empêcher de vivre un enfant, qui vient de naître et qu'on ne peut nourrir, que de l'exposer à être dévoré; affreuse prévoyance, qui éteint dans l'homme les plus doux sentimens de la nature, et qui le force à opter entre deux monstruosités! Ce choix horrible, qui doit déchirer les entrailles d'un père, ne peut être que le fruit de la nécessité; c'est le crime du despotisme, qui tolère et approuve les maux qu'il ne sait, ni ne veut prévenir; le gouvernement Chinois n'a pas même songé à établir des hospices pour recueillir ces enfants du malheur (2), ainsi qu'on en use dans les grandes villes de l'Europe, où les mêmes causes produisent les mêmes maux, quoiqu'à

(2) Barrow évalue à 24 par jour, ou près de 9000 par an, les enfants que l'on jète dans la voirie de Pekin; il en compte autant pour les villes de province. (*Chap. IV, page* 285).

(3) Combien est louable le pieux zèle de ces missionnaires Européens qui s'efforcent d'arracher à la mort quelques-unes de ces misérables victimes du désordre social; mais l'existence de ce petit nombre d'élus est peut-être plus déplorable que leur mort. Ils vivent dans la misère et dans l'opprobre; on leur donne, il est vrai, l'espoir consolant de vivre dans le ciel; mais ils n'en sont pas moins morts à la patrie et aux plus douces affections.

un moindre degré. Il eût fallu les nourrir et les éléver, et l'Empereur qui se dit le père de ses peuples, mais dont les entrailles ne sauraient s'émouvoir au spectacle de la misère qui accable ses prétendus enfants, a déjà beaucoup à faire pour nourrir, avec les revenus de l'état, les nombreux esclaves qui composent sa maison. Un autre effet de ces grandes causes, c'est l'abus du pouvoir paternel; les parens vendent leurs enfants, et cette faculté, qui devient une ressource pour des hommes que la misère a dénaturés, arrache beaucoup d'enfans des bras de la mort, pour les livrer à l'esclavage, mille fois pire encore. Ce sont les mâles qu'on conserve de préférence, parce qu'ils se vendent mieux. Horrible calcul, qui semble annoncer que tout sentiment de tendresse est éteint dans le cœur de l'homme! Mais c'est, comme je l'ai déjà dit, l'œuvre du despotisme, qui infecte tout de son souffle empesté.

J'ai rapporté tous les désordres qui affligent les plus belles contrées de la terre, comme des preuves évidentes que l'agriculture n'y est pas portée à à un si haut degré de perfection qu'on a voulu le faire croire en Europe. La nature du gouvernement (1) aurait pu me suffire pour étayer des con-

_________________

(1) En Chine la propriété n'est pas autant l'objet de l'attention des lois que partout ailleurs; et par conséquent, elle n'y jouit pas de la même sécurité. En Chine, l'homme qui a de l'opulence craint de la faire connaître; et toutes les jouissances que son or lui procure sont derobées. (*Barrow, chap. VIII, page 170*).

jectures que les faits confirment. Si la nécessité fait cultiver les terres dans certains cantons ; cette même nécessité empêche qu'on ne les cultive au centre de l'empire : les brigandages de toutes sortes , auxquels les habitans sont exposés , soit de la part des voleurs de profession , qu'une milice trop peu aguerrie ne peut réprimer , soit de la part des mandarins , que leur responsabilité n'empêche pas de se livrer à la rapine , s'opposent sans cesse , au développement de l'industrie agricole. L'homme en ,tous lieux , ne travaille avec suite et activité , que lorsqu'il a la certitude ou l'espoir de jouir du fruit de ses travaux.

Le commerce des Chinois , que des auteurs prévenus ont aussi présenté aux Européens comme un modèle , n'a point toute la perfection , ni toute l'étendue qu'on lui a supposée , et l'on sait que toutes les nations des Indes en général , ont été de tous tems bornées à des échanges en quelque sorte passifs , puis qu' elles ne sont jamais sorties de leurs parages , et qu' elles n'ont jamais songé à établir avec les étrangers les grandes rélations qui sont l'aliment et l'âme du commerce. Il a fallu que les nations industrieuses , voisines de la méditerranée et de l'océan atlantique ayent fait tous les frais , pour établir les rapports commerciaux qui ont existé de tous tems entre l'Europe et l'Asie. Les Chinois , dont

_________

L'Empereur est considéré comme le seul propriétaire du sol. (*Idem, ibidem, page* 189).

I

j'ai surtout à parler ici, n'ont pas même songé, depuis plus de deux siècles, à suivre l'exemple des peuples occidentaux, qui, des extrêmités de la terre, sont allés leur révéler la science de la navigation, à la quelle ils furent toujours étrangers (1), quoiqu'ils connussent la boussole depuis un tems immémorial. C'est que les plus belles découvertes sont comme nulles entre les mains d'un peuple indolent par caractère (2), soumis à l'empire absolu de ses vielles habitudes, et régi par le despotisme qui répousse toute innovation (3).

(1) ,, On a de la peine à concevoir comment, même avec le ,, secours de la boussolé, leurs navires, si lourds et si mal con- ,, struits peuvent faire les longs et périllieux voyages de Batavia." (*Barrow, chap. II, page* 65).

,, Quand un navire Chinois part de ce port (de Canton) pour ,, un voyage de long cours, il est presque aussi sûr qu'il ne reviendra pas, comme il l'est qu'il pourra revenir ; et lorsque, par ,, bonheur, il revient, les amis de tous ceux qui y étaient embarqués, s'assemblent pour se réjouir de les voir échappés aux ,, dangers de leur périllieuse entreprise." (*Idem, ibidem, page* 66).

(2) Lorsque l'Amiral Anson parut dans les mers de la Chine avec un des plus grands vaisseaux de l'Europe, les Chinois montés sur leurs misérables barques, ne daignèrent par même le regarder.

(3) On sait à quel point le gouvernement de la Chine est jaloux et soupçonneux. Il voudrait interdire toute rélation entre ses peuples et leurs voisins, et même, ce qui doit paraître plus étonnant, avec les nations qui viennent des bouts de la terre pour établir des rapports d'amitié, le faste que l'Empereur Tchien-long a deployé dans la reception de l'ambassade Anglaise couvrait la plus profonde méfiance : son fils qui regne aujourd'hui traitera sans doute de la même manière l'ambassade Russe, et déjà il a refusé d'admettre un grand nombre de savans qui étaient à la suite de l'ambassadeur, et les a obligés de s'en retourner ; leurs recherches en

Les Chinois, à moins de quelque révolution inattendue, qui les force à changer de mœurs, n'étendront jamais leur commerce extérieur, au delà des bornes étroites qu'ils semblent lui avoir prescrites à dessein. Leur éloignement pour les autres nations de la terre, dont ils dédaignent, dans leur sot orgueil, les lumières et l'industrie, les retient dans cet état stationnaire, qu'ils regardent comme la perfection ; et au lieu de chercher à étendre les débouchés qu'ils ont déjà, et de s'en créer de nouveaux, pour le débit de leurs marchandises, ils ne permettent qu'avec la plus grande réserve aux commerçans étrangers d'aborder sur leurs terres ; ils ont fixé les ports ou doivent s'opérer les échanges (1).

---

Tartarie seront probablement, plus avantageuses pour l'histoire naturelle, et les sciences, que n'eut été leur voyage en Chine, où ils n'auraient vu, comme ceux qui les ont précédés, que les maisons et les jardins de l'Empereur, quelques chemins, quelques canaux, et de nombreux courtisans, dont la surveillance minutieuse et le sot orgueil ne permettent de rien apprendre chez eux.

(1) Il n'y a plus qu'un aujourd'hui : c'est Canton ; encore le commerce ne s'y exerce-t-il pas librement. Les négocians étrangers ne peuvent traiter qu'avec des marchands nommés Co-haungs, auxquels le Hoppo ou receveur de la douane extorque tout ce qu'il veut, leur permettant de fixer eux-mêmes le prix de leurs marchandises : voilà l'effet de leurs privilèges. Les vice-Rois eux-mêmes, dans les provinces commerçantes, commettent des exactions journalières sur les négocians, qui se rédiment par leur mauvaise foi, et par l'arbitraire qu'ils mettent dans leurs ventes.

Les Européens établis à Canton sont sans cessé vexés par les Chinois ; ils ne peuvent résider qu'une partie de l'année dans leurs factoreries, qu'ils ont baties à leurs frais, et dont ils payent

Ces précautions, au lieu d'être, comme on l'a dit, une marque de sagesse, décèlent une grande faiblesse ; c'est encore l'œuvre du despotisme qui cherche sans cesse à s'envelopper du mystère.

On sait que l'Empereur de la Chine, comme tous les despotes de l'Asie, se montre fort rarement. On sait aussi que, même lorsqu'il sort pour l'auguste et vaine cérémonie du labourage, tout le monde doit, sous peine de mort, se cacher de peur de le voir (1). Le commerce extérieur de la Chine, avec toutes ces entraves, ne saurait donc prospérer, et la misère habituelle de l'immense population qui s'y adonne en serait une preuve suffisante, s'il n'y en avait pas mille autres qu'on ne peut révoquer en doute : par exemple, l'opinion où est ce peuple qu'il n'a aucun intérêt à commercer avec les étrangers, et que ce n'est que par bienveillance qu'il se eu rs désirs ; le gouvernement souffre le commerce extérieur, mais ne l'encourage pas (2).

--------

cependant le loyer au propriétaire du sol, qui est ainsi le véritable maître de l'établissement ; on les oblige de plus à payer un droit d'entrée pour leurs effets, toutes les fois qu'ils reviennent de Macao à Canton.

Le gouvernement ne fait rien pour réprimer les pirates qui infestent les mers de la Chine sur tout aux îles des Harrons.

(1) On assure que cet usage a été aboli depuis la nouvelle dynastie. Mais les marques d'adoration qu'on y donne encore au souverain, ces neuf prosternemens, ces sacrifices offerts dans le palais, même en l'absence de l'Empereur, prouvent assez l'esclavage de ce peuple ; où l'industrie des esclaves sera toujours très bornée.

(2) Les Hollandais, ayant fait périr à Batavia les chefs des

Quant à celui qui se fait dans l'intérieur, il est facilité par quelques chemins (1) et par des canaux navigables, d'une grande étendue ; mais il paraît qu'il éprouve aussi des entraves (2), et il est naturel de penser qu'il ne s'étend guère dans l'intérieur des terres, où toutes les causes qui nuisent à l'agriculture doivent également nuire au commerce et à toute espèce d'industrie.

Il n'y a point en Chine de police commerciale, puisque le gouvernement n'a jamais songé, au

---

familles Chinoises qui y résident, pour les punir d'avoir conspiré contre eux, et incendié leur ville, voulurent s'en excuser auprès de l'Empereur de la Chine, qui leur repondit qu'il s'inquiétait fort peu du sort de sujets indignes, qui par amour du lucre avaient dédaigné leur patrie, et abandonné les tombeaux de leurs ancêtres.

L'Empereur Tchien-long ne concevait pas que les Anglais eussent fait les frais d'une ambassade aussi dispendieuse que celle du lord Macartney, pour un but aussi peu important que d'établir des rélations commerciales.

(1) Les chemins sont fort beaux près de Pekin, mais ils sont très étroits et mal entretenus dans les provinces. Celui qui conduit à Zeol, en Tartarie, est refait chaque année, lorsque l'Empereur veut aller à son palais d'été, et lorsqu'il veut en revenir. (*Voyage de lord Macartney*).

A l'exception des environs de la capitale et de quelques autres endroits, où la jonction du canal impérial, avec les rivières navigables, est interompue par des montagnes, toute l'étendue de de l'empire n'offre pas un chemin qui puisse être compté pour autre chose que pour un sentier. (*Barrow, chap. XI, page* 374).

(2) On perçoit des droits de transit ou de péage pour les marchandises qui passent d'une province à l'autre, comme cela se pratique entre les Royaumes de l'Europe. (*Voyage de lord Macartney.*)

défaut de provisions en bled (1), pour les tems de disette, à faire venir dans les cas urgents, du riz des Indes ou de Sava; la mauvaise foi des commerçans de cette contrée, qui est généralement avouée, annonce aussi un grand défaut de police, en même tems qu'une très grande démoralisation; or la méfiance, comme l'on sait, nuit beaucoup au commerce; et ce Chinois qui, après avoir trompé un Portugais, qui lui en faisait des reproches, ne repondit à toutes ses invectives que par ces mots : *cela peut-être, mais il faut payer*, ne faisait ni l'apologie de sa caste, ni celle de sa nation, ni celle de son gouvernement. Mais il était, dit-on, le digne interprète de l'esprit national. Or une nation qui a de telles maximes, de telles habitudes, n'entend réellement pas ses intérêts dans le commerce, dont la bonne foi est la première base.

Les arts et les métiers en Chine ont atteint depuis des siècles, comme toutes les branches de l'industrie, un certain degré de perfection, qu'ils ne sauraient dépasser, et qui, digne d'admiration pour l'Europe au treizième siècle, est bien loin de tout ce qu'elle offre aujourd'hui, dans les états même les moins industrieux. L'asservissement du peuple, et une surveillance despotique sur les ma-

---

(1) Il n'y a point de magasin de bled dans les provinces. Il n'y a de dépôt de vivres que dans la capitale, et la garde en est confiée aujourd'hui aux troupes Tartares. On ne s'en rapporterait pas aux Chinois eux-mêmes, pour cet objet important. (*De Paw*).

nufactures, y éteint toute idée de réforme et d'amélioration; l'inspection directe que le gouvernement
exerce par ses mandarins sur les fabriques des particuliers, et l'impôt onéreux qu'elles payent à la
cour, sont deux fléaux dont l'influence est facile à
déviner.

Il est d'usage en Chine que les ouvriers qui
manquent leur ouvrage reçoivent la bastonade, et
on a vu dans les manufactures de porcelaine (1) des
tourneurs et des modéleurs, pour éviter un chati-
ment aussi ignoble, se jetter dans les fourneaux al-
lumés.

L'Empereur de la Chine, de même que tous
les Princes de l'Orient (2), a de grands atteliers
pour les arts; ce qui doit nécessairement beaucoup
nuire à l'industrie particulière. Mais ce qui la tue
tout-à-fait, c'est que, dès qu'un ouvrier se distingue
dans ces atteliers privés, il faut qu'il devienne, de
gré ou de force, ouvrier du palais (3). Tous ces

---

(1) Ces manufactures si vantées n'approchent pas cependant
de celles de la France, et même de l'Angleterre. Les fours sont
mal construits en Chine, et on y dispose mal les vases pour la
cuisson.

Les manufactures en toiles des provinces, de Nankin et Canton qui sont les principales, n'approchent pas non plus, pour l'industrie, de nos manufactures Européenes.

(2) En Perse, dit Chardin, la cour avait trente deux atteliers
qui contaient au Prince cinq milions. On y comptait 72 peintres.

(3) A Siam un bon ouvrier doit travailler six ans pour la
cour; tous veulent rester médiocres. (*Laloubère.*)

artistes de la cour sont soumis au régime des esclaves, et on les traite comme tels ; de semblables pro-
cedés éteindraient mille fois la flamme du génie, si
elle venait à se montrer ; et faut-il s'étonner des résultats auxquels ils conduisent? Périclès et Laurent
le manifique suivaient d'autres principes, et ils furent les pères des arts. Les despotes de l'Asie en
sont les meurtiers, et ces régions, où la nature a
tout fait pour l'homme, et où l'homme a tout fait
contre la nature, seront éternellement le séjour
de la médiocrité, en toutes choses, si les principes
du gouvernement et de l'administration publique
restent toujours les mêmes. L'ignorance, qui crée
le despotisme, et que le despotisme entretient, est
le plus grand obstacle aux progrès des arts, qui ont
besoin des lumières de plusieurs sciences pour
s'étendre et se perfectionner.

Une autre cause qui s'oppose fortement en
Chine, comme dans tout l'orient, aux progrès des
arts, c'est le faste, le luxe des cours, qui tient à
l'essence du despotisme, et à la servitude des peuples. Il faut bien que des maîtres enlèvent à leurs
esclaves toute les sources de la richesse, afin de
les tenir dans leur dépendance. Il faut bien qu'ils
brillent à leurs yeux pour les éblouir, et leur persuader qu'ils sont d'espèce différente ; or, c'est moins
le goût que la richesse et une richesse exclusive,
qui fait naître et entretient ces idées dans l'esprit des
peuples ; misère d'une part et ostentation de l'autre,
voilà les signes non équivoques de l'esclavage et de

la toute puissance. Qu'on dépouille entièrement le despote, et il sera au dessous du dernier des esclaves que des haillons recouvrent encore ! Son vêtement, ses livrées, son cortège, voilà ce qui impose le respect et la soumission ; il le sent à merveille, et tous les soins se dirigent vers les moyens d'augmenter ce qui l'élève au dessus des autres hommes ; toute industrie qui pourrait profiter à d'autres qu'à lui, serait un crime de lèze-majesté, elle pourrait lui créer des rivaux.

Quant aux beaux-arts, ils n'ont fait aucun progrès en Chine (1) : les artistes Chinois n'imitent rien dans la nature, si ce n'est les oiseaux et les poissons ; ils ne prennent leçon que d'une imagination fantasque et bizarre ; tous leurs ouvrages, dans l'art du dessin, sont de fantaisie, et n'annoncent aucune étude de la forme des objets ; ils ignorent entièrement les lois de la perpective et l'emploi du clair-obscur ; leur architecture même semble être encore dans l'enfance, quoiqu'elle soit aussi vieille que leurs autres connaissances ; les maisons en Chine sont toutes de bois ou de terre, et elles n'ont qu'un rez-de-chaussée ; les villes ressemblent assez à un camp, et il est évident qu'en Chine, comme en Tartarie, et chez tous les peuples nomades, l'élément de l'architecture a été la tente.

---

(1) Le peintre *Gioghirardini* qui fit un voyage chez les Chinois, et qui travailla à la cour de Pekin, disait que ce peuple n'avait pas la moindre idée des beaux-arts, et qu'il ne savait que péser l'argent et manger du riz.

Les lettrés de la Chine sont tout-à-fait ignorans dans les sciences, et ils ne savent pas même
faire des almanachs; l'économie publique, la science
du gouvernement, leur sont entièrement étrangères;
qu'on juge, d'après cela, de leurs connaissances en
morale et en philosophie, qu'on a tant vantées; la
littérature Chinoise est aussi fort arriérée: leurs pièces dramatiques rappelant celles de Thespis et les
farces chrétiennes du 15 siècle; les Chinois n'ont
pas de théâtre proprement dit; ils ont cependant des
romanciers ou nouvellistes, et des poétes; l'Empereur Tchien-long lui-même faisait des vers.

La Chine, malgré l'ancienneté de ses institutions et l'invariable fixité des mœurs et des habitudes du peuple, a essuyé diverses révolutions qui
ont eu une influence plus ou moins marquée sur son
industrie et sa prosperité; elle a été plusieurs fois
régénérée, par ses conquerans, après être tombée
sous le despotisme d'un seul.

Elle fut d'abord divisée en plusieurs petits
états ou royaumes, qui furent fondés par divers
chefs de tribus tartares, comme cela est arrivé, dans
toutes les contrées, où ces guerriers sauvages ont
porté leurs armes, et ce fut sous ces petits souverains que les Chinois commencèrent à cultiver les
arts et les sciences, après avoir quitté la vie nomade. Ils conservèrent, sans doute, sous ces chefs
militaires, assez d'indépendance et de liberté, pour
se livrer à l'instinct qui porte l'homme à étendre sans
cesse son patrimoine, par l'employ de ses facultés,

et par leur développement, car les ténèbres de l'ignorance n'auraient pu se dissiper sous un régime
despotique, comme l'ont prouvé les Tartares d'Europe, que nous nommons des Turcs ; entièrement
privé de sa liberté le féroce habitant des forêts de
la Tartarie ne fut jamais devenu le doux et l'industrieux Chinois.

Ceux de ces petits Princes, qui possedaient
les provinces du nord, firent construire, chacun sur
son terrain, une barrière propre à prévenir de noú-
velles irruptions de Tartares, et ces barrières iso-
lées, construites dans des vues d'intérêt local, furent les élémens de la grande muraille dont la construction est attribuée à l'exécrable Schi-chuan-di,
fondateur du despotisme en Chine; ce montre,
après avoir subjugué tous les petits souverains de
la Chine, avec leurs peuples, fit unir tous les travaux qu'ils avaient fait séparement, d'où il résulta un seul mur d'une longueur extraordinaire; ce
qui a fait attribuer 500 lieues de long à la grande
muraille et l'existence d'un retranchement qui du
côté de l'ouest, en est la continuation et qui n'est
formé que de terre (1).

Telle fut l'époque de l'asservissement des Chinois, qui auraient perdu tout le fruit des premiers

_______

(1) *De Paw, recherches philosophiques sur les Egyptiens et
les Chinois* : ce sévère critique ne lui attribue que 160 lieues de
long ; mais on n'en a point l'exacte mesure ; Stauton ni Barrow
ne nous apprennent rien de positif là-dessus.

développemens de leur industrie, et auraient été re-
plongés pour jamais dans la barbarie, (malgré les
progrès qu'avaient fait faire aux arts et aux sciences, quelques bons Princes, parmi un grand nombre de mauvais,) sans les divers changemens de dynastie qui eurent lieu dans la suite; les Tartares mon-
gols furent les premiers qui adoucirent leur servitude et reveillèrent leur industrie, presque éteinte ;
au lieu de dévaster le pays qu'ils venaient de conquérir, ils y fondèrent des monumens, auxquels est
dûe la prosperité agricole et commerciale de ce beau
pays, telle qu'on la voit aujourd'hui. C'est à Koll-
blai-kan, le dernier des quatre fils du grand Gengiskan, que les Chinois doivent leur canal royal nommé Lyno (1) qui fut construit en 1280, et qui commença à faire changer leur pays de face ; ce conque-
rant ne borna pas là ses bienfaits. Il appella en
Chine beaucoup de savans, qui y répandirent les
connaissances les plus utiles, et firent faire des progrès à la civilisation; des astronomes, des géogra-
phes, et des architectes Persans, Arabes et Lamas
enseignèrent leurs arts aux Chinois qui les ignoraient
complettement ; enfin, c'est à l'époque de la 20me dynastie qu'il faut rapporter les grands progrès de
l'agriculture et du commerce en Chine.

---

(1) „ Les Chinois cependant, prétendent que les Tartares
„ n'ont fait que rétablir ce canal, en réparant les anciens ouvra-
„ ges qui étaient tombés en ruine. (*Voyage de John Barrow,*
„ *page* 68).

Les Tartares mant chous, qui vinrent ensuite, et surtout les Empereurs Kang-hi et Tchien-long
ont aussi beaucoup travaillé à policer et à instruire
les Chinois: ils ont fait traduire des livres utiles ;
ils se sont procurés des machines, des instrumens ;
ils ont attiré des artisans d'Europe ; mais la nécessité où ils ont été de recourir encore à des étrangers, pour faire faire des almanachs et des cartes
géographiques prouve à la fois leur sollicitude pour
les arts et les sciences, les plus immédiatement utiles, et le peu de facilité qu'ont les Chinois pour
mettre à profit les leçons qu'on leur donne. Aussi
semblent-t-ils condamnés à une éternelle médiocrité,
dans les arts et dans les sciences. La nature de
leur organisation et celle du climat, qui influe si
puissamment sur les facultés des hommes, opposent peut-être des obstacles invincibles à leurs progrès ; mais celui de tous qui est le plus frappant
vient de leur idiome et de leur alphabet. Et si la
dynastie actuelle ne cherche pas à faire adopter en
Chine l'écriture et la langue Mandhuyse (1), que
beaucoup de lettrés savent déjà, il serait à desirer
qu'une nouvelle révolution amenât chez ce peuple une
nouvelle dynastie et un nouveau langage. Une colonie Européenne pourrait opérer ce prodige, et
changer l'existence du peuple le plus docile, le plus

_______________

(1) Barrow dit que le gouvernement actuel y travaille ; cela
seul changerait totalement la destinée de ce peuple nombreux qui
pourrait avec le tems devenir digne du nom de grand.

tolérant de l'univers, que sa situation devrait porter au plus haut degré de prosperité, si une langue
mal faite et un alphabet malheureusement inventé ne
s'y opposaient pas sans remède, à moins d'un changement total à cet égard (1).

Ce changement, operé par un chef habille,
secondé par tous les moyens que la sagesse et les
lumières de l'occident pourraient procurer, produi-
rait un second bien : il delivrerait la Chine de ces
innombrables bonzes qui, sectateurs de Fô, de Lar-
Kinns, de Confucius et autres, ont successivement,
et tour-à-tour, dévoré sa plus pure substance, et
qui la dévorent encore. Toute l'industrie Euro-
péene, transplantée en Chine, opérerait, à cette
autre exremité de la terre, des prodiges qui sur-
passeraient peut-être ceux qu'elle a offert elle même,
dans l'espace de trois siècles ; enfin il s'en suivrait
la destruction du despotisme, qui ne peut encourager les arts, le commerce et l'agriculture, parceque ses principes sont en opposition avec toute
prosperité publique.

Il y a en Chine d'excellentes institutions politiques dont la philosophie pourrait tirer grand
parti, et qu'il ne faudrait pour cela que ramener à

---

(1) L'importance des signes pour l'analyse de la pensée et le
développement des idées est assez connue aujourd'hui. Toute
science, comme l'a dit Condillac, se réduisant à une langue bien
faite, il s'en suit que toute langue malfaite est un obstacle insur-
montable au perfectionnement d'une science quelconque.

leur veritable but : comme par exemple, le tribu-
nal des mathématiques, celui des censeurs, le corps
des lettrés pour les magistratures, les historiens, le
trône où se déposent les notes pour l'histoire, la
salle des ancêtres, les tablettes ou livres de mérite &c.

## § II. *Des pays tributaires de la Chine.*

Ce que je viens de dire des Chinois peut
s'appliquer, en général, aux autres peuples de l'Inde,
qui ont une commune origine, et dont les caractères,
les mœurs et les croyances réligieuses, pour le fond
du dogme, différent très peu et ont la même fixité.
Situés au midi de la grande chaîne du Thibet, ou
dans les îles nombreuses qui composent l'archipel
Indien, ils ont entre eux des communications qui entretiennent cette communauté d'habitudes, d'industrie, et même de croyance qu'on a lieu de remarquer dans tout l'orient, où les révolutions et les
conquêtes n'ont presque rien changé. Aujourd'hui
même, une grande partie de ces peuples divers, sont
soumis à la domination de la Chine, que l'Empereur
Tchien-long a grandement étendue, dans le dernier
siècle. L'empire du Japon, le Thibet, la Cochin-
chine, Toukin, Pégu, Siam, Laos, Cambadia,
les îles de Lycou-Fkicou, de Carex et autres; beaucoup de Princes Tartares, sont devenus tributaires
du grand empire de la Chine, et l'agriculture les
arts et le commerce y sont encore plus arriérés que

dans la métropole, à l'exception cependant du Japon, qui, aussi anciennement peuplé que la Chine, et peut-être encore plus heureusement situé, mérite ici une mention particulière, à cause des révolutions qu'il a éprouvées, et des effets qu'en ont ressenti l'agriculture, le commerce et les arts.

### § III. *Du Japon en particulier.*

Le Japon était partagé, de tems immémorial en plusieurs principautés féodales, et les Princes qui les possédaient, sous la suprême puissance du Dairi, gouvernaient et administraient chacun la portion de territoire qui lui appartenait. La nécessité de se maintenir contre les prétentions des Princes voisins, leur faisait un devoir de ne point opprimer leurs peuples, afin d'en mériter l'affection, et malgré les vices de cette forme de gouvernement, l'industrie avait fait très anciennement de grands progrès dans le Japon. L'agriculture y était honorée, le commerce encouragé, et les arts y prospéraient, plus qu'en Chine, puisque c'est delà que viennent encore les plus belles porcelaines et les plus beaux ouvrages en vernis et en lacque. Ce régime qui avait beaucoup de rapport avec celui de la Chine, avant la fondation du grand empire, subsista longtems, et le despotisme vint plus tard qu'en Chine, s'établir sur les ruines de la féodalité; mais aussi il y fut plus rigide, et il n'est pas de maux qu'il n'ait produit, depuis l'époque de son établissement, qui eut lieu au commencement du 16 siècle; ce fut le tiran Taicosama ou Fide-Schossi, qui, né dans une cabane, devint successivement soldat, général, et Empereur; usurpa tous les pouvoirs, et parvint à rendre féroce un peuple magnanime. Après avoir dépouillé le Dairi du peu d'autorité qu'il avait, et subjugué tous les petits Rois du pays, il cimenta son despotisme par des lois de sang, par des échaffauts, par des supplices; il fit regner la terreur, la guerre civile qu' amena cet affreux régime, fut terminée par le triomphe de la tirannie, qui mit à l'ordre du jour l'espionage et la délation; elle institua une inquisition publique et secrète; les citoyens devinrent tour-à-tour et bourreaux et victimes; les fautes de police furent réputées crimes d'état, les discours inprudents crimes de lèze-majesté. La persécution fut érigée en législation; et trois générations furent successivement noyées dans leur propre sang; pendant près d'un siècle, le Japon ne fut qu'un affreux cachot et un théâtre de supplices; le trône qui avait renversé les autels était entouré de gibets, les sujets, devenus atroces comme le tiran, se dévoraient entr' eux, et les plus faibles se donnaient la mort pour ne pas tomber entre les mains des bourreaux. Ne croirait-on pas que, de nos jours, l'infâme Robespierre, avoit pris pour exemple, la conduite de l'exécrable Taicosama, et qu'il craignait de rester audessous de son modèle? Nous tirerons de cette similitude en monstruosité, une leçon instructive: c'est que les mêmes causes produisent partout les

K

mêmes effets : le Français si doux , si humain, si hospitalier , si ressemblant au Japonais , du tems des Dairis , devint comme lui insociable et féroce , sous le régime de ses mille tirans.

Les habitans du Japon trouvent un adoucissement à leurs maux dans la réligion chrétienne que les Portugais leur apportèrent , lors de ces tems malheureux ; elle convenait parfaitement à des hommes inévitablement soumis à toutes sortes d'outrages ; elle les consolait par ses dogmes, et par l'espoir d'une autre vie. Les missionnaires firent d'autant plus de prosélytes que la réligion naturelle de Confucius n'avait pu passer de la Chine au Japon, et que le peuple y avait des croyances analogues à celle des chrétiens. Mais le despote sanguinaire ne voulut même pas permettre des consolations à ses victimes ; il fit dresser des buchers pour punir les novateurs , et l'on s'y précipita en foule ; il finit par chasser les Portuguais et par leur interdire tout commerce avec ses peuples, ce qui acheva la ruine de ce beau pays , où tout languit , sous le régime le plus pernicieux qui ait jamais existé sur la terre ; l'agriculture, le commerce et les arts y sont opprimés et comme nuls.

Les Hollandais qui s'emparèrent de tout le commerce des Portuguais dans l'Inde, furent admis au Japon pendant quelque tems ; mais ensuite ils furent soumis par les Japonais aux précautions les plus humiliantes, ils ne purent commercer que par l'entremise des courtisanes , que le gouvernement leur fournit, et qui servaient à leurs plaisirs comme aux échanges qu'ils voulaient faire (1). Les Chinois, soupçonnés d'importer au Japon des livres chrétiens, furent soumis à la même gêne et on les enferma, pendant la vente hors des murs de Nangazaki. Le despotisme du Japon, le plus atroce qui ait jamais existé, jusqu'à celui de Robespierre, devait aussi être le plus soupçonneux. Il était défendu, sous peine de mort, à tout Japonais, de sortir de l'empire, et l'on empêchait soigneusement tout étranger d'y pénétrer.

Sans doute que le tems, et la domination des Chinois, auront apporté quelques modifications aux principes d'un gouvernement aussi destructeur, et il est facheux que lord Macartney n'ait pas pu visiter ce pays lors de son voyage en Chine, comme il en avait l'ordre et le desir.

## § IV. *De l'Indostan.*

L'Indostan, ou l'Inde proprement dite, est une des régions les plus belles, les plus étendues et les plus peuplées de l'Asie. Les nations qui l'habitent sont très anciennement civilisées, et elles tirent probablement leur origine du Thibet, berceau du genre humain, pour toutes les contrées qui avoisinent ce vaste plateau. Les Grècs allaient dans l'Inde, même avant Pythagore, pour y puiser les

---

(1) *Histoire philosophique de Raynal.*

principes de la sagesse et de la science : les plus anciens peuples commercans y trafiquaient, et en rapportaient des lois et des coutumes ; les traditions les plus anciennes, chez différens peuples, présentent les Indiens comme la nation la plus anciennement éclairée et civilisée ; c'est de cette contrée que nous est venu le dogme des deux principes : il est né de l'opposition complette de l'été et de l'hyver, plus remarquable là qu'ailleurs ; le climat, néanmoins, y est doux et agréable, et la fertilité du sol le dispute aux contrées les plus favorisées de la nature ; nullepart les productions de la terre ne sont plus belles, plus variées, plus abondantes. Heureux ce pays si la fureur des conquêtes et l'avidité du commerce ne l'avaient sans cesse ravagé.

L'Indien, perpétuellement soumis à des tirans, a néanmoins conservé la douceur de son caractère ; il est toujours faible et hors d'état de résister à l'opression ; il devient esclave par nature, dès qu'il se présente un maître pour l'asservir ; jamais il n'a joui d'une ombre de liberté.

L'agriculture a été très anciennement en honneur chez les Indiens, comme il parait par un article du Védam, dont l'antiquité ne saurait être déterminée, qui prescrit aux magistrats ou souverains d'encourager surtout la culture des terres ; il y est dit encore, que s'il ne peut saisir le malfaiteur le méfait sera reparé à ses depens.

Le commerce intérieur, chez les Indiens, se

fait par des voituriers qui attèlent leurs chars avec des bœufs, et qui transportent, outre les marchandises, leur famille toute entière. Ils n'ont aucune demeure fixe, et font paître leurs bestiaux sur toutes les terres indistinctement. C'est une caste particulière qui exerce cette profession; elle approvisionne les armées en tems de guerre, et, chose singulière, qu'explique cependant le besoin de la réciprocité, l'ennemi la respecte et lui donne passage. Il n'y a ni canaux ni grandes routes dans l'Indostan, ce qui prouve qu'on n'a guère cherché à y favoriser le commerce; il serait aussi borné au déhors que dans l'intérieur, sans l'industrie et l'activité des nations étrangères, qui viennent achéter les productions du pays et se les disputent comme dans tout le reste de l'Asie, où l'on n'a jamais éprouvé le besoin de pourvoir soi-même à des exportations, que l'avidité des nations lointaines assure à ces contrées, avec de très grands bénéfices. Aussi la navigation est-elle presque ignorée dans l'Inde, et plus encore qu'à la Chine et au Japon.

Les arts et métiers sont exercés dans l'Inde par une caste divisée en autant de classes qu'il y a de professions différentes; elles y sont héréditaires, comme autrefois en Egypte, et l'on ne peut quitter celle de ses parens, pour en prendre une autre; ce qui a nui beaucoup au développement de l'industrie, et l'a rendue stationnaire, depuis un tems immémorial: cela ne peut manquer d'arriver partout où l'on étouffe l'émulation et où l'on ne jouit d'aucune liberté. Il est extrêmement probable que l'industrie des Indiens était du tems du législateur Brama, ce qu' elle est aujourd'hui; il suffirait qu'il eut établi et fixé des castes pour produire cet effet, que sans doute il ne sut pas prévoir.

Les beaux-arts et les sciences sont aussi peu connus dans l'Indostan que dans le reste de l'Asie; et je ne ferais que me répéter si je traitais de cet objet. Je renvoie à ce que j'en ai dit à l'article de la Chine. L'architecture des pagodes, qui sont des monumens de luxe, donne la mesure du goût et du savoir Indien dans cette branche si importante des beaux-arts; les autres sont tout aussi peu avancées, et tout s'oppose à ce qu' elles fassent des progrès.

La constitution faible et indolente de l'Indien a rendu très fréquentes les révolutions qu'a éprouvée cette belle et riche contrée, qui, dit-on, attira les regards et toute l'avidité des premiers conquérans du monde. On peut raisonnablement mettre au rang des fables les expéditions de Bacchus, d'Hercule, de Sésostris et même de Darius; mais toutes celles qui eurent lieu à dater d'Alexandre, époque certaine de l'histoire, ne peuvent être revoquées en doute, et elles changèrent plusieurs fois la face du pays; toutes ces révolutions ne lui furent pas également pernicieuses.

On ne saurait douter que, par les effets d'un climat doux et temperé, l'abondance et la bonne qualité des fruits de la terre, et une grande frugalité, l'Indostan n'ait été de bonne heure prodigieusement peuplé ; ses habitans connurent les lois, la police, les arts, pendant qu'une grande partie du globe était encore déserte ou sauvage. Des institutions sages, premier fruit peut-être des doux rapprochemens qui eurent lieu entre les hommes après la grande catastrophe du déluge (1), gouvernèrent long-tems ce peuple heureux, que la nature comblait de bienfaits ; mais bientôt la théocratie, et le despotisme qu'elle enfanta, commencèrent les malheurs du genre-humain, dans cette contrée privilégiée. Il fallut long-tems sans doute avant que les peuples pussent s'éclairer, se désabuser et commencer de nouvelles erreurs. Il parait cependant que lorsque Alexandre se montra dans ces régions, le despotisme y avait perdu de son empire et qu'il y avait beaucoup de villes libres. Ce conquérant eut tout asservi sous ses lois, si une mort prématurée ne l'eut surpris au milieu de sa marche triomphale. L'Indien Sandrocotir avait appris l'art de la guerre, en suivant un aussi grand maître dans ses expéditions ; après la mort du héros Macédonien, il rassembla une armée nombreuse, chassa les Grècs et devint le libérateur de sa patrie, dont il se rendit le maître. Il réunit tout l'Indostan sous ses lois ; on ignore qu'elle fut la durée de son règne et celle de l'empire qu'il avait fondé.

Au commencement du huitième siècle, les Arabes qui semblaient destinés à envahir le monde

_________________________

(1) *Boulanger, recherches sur l'origine du despotisme oriental.*

entier, pénétrèrent jusque dans l'Inde ; ils soumirent plusieurs îles ; mais ils ne formèrent sur le continent que quelques établissemens pour le commerce. Trois siècles après, des barbares musulmans sortis de Khorassan, attaquent l'Inde par le nord sous la conduite de Mahmond, et poussent leurs brigandages jusqu'au Guzuraste ; ils s'en retournent dans leurs déserts incultes, chargés des dépouilles de ces opulentes contrées. On se rappelait encore ces calamités dans l'Inde, lorsque vers 1200, Gengiskan, devenu maître de la plus grande partie de l'Asie, conduisit ces féroces Tartares jusque sur l'Indus ; mais il parait que ce conquérant et ses descendans se mêlèrent peu des affaires de l'Indostan, puisqu'on voit peu de tems après les Patanes, hommes agrestes et féroces, sortis des montagnes de Kandahar, se répandre par bandes dans les plus belles provinces de l'Indostan, et y former successivement plusieurs royaumes indépendans les uns des autres.

Ces nouveaux maîtres étaient à peine établis, que le Tartare Tamerlan, déjà célèbre par ses cruautés, et par ses victoires, vint à la fin du 14ᵉ siècle conquérir l'Indostan avec une armée nombreuse, aguerrie et triomphante. Le vainqueur de Bajazet mourait, lorsqu'il se disposait à conquérir la Chine. Des guerres sanglantes suivirent sa mort ; ses enfants se disputèrent ses vastes conquêtes, qui ne furent point leur partage. Barbar, sixième descendant d'un de ces fils, régnait à Samarcande ; il fut détroné par

les Tartares Usbecks, et sur le conseil de Banguil-
das, gouverneur de la province de Cabalistan, où
il s'était réfugié, il entreprit la conquête de l'Indostan, où il fonda la puissance des Tartares Mogols
qui subsiste encore. Au despotisme civil, qui régnait
depuis long-tems sur ces contrées, comme la forme
de gouvernement la plus naturelle chez un' peuple
docile, et la mieux adaptée au climat et aux opinions
réligieuses, il substitua un despotisme violent et militaire, digne en tout d'une nation conquérante et
barbare. Cependant le descendant de Tamerlan rendait la justice en public; il veillait à l'administration de son empire, et la dynastie, qu'il a fondée a
fait quelque bien: avant elle, il n'y avait aucun pont
sur les rivières, et maintenant elles sont praticables
pour la plupart. Ici, comme en beaucoup d'autres
endroits de l'Asie, le sang Tartare, mêlé au sang Indien a donné de l'énergie aux caractères, sans les
rendre féroces, et l'espèce humaine aurait gagné à
ce croisement de races, si la révolution qui l'a amené n'avait fondé le despotisme le plus pernicieux,
et le plus exécrable.

Les Mogols ont consacré dans l'Inde, à
l'égard des propriétés-foncières, un système, qu'ils
ont trouvé déjà établi, par les Patanes, et qui a
du nécessairement ruiner la prospérité de ce pays,
comme étant le dernier abus du pouvoir arbitraire:
les terres, qui dans les tems les plus reculés, étaient
la propriété des particuliers devinrent pendant les
troubles et à la suite des conquêtes, la proie des

dépositaires de l'autorité; tous les champs passèrent dans les mains des souverains Indiens, ou Patanes, puis dans celles du grand Mogol et de ses agens.

Tous les biens-fonds de l'empire que les nouveaux souverains s'attribuèrent, furent divisés en grands gouvernemens, que l'on nomma Soubabies. Les Soubas, chargés de l'administration civile et militaire, le furent aussi de la perception des revenus; ils en confièrent le soin aux Nababs, qu'ils établirent dans l'étendue de leurs soubabies, et ceux-ci à des fermiers particuliers, qui furent chargés immédiatement de la culture des terres.

Ce régime destructeur s'est soutenu avec la puissance Mogole, fondée sur la force militaire, et les Empereurs n'ont jamais connu d'autres ressort que celui de la crainte, et de l'appareil des armes, pour maintenir les peuples sous leur domination, qui a dû être d'autant plus pésante que la nation avait plus de sujet de plaintes. Le despote quittait la ville pour se rendre au camp, dès que le tems des pluies était passé; et il parcourait son empire entouré d'un faste ou d'une pompe militaire qui insultaient à la misère publique. Sous prétexte de rendre justice, il autorisait les délations et punissait, avec sévérité quiconque osait murmurer. Cependant l'ostentation du Prince, ce luxe qui impose aux yeux du vulgaire, faisait respecter son autorité et entretenait l'idée superstitieuse, que la nation s'était formée du caractère sacré des Empereurs. C'est ainsi qu'en éblouissant les hommes, et en les effrayant, la puissance Mogole se conserva et même s'accrut, pendant long-tems. L'exécrable Aureng-zel la porta au plus haut degré, et conquit toute la peninsule indienne, à l'exception de quelques langues de terre sur la côte de Malabar. Mais, avec lui, finit le grand pouvoir des Empereurs, qu'il avait fait détester plus encore que ses prédecesseurs. Les dissentions suivirent de près la mort de ce despote, qui eut lieu au commencement du 18 siècle, et l'état fut divisé par les différens gouverneurs et par les Princes du sang qui se disputèrent ses dépouilles ; l'anarchie regnait encore lorsqu'en 1738 le fameux Nadercha, surnommé Thamas Kouli-Kan, après s'être emparé du royaume de Perse, vint faire la conquête de l'Inde, qui ne lui opposa aucune résistance. Muhamet, qui régnait à Debhy, se soumit, et Thamas le remit sur le trône après avoir réuni à la Perse les provinces, qui étaient à sa bienséance, emportant avec lui d'immenses dépouilles.

Dès ce moment, chaque Nabab chercha à se rendre indépendant d'un Empereur faible et méprisé ; la guerre civile recommença ; tous voulurent se faire des souverainetés indépendantes, et la force seule fit le droit. Les troupes étrangères, appelées par les différentes parties, saccagèrent et pillèrent le pays, qui éprouva la plus affreuse misère et toutes les calamités, que la guerre civile traîne après elle. La terre ne fut plus cultivée, les manufactures languirent, et les effets de ce désordre dont les Européens ont cherché à profiter, et dont les Anglais tirent chaque jour de nouveaux avantages , subsistent encore; avant long-tems toute l'Inde passera sous la domination de ces fiers insulaires, qui savent employer tour-à-tour la force , la ruse et la politique, pour étendre leurs possessions aux dépens des naturels du pays : ils profitent adroitement des dissensions qu'ils ont fait naître, entre les divers petits Princes, qui se sont emparés d'une grande partie des provinces de l'empire Mogol; cet empire ne subsiste plus que de nom.

## § V. *Du Bengale.*

Les Anglais possèdent déjà tout le Bengale, la plus fertile et la plus riche des contrées orientales. Ils en ont obtenu la cession du grand Mogol, à qui ils avaient promis des secours pour lui aider à remonter sur le trône, d'où il avait été chassé ; mais ils ont su éluder cette promesse; et c'est sous son nom, par l'organe d'un Soubas soumis à leurs ordres, qu'ils ont exercé d'abord la souveraineté sur cette grande province, qui vaut à elle seule plus que les trois royaumes Britanniques.

Ce beau pays a éprouvé beaucoup de révolutions, dont l'histoire est fort obscure, et il a formé un empire tantôt plus, tantôt moins étendu; quelquefois divisé en plusieurs états; il a été tour-à-tour, heureux et malheureux, sous diverses dominations; un seul maître le gouvernait, lorsque le despote Egbar, grand père d'Aurcugzel en entreprit la conquête, l'an 1590; elle fut achêvée en cinq années, et, depuis cette époque, il a formé une province de l'empire Mogol.

L'industrie, l'agriculture et la population s'étaient prodigieusement développées au Bengale, malgré le despotisme du Mogol: parce qu'il ne l'exercait pas immédiatement, et que les peuples étaient moins foulés que dans le reste de l'empire. L'administration Anglaise y est destructive, par le monopole qu'elle y exerce, et par l'autorité que la compagnie des Indes s'y est arrogée. Elle a tous les privilèges qu'avait l'ancien Soubas et elle les exerce avec plus de tyrannie encore : elle a augmenté les douanes ; elle ne permet qu'aux Anglais de faire le commerce intérieur ; la compagnie est elle-même fermière de toutes les terres; les manufactures ne peuvent travailler que pour eux. C'est une véritable colonie d'esclaves, et, si cette nation dévorante et spoliatrice ne change de système, elle aura bientôt épuisé le pays, sans espoir pour l'avenir ; elle aura réalisé la fable de la poule aux œufs d'or; si elle est devenue sourde aux cris de la nature, et de l'humanité, qu'elle écoute du moins la voix de l'intérêt, et qu'elle adoucisse le sort de ces esclaves, pour en tirer un profit plus assuré et plus durable. Ne craint-elle point d'aliéner le cœur des peuples, par les atroces vexations? Eh! que doit-elle en attendre s'il se montre dans ses mers éloignées, un vengeur, un liberateur? L'occident peut le susciter d'un moment à l'autre; il remplirait l'attente et les vœux des nations asiatiques, avec un succès d'autant plus facile, qu' elles auront été plus opprimées.

## § VI. *De la Perse.*

La Perse, autre région de l'Asie, qui a joui d'une antique et grande célébrité, fut anciennement libre et heureuse; un ciel pur et serein, un sol fertile et varié ; le voisinage de l'océan semblaient devoir assurer aux habitans de cette contrée un bonheur inaltérable, et cependant ils ont passé comme les autres peuples de la terre par toutes les vicissitudes que nous présente l'histoire des nations. À l'ancienne république, dont l'histoire est peut-être toute fabuleuse, succéda la monarchie qui conserva d'abord les mœurs, et les lois primitives ; mais l'esprit de conquête, l'amour du faste, du luxe, des richesses , et la molesse qui l'accompagne, amenèrent des révolutions pernicieuses aux peuples. Les grandes monarchies de Lidie , et de Babylone se fondirent dans le vaste empire que fonda Cyrus, et que détruisit Alexandre. À la mort de ce dernier, ses lieutenans se partagèrent ses dépouilles, et la Perse passa successivement sous la domination des Seleucides, des Parthes, des Arabes, des Tartares, des Turcs et des Sophis, qui prétendent descendre d'Aly.

Au milieu de tous ces changemens de maîtres, il est dificile de demêler ce que l'agriculture, le commerce et les arts gagnèrent ou perdirent alterna-

tivement ; la nature du gouvernement, qui resta presque toujours la même, et qui fut plus ou moins
despotique, ne permet guère de croire qu'ils ayent
éprouvé des améliorations depuis les premiers Perses, dont la législation et les mœurs favorisèrent,
comme dans tout le reste de l'Asie, les premiers développemens de l'industrie humaine, au sortir de la
grande catastrophe qui renouvella le monde et ses
habitans. On dit qu'à cette époque reculée, le huitième jour du mois, nommé Chorrem-ruz, les Rois
quittaient leur faste pour manger avec les laboureurs,
ce qui est vraiment admirable (1). Tout ce que
nous savons de positif sur cette intéressante région,
se rapporte à des tems bien postérieurs, et ne date
guère que de Cyrus ; ce conquérant, plus jaloux
d'étendre sa domination que de rendre ses peuples
heureux, ajouta à ses vastes états l'Egypte, la Lybie, la Cyrénaique ; il fit cependant de très belles institutions, si nous en croyons la cyropédie
que beaucoup de critiques ont regardée comme un
roman. De semblables soupçons honorent peu les
hommes, puisqu'ils tendent à les faire croire incapables de rien faire pour leur bonheur commun.
Mais tout ce qu'avait fait Cyrus, son fils insensé
devait le détruire. Heureusement pour la Perse
que celui-ci eut pour successeur Darius, qui mérita
réellement le titre de grand Roi : il favorisa l'agri-

_______________

(1) *Hyde. Réligion des Perses.*

culture, le commerce et les arts; les soins qu'il prit, pour assurer la prospérité de ses peuples, les rendirent heureux un moment; il eut fondé en Asie une monarchie temperée, si tout, dans ces contrées à la fois fortunées et malheureuses, ne tendait pas à ramener le despotisme. Les folles expéditions de Xercès, la révolte du jeune Cyrus, enfin la conquête d'Alexandre, et les dissentions qui suivirent sa mort, achevèrent de ruiner ce beau pays.

Sous la monarchie moderne: mêmes principes de gouvernement, mêmes dissentions, mêmes malheurs pour les peuples, qui en changeant de maître, n'ont fait que devenir plus esclaves. Le grand Schah-Abbas, Prince de la dynastie des Sophis, étendit le royaume et chassa les Turcs des provinces qu'ils occupaient; mais profitant de ses victoires pour abaisser les grands, et opprimer les peuples, il fonda le despotisme le plus absolu qui ait jamais regné sur ces contrées. Cependant Abbas favorisa les arts à la manière des despotes; il les établit à la cour et dans les provinces. Il fit venir des pays lointains des hommes à talens. ,, Cette maxime que les étran- ,, gers sont le plus bel ornement d'un empire et ,, qu'ils donnent plus d'éclat au Prince que les ,, magnificences du luxe le plus recherché,'' eut été sage dans sa bouche, s'il eut commencé par favoriser au dedans le développement de ces mêmes talens qu'il honorait. Ses propres sujets lui en eussent offert à moindre frais, si, au lieu d'augmenter leur esclavage, il eut diminué le poids de leurs fers, ou qu'il les eut tout-à-fait affranchis. Malheur aux peuples dont le Prince cherche au dehors ce qu'il pourrait trouver chez lui ! Ils sont sous le joug de la tirannie ou du despotisme.

À l'aide de ces moyens étrangers, l'industrie acquit cependant quelques développemens sous ce Prince actif et entreprenant : une colonie d'Arméniens, transférée à Hispaham porta au centre de l'empire l'esprit du commerce. Ces négocians et ceux du pays qui les imitèrent, étendirent leurs rélations dans l'Orient, en Hollande, en Angleterre, dans la méditerranée ; et c'est de cette époque que date la réputation commerciale des Arméniens, qui subsiste encore. Le Sophis lui-même prit un intérêt dans le commerce de ces négocians, et il leur prêta des fonds à un modique intérêt ; il recompensait ceux qui les faisaient le mieux valoir.

Les Anglais, qui sentirent de bonne heure le besoin d'établir des rélations avec les Sophis, s'entendirent avec Abbas malgré les Portuguais, qui voulurent les traverser dans ce projet, et qui perdirent Ormuz, l'an 1623, les Perses l'ayant assiégé par terre et les Anglais par mer ; alors le commerce de la Perse reçut un grand accroissement ; elle importait des marchandises de l'Inde et de l'Europe ; elle en exportait beaucoup de son territoire, le grand entrepot de ces échanges était Bender-Abassi. Mais les Anglais, ayant été battus dans toutes les mers d'Asie, par les Hollandais, leurs rélations avec la Perse cessèrent tout-à-coup, et la prospérité de cette contrée a été entièrement ruinée, par les révolutions qu'elle a éprouvées depuis la chute de la dynastie des Sophis; elle fut renversée par les Tartares Aghuans ayant à leur tête le vaillant Mirwers, puis l'heureux Mah-mond, son neveu. Ces peuples barbares habitans du Candahar, tantôt soumis aux Perses, ou aux Mogols, tantôt indépendans, devastèrent entièrement une grande partie du territoire de leur maîtres. Dans le même tems les Russes, les Turcs et les Tartares désolaient les provinces ou les Aghuans n'avaient pas pénétré.

Thamas-Kou-li-Kan veut rétablir le dernier des Sophis, et parvient à chasser tous ces brigands de sa malheureuse patrie; mais aussi-tôt il s'empare du pouvoir et devient plus féroce qu'eux; sa mort tragique est une nouvelle source de calamités; les maux de l'anarchie se joignent à ceux qu'avait produit le despotisme.

Pendant ces troubles, Bassora fut le seul port de la Perse fréquenté: c'était l'entrepôt général du commerce de cette contrée; la tirannie des Portuguais détrusit ce débouché, qui se serait peut-être rétabli pendant leur décadence sans les divisions des Arabes, des Persans et des Turcs, dont ce malheureux pays fut le théâtre; il deviendra probablement la proie des Russes et des Turcs qui se le disputent aujourd'hui, si les dissentions intérieures continuent.

Le retour de l'ordre y rétablirait difficilement les diverses branches de sa prosperité passée; les arbres à gomme ont été coupés; les chèvres, qui fournissaient de si belles laines ne se multiplient plus: les soies suffisent à peine aux manufactures du pays. Le commerce intérieur s'y fait par des caravanes, et il n'y a jamais eu de canaux navigables. Les seules richesses abondantes qu'offre maintenant la Perse, sont les métaux; mais elles sont de nature à s'épuiser; la guerre, le despotisme, et l'anarchie y ont détruit les principales sources de prosperité, et l'état a besoin de renaître de ses cendres.

Thamas-Kouli-Kan, au milieu de son vandalisme, nourrissait quelques idées de commerce; il avait le projet d'étendre sa domination sur la mer des Indes et sur le golfe Persique, où il possedait déjà quelques-rivages. Mais, ayant éprouvé de la résistance de la part de ses sujets, il prit la résolution violente de les transplanter en masse, et d'envoyer ceux du golfe Persique sur les bords de la mer Caspienne, *et vice versa*. La mort prévint l'exécution de ce projet d'un despote.

## §. VII. *De l'Arabie, de la Chaldée et de l'Assyrie.*

L'histoire ne nous présente les anciens Arabes, Chaldéens et Assyriens que comme des peuples pasteurs, partagés par tribus et vivant isolément sous une administration patriarchale ou de famille, même aux tems où ces contrées se fondirent dans les grands empires de Babylone, de Cyrus, et d'Alexandre; les habitans conservèrent toujours quelque chose de leurs mœurs primitives, aux quelles ils revenaient sans cesse, dès que les circonstances qui les en avaient fait sortir cessaient d'avoir lieu. Les Arabes surtout offrent l'exemple de cette constance, car ce peuple, avant l'époque de sa gloire, vécut toujours nomade et dispersé, au milieu d'un désert de sables et de rochers, sous un ciel brulant qui ne permet pour ainsi dire aucune espèce de culture; après la chûte de la puissance ephémère des Califes il reprit ses anciennes habitudes qu'il conserve encore.

L'agriculture fut cependant connue et pratiquée, dès la plus haute antiquité sur plusieurs points de ces divers territoires et, d'après le récit de moïse, le patriarche Noë planta la vigne en Mésopotamie, peu de tems après le déluge; mais la plus grande resource de ces contrées, où l'on ne connut le commerce et les arts que tardivement fut l'économie pastorale, et le produit des troupeaux que l'on nourrissait jusques dans les lieux les moins fertiles: parce que la nature y produisait, sans culture, des herbages assez abondans. Delà cette vie errante et contemplative qu'on attribue aux Israélites, aux Arabes aux Chaldéens; delà ces guerres de tribus à tribus dont l'écriture fait mention, et qui avaient le plus souvent pour cause l'enlévement d'un troupeau, l'usurpatiou d'un paturage.

Ce que ces anciens peuples possedaient de connaissances dans les sciences et dans les beaux-arts se reduit à bien peu de chose, si nous en exceptons l'astronomie, dont l'invention est attribuée aux Chaldéens, qui la poussèrent aussi loin qu'aucune autre nation de l'antiquité, par la simple inspection des cieux, et sans le secours d'aucun des moyens qui sont aujourd'hui à notre disposition. Leur histoire n'était qu'une tradition altérée et corrompue, par le mélange des fables et des fictions qui paraissent avoir tiré leur origine de ces contrées orientales.

## § VIII. *De la Judée ou Syrie.*

Que puis-je dire ici des Israélites ou des Juifs, dont l'importance est si grande aux yeux des chrétiens, qui, cependant ont voué au mépris et à l'opprobre les restes dispersés de cette nation singulière qui, toujours subjuguée par la superstition, vécut dans l'ignorance la plus crasse, et ne fit jamais rien qui puisse commander l'admiration ou la réconnaissance des hommes.

Son origine est assez incertaine : les uns la font descendre d'une tribu Arabe qui, s'étant établie en Egypte, en fut chassée à une époque calamiteuse, ainsi que les Lacédémoniens, avec les quels les Juifs ont, en effet, plus d'un trait de ressemblance, dans leurs lois et dans leurs mœurs ; et l'on cite à l'appui de cette opinion un fragment de Diodore de Sicile rapporté dans Photius, et le premier livre des Machabées, où il est dit que les Lacédémoniens et les Juifs se regardaient comme issus du même père d'autres, et Tacite à leur tête, regardent les juifs comme originaires de la Crète, d'où l'on fait venir aussi les Lacédémoniens; cet historien rapporte que cette colonie avait fui en Lybie, lorsque Saturne fut chassé par Jupiter; dans cette hypothèse, on aurait fait d'*Idei* le mot *Judei*, ce qui est assez bien trouvé. D'anciennes traditions portent que les juifs sont une colonie qui sortit de l'Egypte, pendant le règne d'Isis, sous la conduite de Gérosolimus ou de Juda; que ce sont des Ethiopiens fuyant les persécutions de Céphée; qu'ils ont pour pères des lépreux chassés de l'Egypte sous Bockhoris, par l'ordre de Jupiter Ammon. Enfin, quelques-uns assurent que les juifs furent dans le principe des Assyriens qui, manquant de terre, s'établirent en Egypte, puis se rapprochèrent de la Syrie; ils peuvent descendre des Solymnes, peuple de Kaldée, célébré par Homère; d'où l'éthymologie de leur ville sacrée.

Quelques soient les fondemens vrais, ou supposés de ces diverses opinions, qui toutes sont plus ou moins probables, il n'en est pas moins certain que les juifs, établis sur les bords du Jourdan, ne furent dans aucun tems, ni agriculteurs (1) ni

---

(1) Cependant le défaut d'esclaves suffisants les force à cultiver les terres pour leur subsistance, comme on le voit par un passage de Josephe qui porte que sa nation, uniquement occupée de l'agriculture, connaissait peu la mer. En effet ce ne fut que par occasion que les juifs eurent quelque peu de commerce sur la mer rouge; c'est la conquête d'Elathet-d'Asion Gaber, sur les

manufacturiers, ni commerçans; et qu'ils ne cultivèrent ni les sciences ni les beaux-arts. Perpetuelle
ment en guerre avec leurs voisins, ils vécurent le
plus souvent de rapines, à l'exemple des Lacédémoniens, et comme eux, ils furent le fléaus des peuples, qui n'eurent pas assez de force dour leur résister; comme les Lacédémoniens encore, ils se
complaisaient dans leur orgueilleuse ignorance, et
ils méprisaient toutes les nations de la terre, avec
les quelles ils ne voulaient avoir aucune communication; leur législation, l'éducation qu'ils recevaient,
et la prédication de leurs prophètes, les entretenaient
toujours dans cet esprit d'aveugle égoïsme, qu'ils
gardèrent jusque dans les fers, et qui ne les a pas
même abandonnés depuis leur dispersion, tant la
superstition a d'empire sur les hommes, quand elle
est secondée par les institutions politiques; la nation qui eut toujours de fait, un gouvernement
théocratique, même sous les Rois, devait en offrir
l'exemple le plus frappant.

Il parait que les Israélites tenaient des Chaldéens, la plupart de leurs opinions théologiques
et philosophiques; soit qu'ils eussent une origine
commune avec eux, comme c'est l'opinion la plus

---

Iduméens, qui le leur procura; je ne saurais donc faire mention
ici des grandes et superbes flottes de Salomon. On sait, d'ailleurs que ce Roi fut obligé de faire venir des matelots de Tyrs,
dont les juifs n'eurent plus besoin dès qu'ils eurent perdu les deux
villes, à la posession des quelles tenait leur commerce.

accreditée, soit qu'ils se fussent imbus des maximes et des croyances de ce peuple, pendant la captivité de Babylone, ce qui est extrêmement probable. On sait qu'Esdras, au retour de cette captivité, refit les livres de Moïse, qui s'étaient perdus, et il est naturel de penser qu'il y inséra beaucoup de notions puisées dans la Chaldée, pays originaire des fic-tions, des fables et des cosmogonies.

Les Juifs eurent, dans tous les tems, aussi peu de goût pour les beaux arts que pour les sciences; et le temple si renommé de Salomon n'était pas même comparable aux moindres monumens de la Grèce; encore était-ce l'ouvrage des Phéniciens, comme nous le tenons de la Bible même. Ce merveilleux édifice devait faire l'admiration des Juifs, qui n'avaient rien vu dans ce genre.

## § IX. *De la Phénicie.*

La nation la plus commerçante de toute l'antiquité fut la nation Phénicienne; et c'est surtout sous ce point de vue qu'elle occupe un rang distingué dans l'histoire: situés sur une côté arride, entre la mer et le Liban, les Phéniciens furent réduits à l'heureuse nécessité de tout tirer de leur commerce, et leur position explique les prodiges qu'ils ont operés dans cet art, qui est la resource des états pauvres, quand il sont convenablement placés pour s'y livrer; Tyr et Sidon se rendirent célèbres par toute la terre, dès les premiers tems connus, parce que leurs habitans établirent des rélations avec tous les peuples, à l'aide de leur marine, et des produits des manufactures qu'ils surent créer, et qui n'eurent rien d'égal dans ces tems reculés.

Tant que les Phéniciens restèrent libres, ils conservèrent l'empire des mers, que leur assurait la meilleure construction de vaisseaux, et les matelots les plus expérimentés; ils entendaient mieux la navigation qu'aucun peuple de leur tems; et outre les parages de la mediterranée qu'ils fréquentèrent, dès la plus haute antiquité, ils surent, sans le secours de la boussole, se confier à l'immense océan; et si l'on est autorisé à mettre au rang des fables le voyage qu'on leur attribue au tour du continent de l'Afrique, on ne peut douter, du moins, qu'ils n'ayent navigué jusqu'à l'embouchure de la Vistule, où ils allaient chercher de l'ambre. Leur grand avantage dans le commerce, qu'ils créèrent, et qu'ils firent exclusivement pendant des siècles, provenait surtout des manufactures inimitables, qu'ils avaient établies sur leur territoire et qui fournissaient sans concurrence des objets d'échange, dont le débit était toujours assuré. La pourpre de Tyr et d'autres étoffes très recherchées auraient sufli pour alimenter leur commerce, quand même les échanges, qui se faisaient entre les autres peuples, auraient pu s'opérer sans leurs secours.

Les Phéniciens n'eurent jamais à craindre la rivalité des Egyptiens, qui comme tous les peuples agricoles, avaient la mer en horreur, et la Grèce qu'ils contribuèrent à civiliser, était encore sauvage au tems de leur plus grande prospérité. Ce fut Athènes qui leur porta les premiers coups; la domination des Perses l'affaiblit encore; le vainqueur de l'Asie la détruisit entièrement, et Carthage, la fille de **Tyr**, recueillit ce précieux héritage.

La disposition naturelle du sol de la Phénicie explique pourquoi ce peuple libre, qui avait des institutions (1) si favorables aux développemens de toutes les branches d'industrie ne fit rien de remarquable en faveur de l'agriculture. Toute son activité se tourna du côté du commerce et des manufactures; il cultiva aussi avec un grand soin les lettres, les sciences et les beaux-arts; il rivalisa à cet égard avec les Egyptiens, et partagea avec eux l'honneur d'éclairer et de civiliser la Grèce; l'Europe entière adresse en commun à ces deux peuples célèbres l'hommage de son admiration et de sa reconnaissance.

### § X. *De l'ancienne Egypte.*

Les Egyptiens passent, chez les Européens, pour la nation la plus anciennement civilisée de toute la terre, et elle le dispute, en effet, par ses annales

---

(1) Dans l'ancienne Tyr: „ les marchands étaient des Princes, et les traficans les plus honorables de la terre." (*Isäie XXIII,8.*) que ne devait pas produire une semblable distribution des honneurs et de l'estime publique !

et par ses monumens aux peuples de l'Inde, et aux Chinois même, dont la situation cependant semble nous contraindre à leur accorder une plus haute antiquité. Il est hors de doute que l'Egypte fut le berceau des sciences et des arts, qui fleurissent aujourd'hui dans tout l'occident, et elle parait leur avoir donné naissance, dès les tems les plus réculés; si l'on est autorité à révoquer en doute l'existence des premières dynasties, qui ont en effet un caractère fabuleux, on ne peut nier, sur le témoignage des pyramides, et des obélisques, qu'il ne se soit écoulé bien des siècles avant leur construction, qui annonce déja de grands progrès dans l'art social.

L'origine des Egyptiens est rapportée à l'Ethyopie, d'où ils descendirent probablement sur les bords du Nil, dès les premiers tems du monde renouvellé, après que les eaux de la mer se furent écoulées; et il est incontestable que la haute Egypte à été peuplée long-tems avant le Delta, qui n'était qu'un marais dans l'origine, et qu'il a fallu assénir par des canaux et des chaussées avant que de l'habiter.

La population (1) de l'ancienne Egypte, qui a été portée à 27 millions d'hommes, par quelques historiens exagérateurs, était sans doute considérable, et cela se conçoit aisément; dans les pays chauds, l'homme est plus frugal que dans le nord,

----

(1) Elle ne s'élévait guère qu'à 4 millions, ce qui est encore beaucoup pour un territoire aussi peu étendu (*de Paw*).

et la terre y est plus productive, ce qui est double-
ment favorable à la population.

Les Égyptiens furent dès le principe un peuple agricole, et toutes leurs institutions, soit publiques, soit réligieuses, eurent pour but de favoriser
exclusivement la culture des terres, qui fit dans tous
les tems la principale richesse de cette contrée. Les
prêtres, dont l'influence fut toujours si grande sur
le peuple, et sur les Pharaons, ne cessèrent de prescrire toutes les mesures qui leur paraissaient les plus
convenables pour le climat, et les plus propres à augmenter les produits du sol (1). Les précautions, que
prirent les anciens Égyptiens pour se préserver de la
peste et de la lèpre, pour assénir leur contrée, que
les débordemens du Nil rendaient souvent inhabitable, tournèrent toutes au profit de l'agriculture;
les canaux, qu'ils creusèrent dans toutes sortes de
directions, et qui servaient de degorgeoir au grand
fleuve, prévinrent ses dévastations, et doublèrent
la fertilité d'un sol déjà si productif par sa nature.

L'aversion que les Égyptiens montrèrent pour
le commerce extérieur, et pour la marine, était une
suite de leur dogmes réligieux, qu'ils ne modifièrent sur ce point, qu'après la conquête d'Alexandre et sous les Ptolémées. Aussi n'eurent-ils aucune communication avec les autres peuples de la

---

(1) Ils ne changèrent de maximes que sous les Princes qui
les y forcèrent et qui ébranlèrent l'état, en changeant les habitudes des citoiens. (*Idem*).

terre, jusqu'à ce que la surabondance de leur population les obligea à fonder des colonies. Cette
surabondance, que nulle contrée n'offrit au même
degré, prouve assez quelle fut la prospérité de
l'Egypte, réduite aux seules productions de son sol.
Tel est l'avantage des peuples agriculteurs; ils prospèrent sans sortir de leurs limites, et se suffisent à
eux-mêmes.

Le défaut de manufactures fut en Egypte la
conséquence nécessaire du défaut de commerce; et
les arts et métiers furent réduits à ce qu'il en fallait
seulement pour pourvoir aux besoins des habitans.
Il y avait cependant des verreries regardées alors
comme inimitables. On sait que l'exercice des professions était héréditaire dans les familles et qu'on
naissait agriculteur, ouvrier, militaire &c. &c. Ces
dispositions qui sans doute étaient fort sages, sous
les rapports politiques, étaient extrêmement nuisibles
aux progrès des arts et métiers, qu'une libre indépendance peut seule perfectionner, comme tout ce
qui est le produit de l'industrie humaine. Mais les
législateurs de ce peuple, comme je l'ai déjà dit,
avaient voulu qu'il ne fût qu'agricole, et peut-être
en fut-il plus heureux.

L'agriculture, qui est extrêmement facile en
Egypte, exigeant très peu de travaux, il fallut prévenir l'indolence d'un peuple enclin à la paresse,
autant par son caractère que par l'influence du climat, et l'on éleva des monumens qui durent employer
beaucoup de tems. Ces monumens ne furent point,

comme on l'a cru, l'œuvre du despotisme et de l'orgueil; mais bien l'effet de la sagesse des Rois et des
prêtres qui voulurent entretenir l'activité d'un peuple
que l'oisiveté aurait corrompu. Ces grands travaux
donnèrent naissance aux beaux-arts, dont l'exercice
fut rendu populaire, tandis que les prêtres seuls et
quelques initiés cultivèrent les hautes sciences,
comme les mathématiques, l'astronomie, la médecine, la théologie, l'économie politique; ce furent
autant de mystères réligieux, que la langue des hiérogliphes, cultivée seulement par les ministres des
autels, rendit tout-à-fait impénétrables au vulgaire.
Le savoir fut ainsi rélégué dans les temples, et l'ignorance du peuple le rendit plus docile à la voix de
ses prêtres, qui, le plus souvent, firent tourner à
son profit ce dangereux ascendant, et alors même,
qu'ils jugèrent à propos de borner les connaissances
de chaque classe, aux idées qui se rapportent à sa
situation et à ses intérêts.

L'art statuaire et la peinture, quoique très
anciennement connues des Egyptiens, n'y firent pas
de grands progrès : sans doute aussi à cause de l'hérédité des professions et du défaut d'encouragement.
Il fallut que l'Egypte reçut des leçons de ses propres disciples pour sortir de l'enfance à cet égard;
et ce ne fut que sous les Ptolémées que ce peuple
commença à prendre du goût, par l'exemple des
Grècs, devenus maîtres en toutes choses. L'architecture Egyptienne parait avoir eu pour élément les
grottes naturelles qui servirent d'abri aux premiers

habitans de la Thébaïde ; et c'est de là que sont venues ces constructions souterraines dans les temples et sous les pyramides ; ces labirinthes si célèbres, tous ces monumens qui exciteront long-tems encore, l'admiration des siècles. Dès que les Grècs possedèrent l'Egypte, l'architecture s'y perfectionna, comme toutes les autres branches des beaux-arts ; mais ces progrès rentrent dans le domaine des véritables créateurs du goût et n'appartiennent point à la nation Egyptienne.

Malgré la sagesse des institutions politiques de cette heureuse contrée, elle a éprouvé, comme toutes les autres, bien des révolutions, qui ont été tour-à-tour favorables et défavorables aux peuples. Le gouvernement qui y fut d'abord institué, n'était point despotique, et il ne le devint que par intervale. Il fut presque toujours monarchique et soumis à l'influence de la théocracie. L'histoire de l'Egypte est présqu'entierement fabuleuse jusqu'au regne de Sesostris, qui ne fit point les conquêtes qu'on lui attribue ; mais qui favorisa l'agriculture, en rendant à son peuple la propriété des terres, qui lui avait été enlevée pendant l'usurpation des Rois pasteurs (1), les plus détestables tirans dont l'histoire faste mention. Un aussi grand bienfait de la part de Sésostris méritait bien qu'un peuple reconnaissant le comparât au soleil, et l'appellât le nouvel Osiris. Com-

---

(1) Voyez ce que dit Hérodote du partage des terres par Sésostris.

bien d'allégories qui sont ainsi passées du domaine
de la fable dans celui de l'histoire, faute d'une critique judicieuse, et d'une connaissance assez profonde du cœur humain : au tems de ce Sésostris,
qui se rendit réellement digne du nom de grand, les
Arabes faisaient souvent des incursions sur les terres de l'Egypte, ce qui le détermina à faire construire une grande muraille pour garantir le Delta
du pillage des nomades (1); ce mur fut renversé après
la conquête des Perses. Nectanèbe et Chabrias firent aussi construire des fortifications aux environs
de Péluse, mais il n'en reste plus aucune trace.

L'Egypte était florissante sous les Pharaons,
qui suivirent et respectèrent les principes de son
gouvernement primitif. Néco, l'un d'eux fit faire
le grand canal de communication avec la mer rouge,
et ouvrit ainsi un débouché important à l'Egypte;
les malheurs de cette contrée, datent de la conquête
des Perses, qui fut bientôt suivie de celle d'Alexandre; elle eut une lueur d'espoir sous les trois premiers Ptolemées, qui gouvernèrent ce pays avec une
sagesse exemplaire, et cherchèrent à lui procurer
les avantages du commerce, sans nuire à son agri-

_____________

(2) C'est dans les mêmes vues qu'ont été construites les murailles, qui ont existé ou qui existent encore sur le continent de
l'Asie ou dans l'Europe. Par tout où un peuple agricole a eu des
nomades ou pasteurs pour voisins il a cherché à se garantir de
leurs dangereuses incursions. Lisez à ce sujet *les recherches philosophiques sur les Egyptiens et les Chinois par de Paw.*

culture, en même tems qu'ils favorisaient de tout leur pouvoir la culture des sciences, des lettres et des beaux-arts. Philadelphe fit reconstruire ailleurs le grand canal qu'avait fait faire New; mais il n'obtint pas les avantages qu'il attendait de cette grande entreprise, digne d'un meilleur succès; l'Egypte n'en devint pas moins le centre du commerce d'alors, et Alexandrie en fut l'entrepôt. Sous les derniers Ptolemées, les Egyptiens éprouvèrent de nouveau les effets du despotisme, que leur avaient fait connaitre les Perses, et tout ce qu'avaient fait de bien les trois premiers lagides fut perdu. Les Romains, après leur conquête, se virent obligés de rétablir les canaux qu'on avait abandonnés; on cultiva sous leur domination beaucoup plus de terres que sous Cléopatre et sous son père Aulète.

§ XI. *De l'Egypte sous les Romains et depuis.*

Après la division de l'empire romain, et depuis Constantin, le premier des Empereurs chrétiens, cette fertile contrée est devenue tout-à-fait misérable; le despotisme et l'anarchie s'en sont toujours disputé la possession, et la domination des Turcs qui a succedé à celle des Soudans, n'a fait qu'ajouter à son malheur, par l'introduction de tous les abus et du désordre le plus inoui. Il en est résulté une grande dépopulation, l'abandon des terres, la destruction des canaux, et une insalubrité locale, dont les effets s'étendent au loin et se manifestent pé-

M

riodiquement en Asie et en Europe, avec tous les caractères du plus terrible des fléaux.

La conquête de l'Egypte, par une nation policée et industrieuse, serait un bienfait universel, et il est à regreter que les Français n'ayent pu s'y maintenir dans ces derniers tems; ils auraient rendu son antique splendeur à la contrée la plus fertile et la plus heureusement située de toute la terre, et les générations futures ne cesseraient de bénir une révolution qui en rendant libre et heureuse une portion si intéressante du genre humain, aurait détruit le foyer pestilentiel qui a tant de fois devoré la population des empires.

Une colonie, établie dans cette contrée, prospererait avec d'autant plus de rapidité, qu'il y a des bras pour cultiver la terre et qu'il suffirait pour les activer, de leur rendre le repos et la liberté. Si un siècle suffit à peine pour voir fructifier une colonie d'esclaves expatriés, qu'il faut renouveller sans cesse et à grands frais, quelques années de police, et d'une sage administration, peuvent vivifier une contrée, qui offre à la fois une nombreuse population ayant l'habitude du travail, des terres extrêmement fertiles, où la plupart des denrées coloniales peuvent croître et prospérer, des canaux et des ports les plus avantageusement construits pour le commerce, en un mot tous les élémens de la prospérité.

## §. XII. *De Carthage.*

La colonie de Carthage, fondée par quelques Phéniciens, qui fuyaient la tyrannie de Pigmalion, Roi de Tyr, porta sur les côtes d'Afrique les institutions du premier des peuples marchands de l'antiquité, et elle devint bientôt, sous les auspices d'un gouvernement libéral, qui favorisait le développement de toutes les branches de l'industrie, une nation extrêmement puissante, par son agriculture, ses fabriques, son commerce et sa marine. Cette république rivalisa, dans le principe, avec sa mère-patrie pour les arts et pour le commerce; elle la surpassa bientôt, par la hardiesse de ses entreprises; et les colonies qu'elle établit de bonne heure en Sicile et en Espagne ajoutèrent encore à sa prospérité. Elle devint maitresse absolue de la méditerannée et du commerce de l'univers, après la chute de Tyr et la disparution de la puissance éphémère d'Athénes; elle eut enlevé aux Romains même, l'empire du monde, s'il n'était dans l'ordre des choses humaines, que la pauvreté, qui trempe les ames, et la valeur qui en est la suitè, l'emportent sur les richesses, qui énervent et amolissent les caractères.

Le Monopole commercial et la cumulation des richesses, causèrent la ruine de Carthage, dont les institutions seront toujours dignes de servir de modèle aux peuples qui voudront se gouverner par les lois de la sagesse et apprendre le bon emploi des facultés humaines.

Ce fut la première nation qui pava les voies publiques ; exemple que les Romains imitèrent avec tant de succès, et c'est elle qui repandit dans tout l'Occident, l'esprit de commerce que ses vainqueurs eurent toujours en aversion. Après la chûte de de Carthage, la contrée, qu'elle avait embellie fut pendant quelque tems la province où les Romains allaient étaler leur luxe dans de riches campagnes et de belles habitations. Depuis elle est devenue la proie des Barbares d'Afrique et des Musulmans, qui l'occupent encore, et qui y ont fondé le despotisme le plus destructeur ; ce sont autant de repaires de brigands, qui depuis plusieurs siècles infestent la méditerannée et insultent au peuples policés. Certain d'entre ces derniers, il est vrai, engage sans cesse ces barbaresques à continuer une pratique, qui nuit beaucoup au commerce de la méditerranée et favorise celui de l'océan ; politique indigne d'un peuple éclairé, et qu'il employe cependant à sa honte, et à celle de la civilisation ! Quelle nation délivrera les côtes d'Afrique et la méditerranée de ces infames Pirates, qui ne reconnaissent aucun droit de gens, et qui laissent inculte une des plus fertiles contrées de la terre, pour se livrer au brigandage le plus honteux et le plus effrené ? Quand verra-t-on des colonies industrieuses et policées reporter sur ce sol productif les bienfaits de la civilisation ?

## CHAPITRE II.

### *Des contrées occidentales.*

Il faut maintenant que nous parlions des régions occidentales, où l'industrie humaine s'est le
plus développée, et que nous commencions par la
Grèce, par cette petite portion du globe, dont les
habitans ont rempli l'univers de leur gloire, et lui
ont donné l'exemple de ce que peuvent les hommes
par le digne emploi de toutes leurs facultés. Heureuse contrée à qui la nature semblait avoir refusé
toutes ses faveurs, et qui a produit, sur son sol
aride, tout ce que l'humaine nature comporte de
plus sublime, tout ce qui est digne des respects et
des hommages de la terre! Patrie des héros, des génies, des demi-dieux; lieux fortunés, où naquit la
liberté, et tout ce qui la rend si aimable; où la vertu
reçut un encens digne d'elle! À quoi étiez-vous réservée! Les plus indignes des hommes foulent aujourd'hui cette terre qui rappelle de si grands souve-
nirs! Le stupide Mahométan a remplacé le Grec in-
génieux! Quel affreux contraste! Mais reportons
nous, s'il est possible, à ces tems reculés, dont nous
devons présenter le tableau: que de choses il y aurait à dire sur un pays, où toutes les connaissances
humaines atteignirent pour ainsi dire, les bornes de
l'esprit humain, où tous les sentimens, toutes les
vertus se développèrent, où toutes les branches
d'industrie furent créés et perfectionnées, avec un

succès et une rapidité qui n'ont jamais eu d'exemple nullepart : parceque nullepart on n'a connu et respecté, comme en Grèce, la dignité de l'homme, unique source du juste, de l'honnête et du beau !

Comme je ne dois envisager ici les états de la Grèce, que sous le point de vue des progrès et de la décadence de l'agriculture, du commerce et des arts, je ne parlerai de leurs diverses constitutions, que dans le rapport qu' elles peuvent avoir avec ces trois branches des connaissances humaines, qui comme toutes les autres, furent portées chez les Athéniens et leurs alliés exclusivement, au plus haut degré qu' elles ayent jamais atteint dans l'antiquité ; je serai plus long à leur égard que sur tout le reste de la Grèce, qui à l'exception de Lacédémone et de Corinthe, fournit peu de choses à remarquer.

### §. I. *De l'Attique.*

Les premiers habitans de l'Attique et ceux de toutes les autres parties de la Grèce, furent long-tems sauvages comme tous les peuples de l'Europe, avec lesquels ils ont une origine commune ; et si l'on en croit d'anciennes traditions, ils habitèrent d'abord des antres profonds, creusés dans le sein des montagnes, à la manière des troglodites ; puis ils descendirent des hauteurs dans les vallées, dans les plaines et sur les bords de la mer, où une nourriture plus abondante et plus facile à se procurer, favorisa leur multiplication et fit naître les premiers germes de la société, après des combats opiniâtres et sanglans, d'homme à homme, de peuplade à peuplade. Sur ces entrefaites arrivèrent des colonies d'Egypte et de Phénicie, qui furent accueillies par différentes hordes, dont l'heureux caractère se plia de bonne heure aux institutions de la sagesse. L'Argolide et l'Arcadie reçurent les premiers législateurs. Trois siècles après, Cadmus aborda en Béotie, Danaüs dans le Péloponèse et Crécops dans l'Attique, dont le sol arride et montueux était peu attrayant ; cette contrée était cependant destinée à devenir la plus riche et la plus florissante, par l'industrie de ses habitans et la sagesse de ses institutions (1).

Des colons venus d'Egypte durent porter avec eux un penchant exclusif pour l'agriculture, pour cet art le plus simple et le premier de tous. Aussi voyons-nous que les Athéniens ne s'occupèrent d'abord que de la culture des terres, et que jusqu'aux derniers tems de la république, ils conservèrent pour la vie champêtre un goût, que les plus douces habitudes leur avaient rendu cher ; les étrangers lui donnèrent naissance, ou le développement, les lois en firent un devoir, et la réligion le sanctifia ; en introduisant le culte de Minerve, Crécops rendit sacré l'arbre qui lui est cher, et qui faisait la principale

---

(1) Les pays ne sont pas cultivés en raison de leur fertilité ; mais en raison de leur liberté. (*Esprit des lois livre XVIII, chap. III*) On peut en dire autant de toutes les branches d'industrie.

richesse des Athéniens. C'est ainsi que chez ce peuple, qui se civilisa sous les meilleurs auspices, tout concourut à lui donner les habitudes et les croyances les plus convenables à sa position, les plus conformes à ses intérêts.

Malgré les obstacles du climat, qui est extrêmement variable dans toute l'Attique, à cause de la disposition topographique du sol; malgré les froids rigoureux de l'hiver et les chaleurs excessives de l'été (1), les productions des diverses saisons se trouvaient souvent réunies dans une seule, et l'hiver offrait les fruits de l'été à côté des fleurs du printems. Les Athéniens savaient employer des procèdés pour hâter ou retarder à volonté la végétation; ils avaient su aussi enrichir leur patrie des arbres de l'Orient, qui pouvaient croître sur leur sol; ils y avaient fixé des oiseaux étrangers. Des soins si assidus, donnés aux champs, ne tardèrent pas à en rendre l'habitation plus agréable, que celle des bourgades; et ce fut là que se développa, dans le premier tems des richesses, tout le luxe des Athéniens. Leurs maisons de campagne, où ils menaient une vie libre et indépendante, loin d'une populace, trop amie de l'égalité pour souffrir sous ses yeux des monumens de l'orgueil particulier, étaient magnifiques, tandis que dans Athènes celles des riches et celles des pauvres se confondaient par leur simplicité; il en fut

______

(1) *De Paw. Recherches philosophiques sur les Grecs.*

ainsi jusqu'aux tems , où Periclès , ruinant la constitution de l'état , et favorisant le luxe aux dépends des mœurs , rassembla tous les citoyens dans la métropole et leur inspira le goût des palais , en faisant construire de somtueux édifices en l'honneur des dieux et des héros.

Si ce peuple n'eut été qu' agriculteur , il eut resté ignoré ; mais peut-être aurait-il gagné en bonheur ce qu'il aurait perdu en gloire et en richesses. Heureux tems où chacun se plaisait à vivre loin du tumulte des villes et des discutions politiques ! déjà existait cette morale naturelle, qui suffit à l'homme pour établir entre lui et ses semblables les doux liens de la confraternité ; les maximes, aussi simples qu'augustes , qui en contiennent l'expression, étaient inscrites par tout , pour en réveiller le souvenir au fond des cœurs. En parcourant l'Attique, disait Platon , l'on peut faire un cours de morale ; il suffit de lire sur les hermès , que l'on trouve le long des grandes routes, et au centre des villages, les vers élégiaques qu'on y a gravés. Cette belle institution, qui remonte aux premièrs tems, était digne sans doute, de l'hommage, que lui rendait le philosophe législateur.

Il n'y avait dans ces heureux tems ni pauvres ni mendiants dans l'Attique, en on n'en vit à Athènes qu'à l'époque de la guerre du Péloponèse, qui donna à l'industrie de cette ville une activité prodigieuse, mais qui ruina la république. L'état nourrissait les vieillards et les orphelins jusqu'à l'âge de puberté. Cette belle institution subsistait encore dans le siècle de la corruption, où le luxe fit tant de malheureux où les frais énormes qu'exigeaient les théatres, les fêtes publiques et jusqu'aux funérailles, renversèrent les plus grandes fortunes; où la politesse et l'urbanité, remplaçant les mœurs dures et grossières des premiers Athéniens, ne firent que couvrir la misère et la dépravation, par des déhors séduisants.

Le sol de l'Attique était par lui-même trop resseré et trop peu productif; malgré les soins de la culture, pour fournir à la subsistance et à tous les besoins d'un peuple, que la liberté de ses institutions, et le bonheur dont jouissaient les citoyens, faisaient pulluler et croître avec rapidité. Il lui fallut donc chercher un supplément à ses ressources locales, qui devinrent bientôt insuffisantes, et il le trouva dans le commerce, dans les manufactures et même dans les beaux-arts et dans les sciences; car chez les Athéniens, toute industrie, tout savoir, était productif et tournait au profit de la république. Le besoin de se défendre contre l'agression des Perses fit créer de bonne heure une marine, qui devenue inutile pour la guerre, fut employée au commerce, et la superiorité que les Athéniens avaient acquise par les armes sur les peuples d'Asie, ils l'eurent aussi par leur industrie, malgré la rivalité de Tyr, que protégeait la puissance des Perses. Athénes sut mettre à profit la chute de cette ville et de celle de Corinthe, en attirant chez elle les

Tyriens et les Corinthiens, qui étant privés de leur patrie, ne pouvaient plus faire le commerce. De-los qui servit d'asile à ces fugitifs, devint un entre-pôt fameux, et la réligion s'unit à la politique pour y attirer un grand concours d'étrangers ; des mira-cles, des pelerinages, des foires solemnelles y fu-rent établies, et c'est par de semblables prestiges (1) que la Grèce avait fondé ces principaux lieux de commerce ; elle sut encore leur donner plus d'attrait en y établissant des jeux, des exercices, en y dis-tribuant des prix, des couronnes ; il n'est pas jus-qu'aux courtisannes qui ne fussent favorisées par l'esprit commercial. Les Romains appellaient les jeux olimpiques le commerce d'Olipie ; ils disaient aussi les foires Isthmiques, les foires Amphistioniques.

En Grèce on commerçait de tout (2) ; des gra-

_______________

(1) Plus tard les Arabes ou Mahométans eurent recours aux mêmes moyens pour activer leur commerce : les pélérinages faits à la Mecque eurent autant pour objet le commerce que la dévotion. Nous pouvons en dire autant des pélérinages que font les faquirs de l'Inde et de ceux que fesaient les Chrétiens à Jérusalem. (*Re-cherches historiques sur la connaissance que les anciens avaient de l'Inde*, *par Robertson. Traduction Française, pages* 156 *et* 157.)

(2) Les Athéniens tiraient grand parti des productions de leurs artistes et de leurs philosophes, et ils savaient mettre à contri-bution la vanité et l'ignorance des étrangers. C'était un grand objet de commerce que les *apographes* ou copies de tableaux et de satues, qu'ils vendaient pour des originaux. C'en était un autre que les livres. On donnait un nom connu et célèbre aux plus mauvaises rapsodies, et elles avaient un grand débit. Il en était de même des objets d'art du plus mauvais goût.

ces de la beauté, et même du savoir ; car les écoles de philosophie n'étaient autre chose que des encans, où de nombreux disciples venaient de loin acheter des systêmes, des rêveries et quelque peu de connaissances utiles ; cette branche de commerce n'était pas la moins productive pour Athènes. Elle procurait de la gloire et de l'argent, dont ce peuple fut également avide. Il n'est guère honorable à l'humanité de voir dans un sordide interêt, ou dans une vanité puérile, le motif de l'encouragement, que le gouvernement d'Athènes donnait aux philosophes et de la protection qu'il accordait à la philosophie ; mais des lors l'état était très corrompu, et un égoisme sordide, l'amour du luxe et des richesses avaient remplacé cette antique et austère vertu, qui couvre d'une auréole de vraie gloire le siècle de Miltiade et de Thémistocle.

Tous ces moyens, joints aux nombreuses fabriques d'Athènes, dont nous parlerons plus bas, firent de l'Attique la patrie du commerce, et elle aurait surpassé Tyr, et Carthage même, par ses richesses, si elle n'avait pas dû s'approvisionner de bled au dehors, ce qui était fort couteux. La Grèce en général avait peu de rivières navigables, et point de canaux pour le commerce, mais elle avait partout, des ports, des rades ; elle était entourée par la mer, et Athènes surtout était dans une situation extrêmement favorable. Il n'y avait point de boutiques dans les rues, on exposait toutes les marchandises sur les places publiques et la ville offrait l'image d'une foire perpétuelle; les grands échanges, les grandes opérations de commerce se fesaient au Pyrée.

La profession de commerçant était extrêmement honorée chez les Athèniens, et une loi punissait ceux qui affectaient de la mépriser. Beaucoup de Grecs entreprenaient par terre des voyages très longs pour trafiquer; l'Allemagne et jusqu'à l'Amérique leur étaient connues; dès le tems d'Hippocrate, ils frequentaient l'intérieur de l'Asie; la fraude et la contrebande leur étaient très familieres, et ils l'exerçaient avec beaucoup d'adresse et de subtilité; delà, sans doute le proverbe: rusé comme un Grec.

l'Attique offrait un tableau tout aussi interressant sous le rapport de l'industrie manufacturière que sous celui du commerce, et à cet égard même, elle n'eut point de rivaux. C'est dans Athènes qu'étaient toutes les fabriques, tous les atteliers parce qu'il y avait plus de sureté que dans la campagne. Les lois, le gouvernement et l'opinion ne favorisaient pas moins l'industrie que le commerce, et c'est avec raison qu'on appelle les Athèniens le peuple manufacturier et commerçant de la Grèce; de même qu'ils sont connus pour avoir été les plus grands agriculteurs de leur tems.

Quelques villes de l'Asie balancèrent d'abord les avantages provenant des manufactures; mais les fabriques de l'Europe ne tardèrent pas à l'emporter, par la perfection des ouvrages et par l'activité des fabricants; ce qui fit pencher tout à-fait la balance de l'industrie en faveur des Grècs qui surent, comme les Phéniciens, créer des arts inimitables; le bronze de Corinthe, les étoffes d'Elide qui étaient d'un très grand prix, les vases que les Athèniens fesaient exécuter à Axaphlystus dans la Paralie (1), et ces meubles, si élégans si recherchés, qui se fesaient à Athènes même, auraient suffi pour alimenter le commerce de la Grèce, et maintenir une supèriorité, qui deplus était fondée sur une excellente marine, sur une grande connaissance, et sur une grande habitude des affaires.

L'art d'extraire les métaux de la terre était très anciennement connu dans l'Attique, dont les mines donnèrent à la république des revenus considérables, lorsqu'elles furent exploitées avec soin. Cette branche d'industrie fut poussée fort loin dans les tems ou les autres reçurent leurs plus grands développement.

La population de l'Attique, qui n'était dans les premiers tems que de 40,000 ames devint bientôt insuffisante pour fournir aux armées de terre, à la marine, à l'exploitation des mines, à l'agriculture, aux arts, au commerce; et comme les lois ne permettaient pas d'augmenter le nombre des citoyens, (ce nombre était de 20,000; lorsqu'il venait à diminuer, on accordait le droit de cité à des étrangers, s'il devenait excédent, on envoyait des colons que

_______________

(1) *De Paw. Recherches philosophiques sur les Grècs.*

le sort choisissait,) il fallut avoir recours à des esclaves, à des mercénaires, pour y suppléer ; et c'est ainsi que dans un état libre se fonda la servitude domestique, qui dégrade l'homme. Elle aména la ruine de la république : ces esclaves avilis par leur état même, corrompirent peu-à-peu toutes les classes de citoyens ; il naquit une foule d'enfans des femmes esclaves, et beaucoup d'entre eux avaient pour pères les principaux personnages de l'état. Lors de la guerre du Péloponèse, qui obligea Périclès à rassembler dans Athènes toute la population de l'Attique, on y compta 400,000 individus, presque tous esclaves, et sous Démétrius de Phalères, un dénombrement fait l'an 307 avant Jesus Christ, porta le seul nombre des esclaves à 400,000, et celui des étrangers à 10,000. Tous ces esclaves, ceux des mines exceptés, étaient traités avec assez de douceur, par les citoyens, qui les employaient à toutes les branches d'industrie, comme le gouvernement dans tous les genres de service public, excepté à la guerre ; il préféra pour ce dernier objet des troupes auxiliaires qui ne valaient guère mieux, et qui défendirent mal l'état. Il fut ébranlé jusques dans ses fondemens dès que l'esprit de négoce et le goût du luxe eurent tout-à-fait remplacé l'amour de la patrie ; la conquête de l'Asie et la désunion des Grecs d'Europe préparèrent la ruine totale d'Athènes, qui fut consommée sous Sylla.

Ce fut surtout dans les beaux-arts, que les Athèniens excellèrent, et c'est à eux que nous devons ce goût pur et délicat, cette juste mesure des convenances, qui ont créé les modèles du vrai beau, que nous nommons idéal: parceque nous n'avons pas su l'atteindre, quoique nous ayons appris à le sentir à l'école de ces grands maîtres de l'antiquité, qui le seront aussi des races futures. Nation privilégiée parmi toutes les nations, qui a fourni des chefs d'œuvre inimitables dans tous les genres ! Ses poètes, ses peintres, ses sculteurs, ses philosophes, ses historiens, ses orateurs, ont tellement épuisé les combinaisons du sentiment, du génie et de l'art, que les siècles à venir sont condamnés à marcher sur leurs traces, et à la nécessité de les imiter (1).

Mais quelles causes ont pu produire tant de merveilles et réunir toutes les perfections sur ce petit point du globe ?... Ce fut, n'en doutons pas, l'effet des institutions politiques et l'histoire de la Grèce nous montre toute leur influence, tout ce qu'on peut en attendre, quand elles sont conformes à la véritable nature de l'homme. L'agriculture prospéra dans l'Attique, parce qu'elle y était honorée et encouragée; le commerce et les arts y fleurirent, parce que les citoyens y jouissaient d'une entière liberté, qu'aucun privilège n'y porta atteinte à l'égalité politique, que des recompenses et des honneurs fu-

______

(1) Le goût et les arts, chez les Grecs, furent portés à un point, que de croire les surpasser sera toujours ne les pas connaitre. (*Esprit des lois livre XXI, chap. VII*).

rent décernés au seul mérite, qu'il n'y eut aucune distinction propre à flatter l'orgueil des uns et à humilier les autres, que les associations commerciales ou industrielles furent libres et sans entraves. Les beaux-arts et les lettres enfantèrent des. chefs d'œuvre par une suite de ces mêmes principes politiques, et parce que la plus heureuse, la meilleure des constitutions, pour un peuple peu nombreux, y produisit des actes héroïques, et des prodiges de vertu, qui échauffant les imaginations, créerent de nouveaux genres de gloire. Tout prospéra enfin : parceque les lois, la réligion et les mœurs étaient d'accord pour favoriser l'entier développement des facultés physiques et morales du corps social, en général, et de chacun de ses membres en particulier.

## § II. *De la Laconie.*

Opposons à cette esquisse du brillant tableau d'Athènes, celle du tableau, non moins intéressant, mais plus sévère, de la république de Sparte. Ici d'autres principes politiques, et d'autres mœurs donnèrent d'autres résultats, produisirent d'autres prodiges ; ce fut l'école de la vertu, comme Athènes fut celle des arts et du génie. Nous trouverons dans l'histoire des Lacédémoniens peu de choses qui ayent trait à notre sujet, puisque ce peuple singulier, ne fut ni agriculteur, ni commerçant, ni manufacturier et qu'il negligeat entièrement la culture des lettres et des beaux-arts; nous ignorerions même jusqu'à son existence, s'il eut été seul sur la terre, ou s'il n'eut pas fait sentir sa présence aux nations qui l'avoisinaient, et qui nous l'ont fait connaître. Nous verrons, par cet exemple, comment un peuple peut subsister, en ne faisant que la guerre, et comment il peut être heureux par la privation de tout ce qui est l'objet des sollicitudes et des desirs des autres; ce spectacle imposant, et qui fournit tant à la méditation, nous le trouverons dans la contrée la plus fertile de la Grèce. On croit voir l'orgueilleuse pauvreté, établie sur les sources de la richesse, qu'elle foule aux pieds avec mépris!

Les Crétois, bergers et chasseurs dès les tems les plus reculés, étaient sans cesse exposés par leur situation au milieu de la méditérrannée, aux incursions des pirates, qui ravageaient leur pays et pillaient leurs troupeaux; ils sentirent le besoin de s'armer et d'unir leurs forces pour se défendre contre l'ennemi, et telle fut l'origine de leurs exercices militaires, et de leur constitution qu'on a vu revivre dans la Laconie, soit que les Spartiates et les Cretois, comme je l'ai dit plus haut, ayent une origine commune, soit que le législateur Licurgue ait réellement transporté les lois et la constitution de la Crète sur les bords de Henrotas, soit enfin que les mêmes circonstances et une semblable situation ayent produit chez ces deux peuples, cette conformité d'usages et de mœurs, qu'on leur attribue. Les premiers habitans du Péloponèse eurent

une origine commune avec les autres Grècs, et des
traditions portent que ces peuples, nommés Achéens,
furent subjugués et mis en esclavage par une nation
sauvage de même origine, qui descendant du mont
Œta et de la petite Doride, traversa l'isthme de Corinthe et s'empara de toute la Laconie. Voilà nous
dit-on, les premièrs Lacédémoniens, dont les mœurs
féroces ne s'adoucirent jamais, parceque la politique
et la réligion les rendirent sacrées et les tranformè-
rent en vertus. Est-ce l'œuvre des circonstances,
ou celle d'un législateur venu de l'Egypte, ou celle
d'un Licurgue issu du sang des rois? La constitution
de Sparte fut probablement, commé toutes celles
des autres états Grècs, l'ouvrage du tems et de
plusieurs chefs, qui en se succédant, modifièrent
la législation. Il est bien certain que Licurgue ne
fit qu'introduire quelques nouveautés dans la république, qui subsitait déjà depuis des siècles, et que
la forme du gouvernement, dans ce qu'elle avait de
plus essentiel, fut conservée. Elle éprouva même
une de ses modifications les plus importantes, 130
ans après Licurgue, par l'institution des Ephores,
qui furent crées sur la proposition du roi Théo-
pompe.

Les Spartiates possédaient, dès les tems de
Licurgue, les terres des anciens Achéens, dont ils
s'étaient emparés par la force, et les Hélotes étaient
leurs esclaves. Depuis ils conquirent la Messénie,
et ils usèrent de la plus grande rigueur envers ses
habitans; ils les contraignirent à payer la moitié

du produit de leurs terres, à faire le service milítaire comme les Hélotes, qui fournissaient sept hommes sur un Spartiate, et à venir à Sparte, en habit de deuil, pour assister à l'enterrement des Rois et des Ephores. Cette conquête faite sur des frères, issus comme eux de la Doride, fit la principale ressource des Spartiates, et lorsque Epaminondas la leur eut enlevée, 280 ans après, ils furent comme réduits au néant; ils subirent ensuite le sort de la Grèce entière sous les rois deMacédoine et sous les Romains.

La Laconie, qui était riche et aisée sous les Achéens, devint pauvre et peu productive sous les Lacédémoniens, qui s'étaient partagés les terres (1) et les firent cultiver par les esclaves qu'ils s'étaient soumis (2). La Messénie à son tour perdit beaucoup de la richesse de son sol; la terre y rendit peu : parce qu'on la cultivait pour des maîtres, et tel sera toujours l'inévitable effet de l'esclavage. Mais la frugalité des Spartiates et les ressources qu'ils savaient se procurer par la guerre, rendaient

---

(1) Les nobles prirent les meilleures. Le sol montueux et pierreux, difficile à cultiver et de peu de rapport fut le partage du petit peuple.

(2) Comme ils étaient nombreux et toujours prêts à se révolter, on usa envers eux des moyens les plus violens pour les contenir : on les décimait pour ainsi dire, périodiquement, et on les égorgeait impitoyablement dans des embuscades. Affreuse nécessité, née du régime le plus déstructeur et le plus contraire aux saintes lois de l'humanité !

plus que suffisants les moyens qu'ils avaient pour subsister, et uniquement occupés des affaires publiques, veillant sans cesse au maintien des lois, des mœurs et de l'éducation, qui les grave au fonds des cœurs, ils donnèrent l'exemple du peuple le plus libre, le plus indépendant et le plus courageux qui ait jamais existé sous un gouvernement aristocratique. C'est dans cette république, dont l'existence nous étonne, que l'on connut le mieux les vertus publiques, et qu'on en trouve les plus rares exemples. Ces prodiges de vertus eurent leur source dans des institutions politiques, qui toutes tendaient à inspirer aux citoyens l'amour de cette gloire, la seule vraie, la seule durable, qui se fonde sur l'estime publique et qui ne peut s'acquérir que par des actions utiles à la patrie (1). Peut-être même que ces institutions ne se maintinrent avec tant de vigueur, pendant plusieurs siècles, que parce que le gouvernement, l'administration et la défense de la république étaient la seule occupation des citoyens, aux quels les travaux des esclaves fournissaient le

---

(1) ,, Quand j'observe, dit Xénophon, que cette nation quoi-
,, que n'étant pas la plus populeuse est la plus puissant état de la
,, Grèce, je suis saisi d'admiration et du vif désir de connaître
,, par quels moyens elle obtenu cette prééminence; mais quand
,, je viens à connaître ses institutions, mon étonnement cesse de
,, même qu'un homme en surpasser un autre; et comme celui qui
,, s'applique à cultiver son esprit doit surpasser celui qui le néglí-
,, ge; de même les spartiates surpassent terites les nations parce-
,, que c'est le seul état *ou l'on fasse* une étude de la vertu, com-
,, me objet du gouvernement."

nécessaire, pour des besoins peu étendus. Serait-ce que l'extrême liberté ne peut exister qu'à côté de l'extrême esclavage ? Sparte en est à la fois un grand et un terrible exemple.

Les Spartiates se bornèrent longtems à la défensive envers leurs ennemis, et ils n'en étaient que plus heureux : pendant tout ce tems se conservèrent l'integrité des mœurs et l'esprit des institutions premières. Mais quand la guerre contre les Perses et les dissentions intérieures de la Grèce les eurent forcés à sortir de leur territoire, ils altérèrent la constitution, se créerent une marine et donnèrent accès aux richesses et à l'esprit de conquête. Ce fut alors que cette nation prit quelque part au commerce de la Grèce et qu'elle exerça la piraterie, pour nuire à Athènes, devenue sa mortelle ennemie.

Les Spartiates eurent toujours la plus grande répugnance pour l'exercice des arts, qu'ils regardaient comme une occupation ignoble et pénible (1); leurs femmes même ne travaillaient point; elles avaient des esclaves de leur sexe, attachées à leur service, pour filer la laine.

Les iles de l'Archipel, qui étaient sous leur dépendance, nourrissaient cependant des habitans industrieux. Celle de Cythère, qui n'avait rien des agrémens, que lui ont prêté les poètes, fournissait

_______________________

(1) Construire des digues le long de l'Eurotas, bâtir des maisons, nourrir des chevaux, avoir une épouse infidèle, étaient selon les Lacédémoniens, la réunion de tous les maux.

des coquillages pour la teinture en pourpre, et les Phéniciens s'y étaient établis à cause de cela. On fit de la pourpre dans la Laconie même, mais elle n'eut jamais l'éclat de celle de Tyr.

Il y avait dans la Laconie beaucoup de bois de construction, du fer, du plomb, du cuivre, des pierres colorées, du marbre vert, des émeraudes sur le mont Taygette. La trempe de l'acier y était bonne, et les meubles en menuiserie en étaient recherchés. Les lits laconiques étaient faits de duvet de cygne, parce que cet oiseau se plaisait beaucoup sur les bords de l'Eurotas (1).

Tel est le rang que doit occuper Sparte parmi les nations agricoles, commerçantes et industrieuses de l'antiquité, et l'on voit qu'elle ne brille guère de ce côté là. Ce n'est pas ici le lieu de faire ressortir tous les avantages que tirèrent ses citoyens de leur forme de constitution et de leurs mœurs, tant qu'elles se conservèrent sans altération, et j'ai dû me borner à les indiquer.

## §. III. *De Corinthe.*

Le seul état de la Grèce, qui put rivaliser avec l'Attique par son industrie fut celui de Corinthe. L'heureuse position de sa capitale la rendit de très bonne heure l'entrepôt du commerce intérieur, et

---

(1) *De Paw.*

même maritime de toute la Grèce : parceque dans l'origine, soit par la crainte des pirates, qui se montrèrent sur les mers avec les premiers navigateurs, soit par une connaissance trop peu étendue de cet élément, on n'osait pas lui confier les objets de trafic, et qu'on les fesait passer par l'Isthme de Corinthe, pour les introduire du continent dans le Péloponèse, ou pour les exporter sur les côtes de l'Illyrie. Ces craintes et ces précautions furent une source de richesses pour Corinthe, qui établit un droit de transit sur tout ce qui entrait dans ses murs. „ Les „ marchandises d'Italie, de Sicile et des peuples „ de l'Ouest abordèrent au port de l'Echée ; celles „ des iles de la mer Egée, des côtes de l'Asie mi- „ neure, et des Phéniciens au port de Cenchrée. Dans „ la suite, on les fit passer par terre d'un port à „ l'autre, et l'on imagina des moyens pour y trans- „ porter des vaisseaux" (1). C'est ainsi que Corinthe devint l'entrepôt de l'Europe et de l'Asie après l'avoir été d'abord des divers états de la Grèce. Elle continua à percevoir des droits sur les marchandises étrangères, mais elle ne voulut point rester passive dans le commerce, et bientôt elle eut une marine considérable, dont les heureuses expéditions augmentèrent étonnamment ses richesses. Elle s'en servit pour développer encore son industrie, perfectionner la forme de ses vaisseaux et étendre

______

(1) *Voyage du jeune Anacharsis en Grèce*, chap. XXXVII).

son commerce. Ses ports furent le rendez-vous de tous les négociants des côtes de la méditerannée, qui venaient y verser les diverses productions de leurs contrées.

Là le commerce donna naissance à l'indus-trie manufacturière, qui suivit ses progrès et se développa avec lui. Corinthe était pleine de magasins et d'atteliers ; on y fabriquait entre autres choses des couvertures de lit très recherchées, des vases de terre cuite et des ouvrages de bronze, dont j'ai déjà parlé. Cette ville opulente rechercha avec soin les tableaux et les statues des grands maîtres ; mais elle ne donna naissance à aucun artiste distingué. Les beaux-arts et les lettres furent entierement ignorés chez ce peuple commerçant et voluptueux, qui transforma les courtisanes en prêtresses de Vénus, et leur donna en quelque sorte un caractère sacré. Ce fut l'effet d'une spéculation commerciale: ces femmes attiraient beaucoup de monde et rendaient à l'état des sommes considérables; elles faisaient payer fort cher leurs faveurs ; de là le proverbe, si connu, qu'il n'est pas permis à tout le monde d'aller à Corinthe.

## §. IV. *Des Colonies de la Grèce.*

La Grèce fonda plusieurs colonies qui prospérèrent rapidement: parce qu'elles furent établies sur des principes de liberté et que les colons portaient avec eux l'esprit des institutions de la mère-patrie. Aussi lorsque celle-ci, par un abus, si ordinaire aux métropoles, voulut faire sentir le joug de la servitude à des filles qui n'avaient et ne devaient avoir avec elle d'autre lien que celui de la reconnaissance, elles se rendirent tout-à-fait indépendantes; ce qui arriva à presque toutes. Mais l'industrie, le commerce et les arts y gagnèrent toujours : ce fut autant de contrées où germèrent les talens et le génie, et c'est ainsi que les divers états de la Grèce continentale portèrent dans les iles de l'Archipel, sur les côtes de l'Asie mineure, en, Sicile en Italie et jusques dans les Gaules, les institutions, les lois et les mœurs primitives de la nation, et étendirent au loin les plus grands bienfaits que les hommes ayent reçu du ciel : les lumières et la civilisation, avec tout ce qu'elles produisent de grand, de beau et d'utile, dans l'agriculture, le commerce et les arts.

L'origine des fâcheuses révolutions, qu'éprouva la Grèce et qui préparèrent son asservissement doit être rapportée à Philippe de Macédoine; la liberté politique une fois perdue, tous ses effets disparurent, et l'agriculture, le commerce et les arts, tout dégénera sensiblement avec les principes constitutionels et les mœurs primitives. L'expédition d'Alexandre acheva de ruiner cette nation jusquelà si heureuse; elle fut plongée dès lors dans un déluge de maux, et ne fit que s'acheminer, sans cesse vers la servitude, dont le poids l'accable aujourd'hui, presque sans espoir de retour.

## §. V. *Empire d'Alexandre.*

Mais quel fut cet Alexandre, ce conquérant, dont on a dit tant de bien et tant de mal, qui a fatigué jusqu'à nos jours les cent voix de la renommée, et s'est attiré la malédiction de quelques sages ; qui eut pour père un grand roi et pour précepteur un philosophe ; qui fut jaloux du sort d'Achile : parce qu' Homère l'avait chanté ; qui eut voulu être l'unique souverain de l'univers, et le seul dépositaire des connaissances humaines ; qui joignit toute la sensibilité, toute la délicateste attique à cette valeur brillante, qui distingua les Grècs dans les tems héroïques, à cette fermeté, à cette constance, qui semblaient ne devoir être le fruit que de l'éducation de Sparte ? Modèle des guerriers et des princes, il connut et apprécia la véritable grandeur ; son caractère bouillant, et quelques écarts de raison, le firent devier par fois, de cette bonté originelle, qu'il possédait à un degré si éminent, et qui se manifesta surtout au milieu de ses triomphes et des énivrantes faveurs de la fortune ; mais s'il eut des torts, sa douleur les expia, et ses bienfaits les effacèrent. Grand-homme de qui l'on peut dire : il vécut assez pour sa gloire et trop peu pour l'humanité.

En effet, la vie d'Alexandre n'eut que la durée de l'éclair, et elle ne fut marquée que par sa valeur ; il mourut au moment, où rassasié de gloire militaire, et devenu le maître du monde alors con-

nu, il allait réaliser, pour le bonheur de ses peuples, les vastes conceptions, que son génie avait en-
fantées, au milieu même des combats. On sait
dans quelles vues il fit bâtir Alexandrie (1), après
ses premièrs succès, et depuis, tant d'autres villes, qui attestent que le héros Macédonien conque-
rait pour édifier et non pour détruire. Son expédition, qui tient du prodige par sa rapidité (2) n'a
paru à des yeux prévenus, ou peu clairvoyants
qu'une sanglante calamité, marquée par des combats, des victoires, et des ruines ; mais à considérer
le but et l'intention, elle mérite même l'approbation
des sages ; et n'était-ce rien que de délivrer l'Asie,
et l'Egypte du despotisme oriental, et d'y porter les

---

(1) Il voulait faire de l'Egypte le siège de son empire et le
centre du commerce de l'univers, c'était sans doute alors la région la plus heureusement située pour celà. Ces vues furent en
partie réalisées par les Ptolemées qui nous les ont fait connaître.
Alexandrie fut en effet sous les premiers Ptolemées et depuis,
sous les Romains, l'entrepôt du commerce de l'Asie et de l'Europe. Philadelphe fit construire un canal ; mais comme on n'en
obtint pas tout ce qu'on s'en était promis, on établit pour y suppléer des hotelleries et des citernes dans les deserts pour les caravanes.

On fesait le commerce le long des côtes avec des bateaux
longs et plats, parce qu'on ne connaissait pas la boussole ; on avait
beaucoup de ces bateaux et on multipliait les escadres, afin de
suppléer à leur grandeur et au défaut de rapidité.

(2) Les marches d'Alexandre sont si rapides que vous croyez
voir l'empire de l'univers plutôt le prix de la course, comme dans
les jeux de la Grèce que le prix de la victoire. (*Esprit des lois
livre X, chap. XIX*). 

lumières et la législation de la Grèce ? Alexandre eut fait plus, il les aurait étendues avec son empire, jusqu'aux extrémités de la terre, ou du moins, il l'eut voulu, et cette seule pensée, s'il était au dessus des forces d'un homme de·la réaliser, honore en lui l'humanité. Alexandre, le plus éclairé des conquerants, le plus grand des capitaines, le meilleur des rois, se fut toujours montré le digne élève d'Aristote et la philosophie se serait assise avec lui sur le trône du monde.

Mais ce doux espoir s'evanouit comme un songe, pour peut-être ne renaître jamais. Le seul prince qui jusqu'à présent, eut pu la réaliser cessa de vivre, à la fleur de ses ans, et il légua l'empire universel, que sa valeur avait conquis, et que sa sagesse aurait su conserver, à une nation dont l'origine est tout aussi obscure que celle des Macédoniens, mais dont la puissance, toujours croissante, comme sa gloire, renouvella les prodiges qu'avait operé un seul homme. Les succès d'Alexandre semblaient en effet, présager ceux de Rome dont ils furent l'image.

### §. VI. *Empire Romain.*

Cette ville, qui devint quelques siècles après la métropole du monde civilisé, avait une existence fort ancienne et déjà son territoire embrassait une grande partie de l'Italie ; son accroissement rapide fut le fruit d'une constitution toute militaire, qui en donnant naissance aux vertus héroïques de Sparte, nourrit et entretint l'esprit des conquêtes, que Licurgue avait eu dessein de bannir de sa république, et qui fit des Romains les maîtres des nations. Rome nous présente dans les premiers siècles, l'assemblage de toutes les vertus politiques, civiles et militaires ; à la naissance de l'empire, l'exemple d'une puissance sans bornes et d'une corruption, qui devait bientôt améner la dissolution de l'état. Ce cercle de révolutions, dont chaque point présente tant d'interêt, mérite un examen approfondi et prête à la méditation. Mais ici nous ne devons envisager les changemens survenus dans la république, que sous le rapport de l'agriculture du commerce et des arts.

Les Romains furent dès l'origine, un peuple agricole, et leur goût pour la vie champêtre égala ou même surpassa celui des Athèniens : ils s'adonnèrent d'autant plus à la culture des terres, qu'ils negligèrent toujours le commerce et les arts. Ainsi le voulait leur conftitution et leurs mœurs primitives. Les professions de soldat et de laboureur étaient les seules honorées, dans les beaux-tems de la république, et même elles s'exerçaient simultanément. Cincinnatus est enlevé à la charue pour dicter ses volontés aux citoyens, dans un moment où la patrie est en danger ; après l'avoir sauvée il se hâte de reprendre ses premières occupations. Fabricius nous offre plus tard, le même exemple, qui fut suivi par beaucoup d'autres. Le mépris du luxe, la tempérance, la frugalité, la valeur militaire distinguaient les premiers Romains, à l'égal des Spartiates, mais ceux-là surent allier toutes ces vertus avec l'amour du travail, et ils ne donnèrent point, comme les derniers, l'affreux exemple d'une liberté fondée sur l'oisiveté et sur une barbare domination. Ils firent des citoyens et non des esclaves (1). Combien sous ce rapport, comme sous beaucoup d'autres, Rome surpasse Lacédémone.

L'agriculture resta longtems en honneur chez les Romains; aux tems même d'Auguste, cet art était regardé comme le plus utile de tous, quoique les guerres civiles et les vices introduits dans le gouvernement lui eussent nui beaucoup. Les églogues du prince des poëtes latins sont une preuve non équivoque des maux qu'éprouvait alors le pauvre laboureur; comme ses géorgiques attestent l'interêt qu'attachaient encore les Romains aux travaux rustiques.

Les nombreuses et belles campagnes qui environaient Rome, et qui faisaient les délices des grands de l'état, avaient été, dans l'origine, des demeures simples et modestes, comme ceux qui les habitaient. Elles s'embellirent lorsque les richesses et le luxe, qui suivirent les conquêtes d'Asie, se

_______________________

(1) Si les Romains, dès les premiers tems eurent quelques esclaves, le nombre dut en être bien petit, puisqu'ils étaient destinés à l'exercice des professions mécaniques, et l'on sait ce qu'étaient les arts à Rome à cette époque.

furent introduits dans la république et eurent corrompus les premiers citoyens. C'est de l'Orient que
sont venus tous nos maux, et la valeur des Occidentaux, n'a jamais su y conquérir que des vices.
Il est à remarquer que la progression du luxe commença chez les Romains comme dans l'Attique par
l'embellissement des maisons de campagne: parceque
c'était là la véritable demeure de l'homme. Rome
ou Athènes étaient l'habitation du citoyen, et on
n'y était jamais qu'en passant. Mais lorsque le
faste des empereurs et les intrigues, inséparables
des cours, eurent fait un besoin aux sénateurs, à
tous les magistrats, aux généraux, aux principaux
citoyens d'habiter constamment la capitale, les campagnes furent abandonnées; les encouragemens les
plus efficaces, ceux qui naissent de la seule présence
du maître (1), n'eurent plus lieu, la profession

______________

(1) Pline, frappé du contraste de Rome de son tems et de
Rome ancienne, se demande qu'elle était donc la cause d'une si
grande abondance? Et il repond:. ,, c'est que les généraux d'ar-
,, mée cultivaient leurs champs de leurs propres mains, et que la
,, terre se plaisait à se voir sillonnée par des hommes couron-
,, nés de laurier et décorés par l'honneur du triomphe."
Voici, ,, ce qu'à la même époque, Columelle disait aux Romains
,, ses compatriotes. ,, Je ne pense pas qu'on doive attribuer les
,, disettes, qu'on éprouve à l'intempérie de l'air, mais plutôt à notre
,, faute. Nous avons abandonné le soin de nos terres (comme si
,, elles étaient à notre égard, coupables de quelques grands cri-
,, mes) à de vils esclaves ou à des mercénaires, tandis que nos
,, ancêtres se glorifiaient de les faire valoir par eux mêmes. Rien
,, n'est égal à ma surprise quand je considère d'un côté, que ceux

d'agriculture cessa d'être honorée et honorable, ce fut, comme dans tous les états despotiques, le dernier des métiers, et l'Italie, si puissante, si fortunée sous la démocratie, s'appauvrit et se dépeupla sous les Empereurs.

La loi d'Auguste sur les mariages prouve que le mal venait de plus loin que du régime, qu'il instituait ; mais ce régime ne fit que l'accroître. Le plus adroit des politiques ignorait les véritables moyens de faire prospérer l'empire, ou plutôt il n'eut jamais la volonté de les employer ; il fallait

---

,, qui veulent apprendre à bien parler, choisissent un orateur, ,, dont l'éloquence puisse leur servir de modèle: ceux qui dési- ,, rent s'appliquer à la danse, à la musique et à tous les arts fri- ,, voles, cherchent avidement un maître de chant, un maître de ,, graces; en un mot, chacun choisit le meilleur maître pour faire ,, des progrès rapides sous sa direction; au lieu que l'art le plus ,, nécessaire à la vie, et qui tient de plus près à la sagesse, n'a ,, ni disciples, qui l'apprennent, ni maîtres qui l'enseignent. J'ai ,, cependant vu établir des écoles de rhéteurs, de géométres, de ,, musiciens, de danseurs, de maîtres pour enseigner l'art dange- ,, reux d'aprêter les mêts, de la manière la plus attrayante, pour ,, la gourmandise, des maîtres pour ajuster les cheveux, parer ,, les têtes ; au lieu que je n'ai jamais vu aucun maître pour en- ,, seigner l'agriculture, ni disciple pour l'apprendre, de là l'objet ,, le plus intéressant pour la république est encore le plus éloigné ,, de sa perfection. Actuellement nous dédaignons faire cultiver ,, nos terres par nous-mêmes et nous regardons comme fort peu ,, important d'avoir un metayer très instruit. Le recommandé, le ,, protégé est sûr d'obtenir cette place. Si un homme riche ac- ,, chète une possession, il y relègue le plus énervé de ses valets, ,, celui qui est le plus cassé par les années. Si au contraire un

O

alors changer la constitution de l'état et créer une véritable monarchie ; mais il voulait dominer, et rien de plus ; il ne sut pas-même regler l'ordre de la succession à l'empire et il laissa subsister tous les germes de discorde dont il empêcha le développement pendant son existence, comme pour leur rendre toute leur force après sa mort. Si telles étaient ses vues, elles se réalisèrent complètement, et ce ne fut plus, après lui, qu'une anarchie perpétuelle, au milieu de la quelle toute idée d'ordre s'évanouit. À peine, dans l'espace de huit siècles,

---

„ homme dont la fortune soit médiocre fait cet achat, il met à
„ la tête de ses travaux un homme à gage qui le trompera ; et un
„ homme qui n'a aucune des notions essentielles pour l'administra-
„ tion ; enfin ce sera un homme à routine, comme si la coutume d'un
„ village pouvait ét devait s'appliquer au terrain d'un autre village,
„ éloigné seulement de quelques lieues. C'est ce qui fait que dans ce
„ même Latium et dans cette même terre de Saturne, où les dieux
„ avaient pris la peine d'enseigner eux-mêmes l'agriculture à leurs en-
„ fans, nous sommes réduits aujourd'hui, pour ne pas mourir de faim,
„ à traiter avec des commissionnaires, qui nous apportent du bléd
„ des provinces situées au délà des mers : telles sont la Baltique,
„ la Gaule &c. Ces faits sont d'autant moins surprénans, que
„ suivant l'opinion généralement reçue, l'agriculture est un métier
„ vil, et de nature à n'avoir besoin d'aucun enseignement pour
„ être appris. Quant à moi, lorsque je considère cet art dans le
„ grand, et lorsque je l'envisage formant un corps d'étude d'une
„ très vaste étendue, et ensuite descendant dans toutes les par-
„ ties, qui composent sa totalité, je crains de voir la fin de mes
„ jours avant d'en avoir pu acquérir la connaissance entière."
*(Cours complet d'agriculture par Rozier. Voyez aussi les originaux ou les auteurs Latins).*

l'empire jouit-il de quelques momens de repos ; ils furent l'ouvrage du stoïcisme assis sur le trône des Césars ; mais son regne fut de si courte durée, et le mal était si grand, qu'il ne put pas même s'occuper d'en tarir la source ; il n'employa que de faibles palliatifs.

L'Italie ne fut pas la seule région, où l'agriculture éprouva toutes les vicissitudes du gouvernement de Rome ; elle y était déjà négligée, aux tems où les Romains sortirent de leur Peninsule, pour envahir le monde. Leurs conquêtes ne firent qu'imposer le joug du despotisme aux diverses nations et elles n'eurent pour but que l'agrandissement de l'état, et non le bonheur des peuples conquis. La Grèce perdit avec sa liberté, ses arts et son industrie ; l'Asie conserva son luxe et sa molesse ; l'Egypte, les côtes d'Afrique et la Sicile furent seules cultivées : parce qu'elles fournissaient à la subsistance de Rome opulente, qui ne cultivait plus ses propres terres ; la Germanie, les Gaules et l'Espagne furent plutôt subjuguées qu'unies à l'empire, et c'est de ces contrées que sortirent les vengeurs des peuples, que Rome tenait asservis.

La domination des Romains ne put ni faire adopter leurs institutions et leurs mœurs à l'Asie, ni civiliser les Barbares d'Europe. D'ailleurs ces institutions et ces mœurs, qui dans le principe, n'avaient en vue que la vertu, n'eurent plus rien de louable, dès qu'elles furent perverties, et les vainqueurs se confondaient avec les vaincus, il s'éta-

blit entre eux une communauté de vices et de dépra-
vation. Le partage de l'empire acheva de tout perdre : les prétentions respectives des deux Empereurs
et les dissentions qui en naquirent, facilitèrent le
triomphe des Barbares qui s'emparèrent d'abord de
l'empire d'Occident, dont nous ne ferons point ici
une mention particulière : il n'offrit qu'une affreuse
anarchie, qu'un cahos d'où sortirent les divers états
modernes de l'Europe occidentale.

Les Romains negligèrent long-tems le commerce : parce qu'ils s'étaient habitués à tout tirer de
la terre, et que l'agriculture fournissait seule à des
besoins peu nombreux; mais lorsque les conquêtes
eurent introduit à Rome le goût du luxe, il fallut
se procurer des objets *étrangers* au sol de la mère-
patrie, et aller les chercher au loin. Alors Rome usa
d'une industrie *étrangère* et les nations, qui étaient
adonnées au commerce continuèrent à le faire,
pour l'intérêt du peuple conquèrant. C'est ainsi
que Cartage, Tyr, Athènes et Alexandrie (1)

---

(1) La prise de l'Egypte par les Arabes fit changer tout-à-coup
la direction du commerce. Il passa d'Alexandrie à Constantinople
par la mer Noire, le Phase, la mer Caspienne, l'Oxus, et l'Indus
d'une part, et de l'autre par la Syrie, Palmyre, l'Euphrate et le
golphe persique. Palmyre avait été une ville riche et puissante
sous les Romains; elle se faisait remarquer par la somptuosité de
ses édifices et les agrémens de sa position. Sa souveraine voulût
la rendre indépendante, et l'Empereur Aurélien la ruina; le siège
du commerce, des arts et de la grandeur de Sénobie devint un
lieu obscur, une forteresse, un vilage : Ce commerce se faisait depuis par Alep et Alexandrie.

surtout, procurèrent aux Romains tous les avantages d'un art pour lequel ils n'eurent jamais de goût ;
l'excercice, ainsi que celui de toutes les professions,
autres que l'agriculture et les armes, était regardé
comme une occupation d'esclaves (1).

Ils furent également étrangers à l'industrie
manufacturière, et à cet égard ils empruntèrent
tout des Grècs. La seule chose, sur la quelle ils n'eurent ni maîtres, ni rivaux fut la construction des
chemins et des aqueducs ; il était dans les principes
de leurs constitution de ne cultiver que les arts, les
plus éminemment utiles, et ils ne s'adonnèrent à ceux
d'imagination, que dans les derniers tems de la république, et lorsque les mœurs antiques eurent dégé-
néré ; encore n'ajoutèrent-ils rien aux connaissances et aux arts de la Grèce, qu'ils s'appropièrent,
par ostentation plutôt, que par sentiment ; les artistes romains puisèrent beaucoup dans Virgile, pour
l'exécution de leurs travaux, comme ceux de la Grèce
avaient puisé dans Homère. Varron fut l'inventeur
de la gravure.

Ce peuple, lorsqu'il cessa d'être vertueux,
perdit son courage, s'énerva par la molesse et devint aussi méprisable qu'il avait été grand ; toutes

___________

(1) Romulus ne permit que deux sortes d'exercices aux gens
libres : l'agriculture et la guerre. Les marchands, les ouvriers,
ceux qui tenaient une maison à louage, les cabaretiers n'étaient
pas du nombré des citoyens. (*Denis d'Halicanasse livre II. et
livre IX.*)

les sources de la prospérité tarirent sous sa domination tyrannique, et il commença lui-même l'œuvre
du vandalisme.

## §. VII. *Empire d'Orient.*

L'empire d'Orient subsista seul depuis le cinquième
siècle jusqu'au quinzième; mais jamais peuples ne
furent plus malheureux que sous la domination de
ces Empereurs Chrétiens, que la violence, le meurtre, l'assassinat, l'empoisonnement faisaient monter
successivement sur le trône de Constantin. Ce
prince, qu'on a tant loué et tant déprécié par esprit
de parti, avait ouvert la carrière du crime et s'était
montré le digne fondateur d'un empire, qu'il était
reservé à des Tartares de rendre moins odieux. On
doit penser, que sous un tel régime, l'agriculture
fut fort négligée; l'ignorance et la férocité des gou-
vernans accrurent sans cesse l'esclavage du peuple,
qui n'eut pour consolation, dans son malheur, que
les promesses d'une réligion naissante, qui prêchait
une autre vie, et présentait celle-ci comme expia-
toire d'un péché originel, auquel la dissolution
des grands et les maux, que souffraient les petits
devaient faire croire par sentiment. Pour comble
de malheur, il sortit un déluge de maux de cette
doctrine consolante: la subtilité et le fanatisme enfantèrent des discutions théologiques, d'où naquirent les schismes, les hérésies et les dissentions les
plus pernicieuses à l'état; parceque les Empereurs,

égarés par un faux zèle, et ignorant leurs véritables devoirs, donnèrent un caractère politique à ces disputes réligieuses, qu'il eut fallu reléguer au fonds des cloîtres, où elles se seraient éteintes d'elles-mêmes ; elles armèrent les citoyens contre les citoyens, et le sang ruissela de toutes parts, pour des distinctions métaphysiques.

Constantin fit deux lois, qui éteignirent l'industrie et ruinèrent les beaux-arts dans la Grèce, leur dernier asile. Il donna la liberté aux esclaves, qui se feraient chrétiens, et ils desertèrent en foule les attelliers pour devenir de dévots fainéants. En défendant le paganisme, il proscrivit l'imposante mytologie et détruisit ce prestige qui enflame les imaginations et crée les artistes. L'ignorance et de fausses vertus, inutiles à Dieu et aux hommes, remplacèrent les brillantes fictions de la fable et tout ce qu' elles avaient inventé pour adoucir le caractère sauvage de l'homme, et le rendre sociable ; c'était préparer la renaissance des ténèbres et de la barbarie, qui couvrirent bientôt toute l'Europe.

Cette malheureuse région fut après l'invasion des hordes du Nord, sous le même régime politique, et partout s'éteignit le flambeau du génie, que les Grècs avaient porté jusqu'aux extremités des Gaules et des Espagnes, où il avait commencé à éclairer les esprits et à échauffer les cœurs ; une longue anarchie, des dévastations perpétuelles ruinèrent toutes les institutions de Rome, et il fallut que de nouveaux états sortissent de ce chaos. Après bien du tems, des républiques, des monarchies se constituèrent, et peu-à-peu un certain ordre renaquit sur plusieurs points de cette partie de monde,

## §. VIII. *Empire des Arabes.*

Il nous faut parler ici d'une nation, qui a joué un grand rôle sur la scène du monde, après avoir été longtems ignorée : c'est la nation Arabe, dont nous avons déjà fait connaitre, en son lieu, l'ancienne existence. Jamais changemens politiques ne furent si promps, jamais peuple n'offrit une transition aussi rapide de l'état nomade à l'état social. Ce fut l'œuvre du fanatisme et de l'accendant, d'un génie vaste, audacieux entréprenant et subjugué lui-même par la superstition, sur des imaginations aussi ardentes aussi promptes à s'enflamer, que tenaces dans leurs résolutions. Les Arabes, en suivant l'impulsion, qu'ils reçurent de Mahomet, acquirent, dans moins de deux siècles, l'empire de la terre, et celui plus étonnant encore des sciences et des arts, qu'ils créèrent en partie, qu'ils perfectionnèrent à certains égards, et qu'ils répandirent des bornes de l'Orient à celles de l'Occident. La Grèce et Rome n'étaient plus; sans eux peut-être le flambeau des connaissances humaines se fut éteint, et l'ignorance, que propageaient les hordes du Nord, convrirait aujourd'hui la terre. Honneur et gloire au seul peuple qui ait éclairé les nations en les subjugant !

Partout les Arabes favorisèrent l'agriculture, l'économie pastorale et les arts ; partout ils répandirent le commerce, qu'aucun peuple de leur tems n'entendit aussi bien qu'eux. Ils s'en occupaient même au milieu de leurs conquêtes ; aucune nation de la terre n'en eut jamais d'aussi vaste : de l'Espagne au Tonquin, ils avaient des négocians, des manufactures, des entrepôts.

Ils répandirent dans tout l'Occident, dont les Romains n'avaient pu, malgré toute leur puissance, chasser la barbarie, les lumières, les arts et les découvertes, qui contribuent le plus au bonheur des hommes, et si les Barbares ne les eussent arrêtés dans le cours rapide de leurs conquêtes, l'Europe eut été de nouveau éclairée et civilisée avant le dixième siecle ; ils auraient conservé le reste des lumières que Rome y avait répandues et ils les auraient accrues.

Les Arabes montrèrent quelque génie dans les beaux-arts ; mais comme tous les peuples de l'Orient, ils ne purent s'assujettir aux regles, qui constituent le bon goût, et qu'établirent plus tard des peuples, qui furent leurs disciples. On sait quels furent leurs connaissances dans les mathématiques, l'astronomie et la médecine ; la physique n'existait point encore, et ils rêvaient les lois du monde, à l'exemple des Grècs et des Phéniciens, leurs maîtres ; c'est d'eux aussi qu'ils tenaient leur métaphysique et leur morale.

L'existence de ce peuple, comme grande nation,

devait être aussi éphémère que sa domination avait
été rapide et grande, et dès que la puissance des
Califes commença à déchoir, les Arabes, ainsi que
la plûpart des nations, qu'ils avaient soumises, s'affranchirent du joug de ces princes. Alors, comme
dans les premiers tems, le peuple se partagea en
tribus, sous différens chefs; il revint peu-à-peu aux
premiers principes de son gouvernement, et reprit
ses mœurs primitives, qu'il conserve encore, comme
un monument de l'influence qu'exercent les localités
sur les habitudes et sur les institutions des hommes.
La nation Arabe n'est plus qu'un assemblage de
diverses peuplades errantes, dont les unes s'adonnent au pillage, et les autres à l'éducation des
troupeaux.

Quelques Arabes s'appliquaient encore au commerce, avant que les Portuguais eussent intercepté la
navigation de la mer rouge; ils étaient les agens de
tout celui qui se faisait par cette voie, et ils avaient
une grande activité. Aden était d'abord leur lieu
d'entrepôt; ce fut ensuite Moka, situé sur une rade
des états du Roi d'Yemen; ce lieu, qui n'était d'abord
qu'un village, acquit beaucoup d'importance, lorsqu'on eut établi dans l'Arabie, la culture du caffé;
cette plante originaire de la haute Ethiopie, devint
bientôt l'objet d'un grand commerce, qui rendit
l'entrepôt aussi célèbre qu'important. Tout le
commerce qui a lieu aujourd'hui à Moka et dans
tout l'Yemen se fait par des Banians de Surate ou
de Guzarate, qui rentrent dans leur patrie, dès

qu'ils ont fait fortune. Les naturels du pays sont sous un joug trop pésant pour se mêler du commerce (1).

## §. IX. *Influence du Mahometisme et du Christianisme.*

Nous venons de voir que pendant que l'Europe se trouvait en proie au brigandage des Barbares, l'Asie et l'Afrique étaient le théatre d'autres révolutions, et que la puissance des Arabes s'étendit d'autant plus rapidement vers ces contrées orientales, qu'elle éprouva de grands échecs à l'Occident. Nous avons déjà parlé des effets généraux qui en résultèrent pour l'agriculture, le commerce et les arts ; il ne sera pas inutile d'examiner ici l'influence qu'a exercé le Mahométisme sur la prosperité des nations qui l'ont embrassé, et de lui comparer ensuite celle du Christianisme. Ces deux réligions, qui nées presque dans les mêmes lieux, semblent s'être partagé l'ancien monde, ont exercé un trop grand empire sur l'emploi des facultés humaines, pour que je m'abstienne d'en parler. Je ne les envisagerai que sous les rapports politiques ; ce qu'elles ont de vrai ou de faux, de divin ou de terrestre, selon la croyance de leurs partisans, ou de leurs détracteurs n'étant pas de mon sujet.

______

(1) *Histoire philosophique par Raynal T, III.*

On ne saurait douter que depuis que les réligions Chrétienne et la Mahométane se sont partagées le monde romain, l'ancien continent ne se soit
considérablement dépeuplé : ce qui annonce une diminution de prosperité, une perte réelle dans l'emploi des facultés humaines, et il n'est pas dérai-
sonable de penser que cette grande différence vient
des changemens qui se sont opérés dans les mœurs.
Voyons d'abord ceux qui ont eu lieu chez les Ma-
hometans, nous passerons ensuite aux Chrétiens.

La réligion de Mahomet est loin d'être aussi
favorable à la propagation de l'espèce humaine, que
l'était celle des Romains, et la poligamie, que la nature du climat et la constitution des peuples, dans
les pays chauds, semblent rendre nécessaire, n'en
est pas moins contraire, au vœu de la nature, pour
la réproduction de l'espèce ; son existence, qui est
déjà un grand mal, puis qu'elle énerve l'homme,
et diminue le nombre des enfans, qui le plus souvent naissent faibles et mal constitués, amène d'autres inconvéniens nuisibles à la population, attendu
qu'elle exige qu'un grand nombre d'hommes dégradés, et morts dès leur naissance, soient consacrés
à la garde des femmes, dont la vertu consiste dans
une continence forcée ; ce serait assez pour qu'il
s'en suivit une grande dépopulation ; mais ce n'est
pas tout : les femmes esclaves qui sont employées
en grand nombre dans les sérails de l'Orient, vieillissent, presque toujours dans une pernicieuse virgi-
nité, et ne sont pas moins malheureuses que les

ennuques, dont elles partagent les occupations, et pour ainsi dire le triste sort. Tous ces esclaves, uniquement occupés à la garde des femmes, sont morts pour l'état et inutiles à la propagation de l'espèce. Il n'en était pas de même des esclaves romains, qui par cela même, qu'ils étaient en très grand nombre, peuplaient beaucoup l'état, parce qu'au lieu d'empêcher leur multiplication, les maîtres la favorisaient de tout leur pouvoir. Ils les associaient pour des espèces de mariages et remplissaient ainsi leurs maisons de domestiques, dont les travaux leurs étaient utiles, et auxquels ils donnaient la nourriture et l'éducation, les pères de chargés de ces soins penibles, se livraient sans réserve au penchant de la nature, et multipliètent sans craindre d'avoir trop d'enfans!

Dans les états soumis au Mahométisme, l'exercice des arts et la culture des terres est réservée à quelques hommes libres, à quelques chefs de famille, qui encore s'y adonnent le moins qu'ils peuvent. Chez les Romains, les esclaves étaient employés à tous les travaux utiles et l'on suivait à leur égard le régime le plus doux, qu'on ait jamais employé envers des esclaves. Chacun d'eux avait son pécule, qu'il faisait valoir à son gré, sous les conditions qui lui étaient imposées par son maître; il n'en était aucun qui ne s'attâchat à faire profiter ce pécule, qui, comme dit l'auteur des lettres persanes (1), lui

_______________

(1) *Lettre CXV.*

procurait „ l'aisance dans la servitude présenté;
„ et l'espérance d'une liberté future, ce qui faisait
„ un peuple laborieux, animait les arts et l'indus-
„ trie. Ces esclaves, ajoute Montesquieu, deve-
„ nus riches par leurs soins et leur travail, se fai-
„ saient affranchir et devenaient citoyens, la répu-
„ blique se reparait sans cesse et recevait dans son
„ sein de nouvelles familles, à mesure que les
„ anciennes se détruisaient."

Parlons maintenant du Christianisme et citons
à ce sujet un autre passage des lettres persanes (1).
„ Le divorce était permis dans la réligion payenne
„ et il fut défendu aux Chrétiens; ce changement,
„ qui parut d'abord de si petite consequence, eut
„ insensiblement des suites terribles et telles qu'on
„ peut à peine les croire." Tout ce que dit l'illustre président à ce sujèt, porte avec soi l'évidence,
et il ajoute, avec raison, que ce n'est pas l'unique
cause de la dépopulation, qui a suivi l'établissement du Christianisme. Le Monachisme né de la
superstition, et de la fausse croyance, qu'une inutile, qu'une pernicieuse vertu est agréable à Dieu,
joint à tous les vices, qu'il entraîne nécessairement, a
surtout nui à la population, et par l'excès de continence, et par l'excès de débauche, qu'il a produit; et l'on voit qu'en cela, comme en beaucoup
d'autre choses, les extrèmes se touchent; le célibat,

---

(1) *Lettre CXVI.*

qui fut d'abord relégué dans les cloîtres, devint le genre de vie le plus agréable pour les gens du monde, et les plus saintes lois de la nature furent violés ou éludées. Que l'on compare de semblables mœurs avec celles des Romains, chez lesquels les lois mêmes punissaient ceux qui se refusaient au mariage, pour jouir d'une liberté, ou plutôt d'une licence contraire au bien public, et l'on ne sera plus étonné de la grande différence des résultats.

Le Protestantisme a un peu diminué les fâcheux effets du Christianisme · mal entendu, sur la population de l'Europe, et les maux politiques que lui a attribué Montesquieu ne proviennent plus guère aujourd'hui que du Papisme; encore ont-ils été diminué de nos jours, par la supression, soit partielle, soit totale des monastères et des cloîtres, chez plusieurs nations catoliques. Il est probable que cette utile réforme s'étendra bientôt de la France à l'Italie et à l'Espagne, qui sont les deux foyers du mal. Telle devait être la marche naturelle des choses; c'est le Nord qui a commencé à s'affranchir du Monachisme, et il semble aujourd'hui que le seul moyen de maintenir la réligion chrétienne, même dans le midi de l'Europe, est de la ramener à ce quelle fut aux premiers tems de son institution. Elle n'est point incompatible, par elle-même, avec la splendeur des états, et le bien être des peuples, et si, comme le dit Montesquieu, *on ne prend pas ses conseils pour des préceptes*, jamais réligion, même humainement parlant, ne contint une morale plus belle, et mieux adoptée au cœur humain. Rendu à sa simplicité primitive, le Christianisme parviendrait insensiblement à réunir toutes les branches, que les abus ont fait séparer du trône, et le feu des héresies s'éteindrait de lui-même. Il n'y aurait plus qu'une religion en Europe, et dans le nouveau monde; il se pourrait même alors que la loi du Christ -ce propageât chez les nations Asiatiques, où le Papisme sera toujours repoussé : parce qu'il tend à donner aux citoyens deux législations, deux chefs, deux patries; à rompre l'unité sociale, à mettre l'homme en contradiction avec lui-même, à lui prèscrire des devoirs opposés, ce qui sera toujours regardé comme très pernicieux, par les maîtres des nations; et même par la saine politique.

La réformation opéra une grande révolution en Europe et un ouvrage tout récent, couronné par l'institut de France, prouve quelle fut son heureuse influence sur le développement de l'industrie et sur le bonheur des hommes, dans tous les états, où elle fut introduite. On ne saurait douter que l'intolérance, qui, il y a quelques siècles, faisait la base du Catolisisme, et certaines croyances, étrangères au pur Christianisme, au Christianisme de l'évangile, ne fussent en opposition directe avec toutes les institutions, qui tendent à rendre l'homme libre et industrieux. Le tems qui détruit peu-à-peu toutes les erreurs, même les plus sacrées, a rendu presque partout le clergé à sa véritable destination, et toutes ses prétentions, jusqu'ici si contraires à l'esprit même de la religion, qu'il est chargé d'enseigner, disparaîtront bientôt tout-à-fait devant le véritable sens de cette sublime doctrine, qui ordonne l'amour de tous les hommes, qui honore le dévouement à la patrie, qui laisse enfin tout son empire à la raison, le plus beau don, que nous ait fait la divinité, celui de qui émanent tous les autres.

Ce serait ici le lieu de parler de la fatale influence, qu'exerça la nouvelle Rome sur l'industrie de l'Italie et des autres états de l'Europe ; mais les effets des prétentions de la cour papale sont assez connus ; elle s'opposa même, pendant longtems, aux progrès des beaux-arts et des lettres, en proscrivant les historiens, les artistes, et en prêchant les vertus monachales ; quand les mœurs se furent adoucies et que les foudres du Vatican furent moins redoutées, Rome favorisa elle-même les arts, qui lui donnèrent du lustre, en firent le séjour des talens, la patrie du bon goût, et l'enrichirent de tous les chefs d'œuvre du génie.

## CHAPITRE III.

### De l'Europe moderne.

Jusqu'au quinzième siècle, époque mémorable, qui vit sortir la renaissance des lettres d'une révolution, qui eut dû les étouffer pour jamais, l'Europe entière gémit sous le poids de son infortune, et s'efforça vainement de dissiper la barbarie qui la dégradait et la rendait malheureuse. Il fallait recommencer entièrement l'œuvre de la civilisation et le tems seul pouvait en amener le retour; les hordes guerrières et nomades qui avaient envahi l'Italie, les Gaules et une partie de l'Espagne furent longtems à prendre les mœurs des peuples conquis; accoutumées à se procurer par les armes, tout ce, dont elles avaient besoin, elles ne connurent d'abord ni le prix de l'agriculture ni les avantages du commerce et des arts. Ce ne fut qu'après s'être heurtés les uns les autres, après que toutes les contrées fertiles eurent été occupées par leurs semblables, que ces sauvages déjà adoucis pas l'usage des richesses, dont ils s'étaient emparés, sentirent le besoin de remonter à leur source et de favoriser tout ce qui pourrait les entretenir ou les reproduire; mais leur ignorance, leur férocité et l'esclavage qu'ils instituèrent, comme de droit naturel, n'étaient guère propres à produire le développement de l'industrie agricole, manufacturière et commerciale; aussi les peuples languirent-ils pendant des siècles sous le poids de la servitude, qui subsiste encore dans quelques parties de cette belle Europe.

Les Romains avaient porté dans les Gaules leur goût pour l'agriculture et leur aversion pour le commerce et pour les arts, qui n'avaient pas une grande utilité; cependant sous leur domination les habitans de Vannes et les Marseillais (dans les Gaules) faisaient le commerce. De grandes et belles voies, des ports de mer commodes, des compagnies de marchands pour toutes les rivières navigables (Nantes) favorisèrent les rélations commerciales.

L'invasion des Francs et des autres Barbares arrêta cette activité naissante, et l'on ne vit plus, sous l'empire de ces féroces guerriers que vexations, droits de péages, de douanes, d'octroi de location etc. Les moines seuls eurent un peu d'industrie et défrichèrent la terre ; c'est un service qu'on ne devait guère attendre de ces hommes, qui semblaient ne s'être enfermés dans des cloîtres, que pour abandonner tous les soins terrestres. Dagobert, au septième siècle, stimula un peu les esprits et les dirigea vers des vues commerciales. Il institua des foires qui attirèrent les marchands de toute l'Europe ; il fit faire ainsi quelques progrès à l'industrie : l'abnégation des rois fainéans la fit disparaître entièrement, jusqu'au tems de Charlemagne.

## §. I. *Empire de Charlemagne ; régime féodal.*

Le défaut de communication entre les peuples ; la piraterie, le brigandage, l'esclavage avaient éteint toute idée de commerce en Europe, dès la chûte de l'empire d'Occident. Le besoin de répousser les Arabes et les Normands, qui commençaient à se montrer y fit renaître la marine. Charlemagne en France, Alfred le Grand en Angleterre, quelques villes en Italie firent construire des vaisseaux ou des galères et le commerce maritime reparut quelques instans.

Le nouvel Empereur d'Occident, après avoir mis ses vastes états à l'abri des incursions des Barbares, s'occupa de leur prospérité intérieure ; il y favorisa l'agriculture et les arts utiles, sous l'heureuse influence de ce grand génie, qui sut être conquérant et législateur. Les productions en tous genres se multiplièrent, ainsi que les échanges ; il établit de grandes foires, où l'on se rendait de toutes parts. C'était l'ancienne méthode des Grecs, et ce fut la première, qui s'offrit aux esprits à la renaissance du commerce. Cette confiance, si louable et si utile, qui s'est établie depuis entre les négocians, et qui est la base des plus grandes opérations commerciales, sans qu'on ait besoin de transporter au loin et à grands fraix des marchandises, qu'il fallait souvent rapporter, faute de débit, ne pouvait exister alors ; elle devait être le fruit tardif de la civilisation et des progrès des lumières (1).

Eh ! combien n'a-t-il pas fallu, de tems pour en venir là et pour détruire ces droits onéreux, ces prohibitions, ces entraves spoliatrices, que la féodalité avait établies, et qui s'opposaient à toute amélioration ; on a été même obligé pendant longtems,

---

(1) Les affaires se font aujourd'hui, entre négocians, sur la vue de simples échantillons, ou sur la parole et la garantie de fabriquans connus et accrédités ; combien d'avantages ne résulte-t-il pas de cet usage, qui atteste la bonne foi dans le négoce, en même tems qu'elle en facilite toutes les opérations, et les rend le plus économiques qu'il est possible.

en Europe, d'aller aux foires en caravanes et par troupes armées, de peur d'être dépouillé ; les marchands amenaient alors avec eux des bateleurs, des musiciens, des farceurs pour se consilier le peuple, qui n'avait de spectacle et d'amusement qu'aux tems des foires ; il en résultait des dissolutions qui provoquèrent les censures du clergé, et produisirent souvent l'excommunication des marchands, ce qui nuisait encore au commerce ; les Juifs prêtaient à usure pour se dédommager des risques, que couraient leurs fonds, à cause des persécutions, du pillage, des proscriptions que les Chrétiens se croyaient en droit d'exercer contre eux. Le besoin leur fit avoir recours aux lettres de change, qui les mirent à l'abri de la spoliation.

L'existence de Charlemagne fut de trop courte durée pour le bonheur de l'Europe, qu'il aurait indubitablement arraché à l'ignorance et à l'esclavage, s'il avait été au pouvoir d'un seul homme d'opérer un tel prodige ; mais après lui la féodalité, dont les barbares avaient porté le germe, et qui dans toutes les contrées du monde naquit de la force unie à l'ignorance, acquit de grands développemens, et cette monstruosité politique, qui n'est autre chose qu'un despotisme multiplié : c'est-à-dire le pire des gouvernemens, aurait étouffé pour jamais tous les germes d'industrie, s'il n'était pas dans son essence de se ruiner d'elle-même ; en effet les maux sans nombre, que firent éprouver aux peuples les dissentions et les guerres intestines, qui furent son ouvrage retombèrent sur elle, et c'est au sein d'une lutte perpétuelle que tous les gouvernemens de l'Europe s'établirent ou se consolidèrent. Ennemie du pouvoir d'un seul, elle fut toujours opposée à l'établissement des monarchies, et lorsqu'elles furent instituées, elle leur fit la guerre ; mais presque partout l'unité triomphe, comme cela devrait-être ; et du concours de la puissance royale avec la puissance populaire, dont elle a su s'étayer, en diminuant le poids de la servitude, est enfin résultée la ruine totale de la féodalité. Selon que l'influence du peuple fut plus ou moins forte, la constitution des états approcha plus ou moins des formes populaires ; et de là ces démocraties, ces aristocraties, ces oligarchies, ces monarchies tempérées et ces monarchies despotiques, que l'Europe moderne nous offre à la fois, sur les divers points de son territoire.

L'histoire de ces divers états est trop connue pour que je m'y arrête, et les détails en sont trop étendus pour trouver place ici ; je me bornerai à faire remarquer que dans tous, les progrès de l'agriculture, du commerce et des arts ont toujours été en rapport direct avec le degré d'affranchissement des peuples ; et que les états républicains, dont les constitutions étaient loin de celles d'Athènes de Sparte et de Rome, sont cependant ceux où l'industrie et les facultés intellectuelles de l'homme se sont le plus développées, en raison des localités et des circonstances. Ce qui a rendu tel peuple agricole, tel autre commerçant ; ce qui a fait réunir chez quelques-uns plusieurs branches d'industrie ou toutes à la fois ; ce qui a fait cultiver et fleurir plus ou moins les beaux-arts et les sciences.

Il est hors de doute que l'agriculture n'a fait de progrès en Europe, qu'en raison de l'affranchissement des terres, et de l'abolition de l'esclavage féodal : des serfs attachés à la glebe, et travaillant pour des maîtres impitoyables, qui fournissaient à peine à leur subsistance, ne pouvaient que mal cultiver les terres, et le défaut absolu de commerce nuisait encore au développement de cet art, qui a éprouvé dans chaque état toutes les vicissitudes, toutes les révolutions, bonnes ou mauvaises, qu'a subies le gouvernement lui-même ; ce n'est que depuis l'établissement de la proprieté en faveur de ce qu'on nommait si improprement, le tiers - état, que les champs ont été cultivés avec un peu de soins ; les encouragemens, la diminution des impôts ou des charges, ont ensuite hâté plus ou moins, là ou là, les progrès de l'industrie du propriétaire et de celle du laboureur.

Cette importante révolution de l'affranchissement des terres, fut l'effet des folles émigrations, qu'on appella croisades (1) : les seigneurs appauvris

_______________

(1) On ne s'attendrait guère à voir résulter quelque bien de ces extravagantes entreprises, dictées par un faux zèle et par la superstition. L'obstination de Louis IX et ses voeux indiscrets n'en furent pas moins pernicieux à la France en particulier ; elle pouvait dès lors trouver des ressources en elle même, et hâter sa prospérité, si ce grand roi eut plus écouté ses lumières et son coeur paternel, que sa foi.

ou ruinés , par ces expéditions lointaines, se trouvèrent
dans la nécessité d'aliéner une partie de leurs terres , ou de les donner moyennant une très modique
redevance , et le peuple, devenu propriétaire , prit
un peu de consistance. L'établissement des communes fut la suite de cette première innovation, et il
naquit quelque industrie , à l'abri de cette puissance ,
qui bientôt devint l'appui du trône , contre les prétentions de la noblesse , et qui en reçut pour récompense quelques faveurs , qui préparaient de loin
le retour des vrais principes sur les droits de l'homme :
c'est en France et en Angleterre que cette progression a été le plus sensible, et il faut l'étudier dans
les révolutions de ces deux puissans états.

## §. II. *De la France.*

Les richesses que Charlemagne avait procurées
à la France, qui fut spécialement l'objet de ses
soins , tentèrent ainsi qu'il l'avait prévu, l'avidité
des Normands, qui par leurs brigandages faillirent en
tarir la source; et l'anarchie qui eut lieu sous la
troisième race y détruisit toute prosperité. Les vexations arbitraires des seigneurs, l'esclavage des serfs
ruinèrent tout-à-fait l'agriculture, le commerce et
les arts naissans ; les statuts , que fit St. Louis pour
le commerce, lui rendirent un peu d'activité , ainsi
que la levée des prohibitions et les permis d'importer,
qu'il accorda. Philippe le bel fit des réglemens pour
les manufactures, défendit l'exportation des laines,

favorisa les productions agricoles, afin de pouvoir payer les objets importés par les Italiens et les autres nations; la France lui dut de nouvelles manufactures et le perfectionnement des anciennes. Depuis cette époque, l'agriculture et les arts éprouvèrent en France toutes les vicissitudes du régime féodal, qui leur fut plus ou moins contraire, selon ce que les rois firent en faveur de la liberté publique; quelques circonstances étrangères y influèrent, cependant: les expéditions d'Italie, si ruineuses, en apparence, formèrent le goût de la nation, et activèrent son industrie. Gênes, Vénise, Florence avaient offert aux Français une foule d'objets nouveaux, on voulut se les procurer, ou les imiter. François premier et Cathérine de Médicis, qui introduisirent le luxe en France, semèrent dans tout le royaume les germes du bon goût et de la bonne industrie.

Les dissentions civiles et religieuses, qui eurent lieu depuis Henri II, jusqu'à Henri IV, lui nuisirent beaucoup; mais les soins de Sully la firent reparaître avec éclat, et l'agriculture dut ses plus grands progrès à la sage économie de ce ministre, qui de concert avec le grand Henri, renouvella les vues philantropiques du bon Louis douze et de son ministre d'Amboise; mais tout fut perdu sous Richelieu et sous Mazarin, qui ne s'occupèrent que de domination, de vengeances, d'intrigues et de brigandages; profonds politiques, dont tout le savoir se borna à diminuer la puissance des nobles, pour mieux accabler les peuples. Il était réservé au grand Colbert de réparer leurs torts, et ce fut lui qui donna la plus grande impulsion à l'industrie française, dont les progrès ne datent que de cette époque.

Les villes de l'intérieur avaient été affranchies; des corps de métiers et de marchands, s'étaient formés, et en acquérant des richesses, ils avaient acquis du crédit; les bourgeois portaient le titre de citoyen, et le tiers-état était admis aux assemblées de la nation. Les princes avaient tout intérêt à abolir partout la servitude féodale, pour ruiner leurs vasseaux et fonder leur puissance. Ce que Louis XI avait commencé, Richelieu et Louis XIV l'achevèrent, et un despotisme remplaça la féodalité, dont les derniers efforts ont amené une révolution complete dans les principes du gouvernement, et préparé les réformes les plus avantageuses, pour la prospérité des arts, du commerce et de l'agriculture; réformes, qui ne manqueraient pas de faire de grands progrès en France, si la bonne intelligence pouvait s'établir d'une manière durable, entre deux nations, si malheureusement rivales.

## §. III. *De l'Angleterre.*

Les Anglais furent d'abord un peuple sauvage, que les Romains tentèrent vainement de subjuguer, et qui sut reconquérir son indépendance, dès que l'empire fut affaibli. Plus tard, l'Angleterre devint le théâtre des dévastations, qu'exerçaient partout les Pictes et les Normands, et lorsque Guillaume en eut fait la conquête, il y introduisit le gouvernement féodal, et tous les maux qu'il entraîne avec lui; bientôt commencèrent les guerres avec la France, et les dissentions intestines.

Pendant tout ce tems, les Juifs et les Lombards faisaient seuls le commerce en Angleterre; ensuite on s'occupa d'économie rurale, on éléva de nombreux troupeaux et il en résulta d'abord un inconvenient: parce qu'on negligea la culture des terres à bled, pour ne s'occuper que des prairies (1); des manufactures furent établies, pour mettre en œuvre les laines indigènes, et travailler le fer. Croira-t-on qu'on défendit en même tems, l'exportation des laines manufacturées et celle du fer ouvré?

Henri VII, en permettant aux barons d'alliéner leurs terres et aux roturiers de les acheter, diminua l'inégalité des fortunes, et il en résulta un grand

---

(1) Le chancelier Thomas Morus dit que jamais l'Angleterre ne fut plus près de sa ruine, que quand tous les propriétaires voulurent y avoir des troupeaux de montons; cela occasionna, d'abord, une dépopulation extrême dans les campagnes, et fit enfin manquer le pain jusques dans Londres.

Le même effet a eu lieu plus tard encore, puisque Burnet dit, dans son abregé de l'histoire de la réformation, que la plûpart des propriétaires des fonds de terre, trouvant plus de profit en la vente de leur laine que de leur bled, enfermèrent leur possessions. Les communes qui mouraient de faim se soulevèrent; on proposa une loi agraire; le jeune Roi écrivit même là dessus; on fit des proclamations contre ceux, qui avaient renfermé leurs terres.

bien pour l'agriculture. Mais de mauvaises lois prohibitives sur le commerce, sur les exportations, sur l'usure, l'établissement des corporations commerciales qui amenèrent un monopole affreux, s'opposaient aux développemens de l'industrie nationale. Aussi après Henri tout le commerce, toute l'industrie se trouvèrent entre les mains d'étrangers, dont les naturels ne savaient qu'être jaloux, au lieu de les imiter.

L'Angleterre, qui éprouva les mêmes secousses politiques que la France, fut plus heureuse à cet égard. Sa noblesse, mieux intentionnée, plus instruite, ou plus adroite, que celle de France prit la défence du peuple, et hâta son affranchissement. Il en résulta, après une fermentation orageuse de plusieurs siècles, l'établissement d'une aristocratie, qui lutte encore contre le pouvoir d'un seul, et qui partage avec lui la suprématie, dans l'intérêt du peuple, qui a aussi ses réprésentans. Pendant les guerres civiles de l'Angleterre, il n'y eut ni industrie ni commerce. La Flandre mettait ses laines en œuvre; le plomb et l'étain passaient sur les vaisseaux des villes anséatiques; il n'y avait ni marine, ni police, ni jurisprudence, ni beaux-arts, ni luxe; les choses changèrent de face à l'avénement d'Elisabeth, et tout a prospéré depuis, avec une étonnante rapidité.

## §. IV. *l'Allemagne.*

L'Allemagne s'affranchissait aussi peu-à-peu ;
la féodalité fut moins pernicieuse chez ce peuple
guerrier et cultivateur, où elle subsiste encore :
parce que les seigneurs, au lieu de chercher à s'entre
détruire, s'occupaient du bonheur de leurs sujets
et qu'ils les gouvernaient avec sagesse et modération.
Le défaut de richesse et d'arts ont dirigé toute l'industrie de ce peuple vers l'agriculture, qui prospéra
au delà du Rhin, plutôt que dans les autres états
de l'Europe. Il n'y eut de commerce et d'industrie
que dans les grandes villes, alliées à la confédération anséatique ; les mines du Hanovre et de Saxe
restèrent longtems inconnues.

Une époque remarquable en Allemagne est
celle où s'établit cette fameuse confédération des 80
villes anséatiques, qui fit dès son origine, et pendant longtems, presque tout le commerce de l'Europe, avec les Italiens ou Lombards qui lui procu-
raient les denrées du Levant ; elle les répandait
ensuite dans les divers états, qui n'avaient encore,
pour ainsi parler, ni commerce, ni industrie.

La Flandre, destinée à jouer un grand rôle,
sous les rapports de l'industrie, comme sous ceux
de la politique, fut l'entrepôt de ce commerce, à
cause de ses manufactures en draps et en tapisse-
ries ; et ce fut bientôt la contrée la mieux cultivée,
la plus riche et la plus peuplée de l'Europe. Là se

développa, dans un degré vraiment extraordinaire, l'industrie manufacturière et commerciale, qui vont presque toujours ensemble.

Une semblable prospérité fut l'effet, non du hazard, mais des institutions politiques: l'ancien Batave sut conserver, sous l'influence du Christianisme, toute son indépendance, et jouir de la plénitude de ses facultés, qu'il employa toujours au maintien de ses droits et à l'embellissement de son existence. Il la conserva cette noble énergie, jusques sous le despotisme espagnol et elle s'accrut sensiblement, par l'influence de la réforme. Cette double cause amena l'entier affranchissement d'une partie des Pays-Bas, d'où résulta la fondation d'un nouvel état en Europe, et d'un état qui a offert, dès son origine, le grand et glorieux exemple de cette activité, de cette économie, de cette prudence, de cet héroïsme, de ces succès enfin, qu'on n'avait encore vu que chez quelques peuples de l'antiquité, et que le Hollandais a reproduit dans les tems modernes.

Ce qui resta de la Flandre, sous la domination Autrichienne, éprouva tous les effets du régime le plus destructeur. Ce pays n'aguère si riche, si industrieux, si peuplé, perdait chaque jour de ces avantages, et se voyait, sans cesse, exposé à devenir, le théâtre de la guerre, et la proie d'un ennemi puissant, dont il ne redoutait guère moins la domination, que celle de ses maîtres; les villes se dépeuplaient et tombaient en ruines. Heureux les habitans de ces contrées, s'ils avaient su secouer le joug du despôte, et partager la noble ambition de leurs compatriotes des Provinces-Unies !

Les peuples du Nord de l'Europe furent les plus tardifs à se civiliser et à développer leur industrie. Ils descendaient des Cimbres des Teutons, et des Scytes, peuples nomades et pasteurs, qui sous différens chefs, parcoururent plusieurs fois l'Europe et l'Asie septentrionales, menacèrent la république romaine et finirent par subjuguer l'empire. Ils conservèrent longtems toute la férocité de leurs ancètres et surtout, leur aversion pour la culture des terres, et la pratique des arts. Les irruptions qu'ils firent vers le quatrième siècle dans les Gaules, en Espagne, et jusques dans l'Afrique, dépeuplèrent entièrement la région boréale, et il fallut plusieurs siècles pour réparer cette perte.

Ce fut au tems de Charlemagne que les Normans, habitans du Danemark, de la Norvège et des bords de la mer baltique, commencèrent leurs pirateries. Ils infestèrent toutes les côtes de l'Europe, depuis la Vistule jusqu'en Grèce et conquirent l'Angleterre, la Normandie, et plus tard la Sicile même. Ces peuples privés des ressources de l'agriculture, ayant peu de troupeaux, et ne trouvant presque aucun secours dans la chasse, tenaient peu au sol natal, et ce penchant pour la guerre et le brigandage, qu'ils tenaient du besoin, était encore renforcé par la féroce réligion d'Odir.

Le Christianisme contribua beaucoup à les guerir de cette fureur martiale, et à les rendre agriculteurs et pecheurs. Le hareng, qui est si abondant sur ces plages, fut une grande ressource pour ces peuples, qui devinrent stationnaires, dès qu'ils trouvèrent chez eux de quoi fournir à leurs besoins; peu-à-peu, ils eurent des rapports avec les autres nations de l'Europe, et le commerce naquit chez eux avec la civilisation, malgré la concurrence défavorable de la confédération anséatique.

### §. V. *De l'Espagne.*

L'Espagne, affranchie de la domination des Maures, profita des arts, que ces derniers avaient portés partout avec eux, et suivirent l'exemple d'aussi grands maîtres, en continuant à cultiver les terres; leur industrie s'accrut rapidement: des manufactures mirent bientôt en œuvre les laines de Ségovie; mais le mépris que cette nation a toujours eu pour les autres, la priva des avantages du commerce; et lorsque la valeur de ses troupes et la permanence de sa milice, lui eurent donné la prééminence sur toute l'Europe, elle ne sut pas la mettre à profit, pour étendre ses rélations et accroître ses richesses; après la découverte du nouveau monde, elle les crut inépuisables et elle négligea la culture de son propre sol, et les manufactures mêmes, qui ne tardèrent pas à dégénerer; les mines abondantes du Mexique et du Perou consommèrent la ruine de cet état, où l'indolence et l'oisiveté devinrent le caractère national.

D'abord tout avait été activé par le succès
des premières entreprises, mais il s'en suivit bientôt
une grande diminution en ressources réelles, et en
hommes; les soies de Séville, les draps de Ségovie, les étoffes de Catalogne, qui se débitaient
en Italie, et dans le Lévant tombèrent tout à coup.
Les plus fâcheux résultats suivirent l'expulsion
totale des Maures dont l'industrie avait déjà été
ruinée, par les atroces persécutions, que leur avait
fait éprouver l'inquisiteur Philippe II. Après cette
opération désastrueuse, les impôts que payaient
les Mahométans retombèrent, d'abord, sur les ouvriers nationaux, dont un grand nombre s'expatria,
en Italie, et en Flandre; ensuite sur les laboureurs
mêmes qui en furent accablés. La répartition en
fut inégale et vexatoire; les financiers et les trai-
tans, auxquels on eut recours aggravèrent encore
le mal; la culture des terres fut abandonnée ou
négligée et la population diminua considérablement.
La Barbarie, l'inquisition, le monachisme, convri-
rent les Espagnes de deuil et de misère; les douanes intérieures devinrent plus fiscales; il n'y eut
plus de commerce intérieur, plus de canaux, plus
de communications, plus de marine, et l'on fut
exposé au pillage des Barbaresques; Phillippe Quátre,
possesseur des mines du nouveau monde, se vit réduit à altérer les monnoies; tels furent les tristes
résultats du mépris des lumières et des connaissances qui commencaient à éclairer l'Europe. Mépris
qui produisit et maintint la plus horrible inqui-

sition , le défaut absolu de police, et le plus mauvais régime militaire.

L'état de l'Espagne et de ses colonies, s'était un peu amélioré dans ces derniers tems. Les grands , n'ayant plus aucun pouvoir, le gouvernement pourrait toute faire aujourd'hui , pour le bien de ses peuples ; son premier soin doit être de défendre ses possessions contre les Anglais ; ce en quoi il sera puissamment aidé par la France, son alliée naturelle ; puisse-t-il, à l'exemple de cette dernière , reconstituer l'état sur des bases qui assurent la prosperité de son commerce, de son industrie, et sur tout de son agriculture , qui ne renaîtra que sous un bon régime administratif.

## §. VI. *Du Portugal.*

Le Portugal , qui éprouva tous les malheurs de l'Espagne pendant qu'il fut sous sa domination, s'en affranchit un peu lorsqu'il eut reconquis son indépendance. Les manufactures de soie et de laine de Lisbonne s'étaient soutenues, malgré les établissemens du Brésil et des Indes, malgré la dépopulation , causée par les expéditions lointaines, l'avénement du duc de Bragance fit abandonner les atteliers, pour défendre la patrie , reconquérir les anciennes possessions, et les guerres, qui survirent cet événement empêchèrent l'industrie de renaître, jusqu'au moment, où la France, ne voulant pas recevoir les denrées coloniales des Portuguais, ceux-ci ne voulurent plus recevoir les soies et les draps de la France; Gênes et Londres eurent un moment ce privilège, mais bientôt les Portuguais surent se passer de ces secours étrangers et rétablirent leurs manufactures.

A l'avénement d'un Bourbon sur le trône d'Espagne, le Portugal eut la fausse politique de se jetter dans les bras de l'Angleterre qui le força à lui renouveller un privilège exclusif pour l'introduction de ses étoffes de laine, et reçut en échange les vins de Porto, opération qui fut toute à son avantage. Les manufactures Portuguaises, ne pouvant soutenir la concurrence de celles des Anglais, tombèrent entièrement, et ceux-ci approvisionèrent de leurs marchandises toutes les possessions du Portugal et lui fournirent sa marine; ils se chargèrent même de sa défence, ce qui fit du Portugal une véritable colonie anglaise; aujourd'hui même, tout l'or du Brésil passe en Angleterre, et il ne lui reste plus qu'à s'emparer tout-à-fait, de cette possession, ce qui lui serait très facile. L'agriculture tomba avec l'industrie, et avec elle les sciences et les beaux-arts; il n'y eut plus d'administration publique; l'ignorance et la barbarie ont couvert de nouveau cette bélle et aimable Lusitanie qui fut une des premières régions de l'Europe à recevoir l'influence des lumières, lors de leur renaissance; c'est un état à régénérer completement, ou à fondre dans un plus grand.

## §. VII. *De l'Italie.*

Déjà, du tems de Charlemagne, Vénise, Gènes, les Arabes de Barcelone allaient prendre à Alexandrie les marchandises de l'Inde pour les importer en Europe, et le commerce lointain de Constantinople dernier reste de celui des Grècs, passa entierement dans les mains du Gènois, pendant que l'Empereur d'Orient et ses sujets n'étaient occupés que de querelles scholastiques et réligieuses. Un peu plus tard, Pise, Florence devinrent libres, industrieuses et commercantes. Les croisades, qui affaiblirent encore le Bas Empire et preparèrent sa ruine totale, avaient porté en Europe le goût de Grècs et des Arabes ; leurs diverses productions y furent importées par les Vénitiens dans tous les états, où il n'y avait encore ni manufacture, ni industrie, ni marine, ni commerce, et alors que l'agriculture languissait encore sous le joug féodal ; ce fut un second bienfait des croisades qui ruinèrent les grands et affranchirent les petits.

## §. VIII. *De l'Helvétie.*

L'Helvétie, longtems somise à la maison d'Autriche, éprouva longtems aussi les funestes effets d'un gouvernement militaire et despotique ; mais lorsque, par un dernier abus du pouvoir, l'Autriche eut poussé ces fiers montagnards à la révolte, ils passèrent de l'état d'esclavage à la liberté, et ce fut, pour ainsi dire, son berceau, dans l'Europe moderne ; ce sera peut-être son dernier asile. Ce peuple pasteur vécut toujours du produit de ses bestiaux ; mais, lorsqu'il fut maître de lui-même, son activité et son industrie, s'accrurent considérablement ; les troupeaux se multiplièrent, la culture des prairies s'étendit et se perfectionna ; des manufactures naquirent dans cette contrée pauvre, et elles prospérèrent rapidement, parce que le nouveau régime favorisant l'accroissement de la population, il y eut bientôt plus de bras qu'il n'en fallait pour l'économie pastorale ; une partie de l'excédent passa au service des puissances étrangères, qui, n'ayant pas encore de forces permanentes trouvaient au besoin chez cette nation belliqueuse, des troupes braves et bien disciplinées ; le reste fut employé à la fabrication des toilles et des étoffes, et la mediocrité du prix de la main d'œuvre en assura le débit dans toute l'Europe.

La Suisse a offert, jusqu'à nos jours, l'exemple séduisant de la simplicité des mœurs pastorales, unie à l'industrie, qui n'appartiennent qu'aux peuples libres et indépendans. Puissent les secousses violentes, qu'elle a éprouvées dans le choc universel, n'avoir par altéré sans retour les principes constitutifs de son gouvernement, et surtout les mœurs primitives qui en sont le plus solide appui. Ses rapports commerciaux avec la France, l'Italie et l'Allemagne, vont être plus étendus, et plus faciles que jamais, et la prospérité de cette interressante contrée ne peut que gagner aux changemens politiques qui viennent de se consommer, si elle conserve son indépendance.

La patrie des Guillaume Tel, des Gessner, des Haller, des Lavater, des Euler et des Bernouilli a plus fait que d'allier à la pureté des mœurs domestiques tous les avantages de l'économie pastorale, des arts et du commerce; elle brille encore parmi les nations qui ont en partage le goût des sciences et des beaux-arts.

### §. IX. *Du Bas Empire.*

Le Bas Empire subsistait toujours, mais les dissensions qui le déchiraient mettaient toutes les contrées qui en faisaient partie, au triste et déplorable niveau de l'Europe entière. Constantinople recélait encore cependant quelques restes des lumières de l'ancienne Grèce, qui contribuèrent à rallumer le feu sacré dans tout l'Occident, après la prise de cette ville par les Ottomans. Il est vrai de dire, cependant, que, même avant cette époque toute l'Italie était sortie de la barbarie, et que déjà les lettres et les arts renaissaient sous ce beau ciel, et sur ce sol fortuné. Les savans de Constantinople ne s'y refugièrent que parce qu'ils étaient sûrs d'y être acceuillis; ils ne firent que prêter le secours de l'érudition au génie Italien, qui avait tout recrée par lui-même, et qui est le véritable auteur de la renaissance des lettres en Europe.

§. X. *De l'Empire Turc.*

L'Empire Turc nous offre depuis le 15 siècle jusqu'à ce jour l'effrayant tableau de tout le mal que peuvent faire le despotisme, et la corruption qu'il entraîne avec lui : l'agriculture délaissée, le commerce ruiné, l'industrie manufacturière anéantie, les beaux-arts et les lettres bannis, une administration vexatoire, ou nulle. Les Turcs qui n'avaient ni la science du gouvernement, ni le goût des arts, ne pouvaient acquérir ni l'un ni l'autre, en s'emparent du Bas Empire, où il n'existait plus, depuis longtems, aucune idée libérale, aucun principe d'ordre et d'économie politique, où l'arbitraire entretenait dans toutes les parties de l'administration une anarchie, que les Tartares Ottomans n'ont fait que perpétuer, et qui s'est accru surtout, depuis que la valeur militaire, qui avait fondé le nouvel Empire, a disparu, et que des soldats mercenaires, et de mauvais officiers, ont remplacé la meilleure milice qui fut au monde, et ces chefs audacieux, dont la molesse asiatique n'avait pas affaibli le caractère.

Les Turcs, devenus maîtres de la méditerrannée, d'Egypte, et d'une grande partie de l'Asie, héritiers de la valeur des Arabes, dont ils avaient embrassé la réligion, ménaçaient l'Europe d'une servitude pire que celle dont elle commençait à s'affranchir, et s'ils avaient suivi le cours de leurs prospérités, ils se seraient emparés de tout le commerce et de toutes les richesses du monde, ou plutôt ils en auraient tari les sources en fondant par tout le plus absolu despotisme. Déjà ils avaient chassé les Gènois de Caffa, et ils menaçaient l'Italie. Les Portuguais dans l'Orient, les Vénitiens, puis Charlequint sur la méditerrannée, mirent des bornes à cette puissance, qui semblait devoir tout envahir, et préservèrent la plus grande partie de l'Europe des fers de la servitude et de l'opprobre de l'ignorance.

L'Egypte, la contrée la plus fertile de l'univers, est devenue comme inhabitable sous le régime destructeur des Turcs et des Mameluks ; on y a laissé tomber en oubli la police des premiers habitans que les Ptolomées, et les Romains avaient par fois rémise en vigueur, et qui peut seule arrêter ou prévenir les effets de la peste ; on l'a rendue plus mal saine encore, en y introduisant la culture du ris ; on l'a dépeuplée, et tandis qu'Auguste en tirait 20 millions de muits de bled par an, à peine entire-t-on la moitié aujourd'hui ; beaucoup de terres sont devenues désertes ; le commerce y est devenu inactif, à cause des fermes et des privilèges exclusifs auxquels a eu recours un gouvernement faible et ignorant ; les brigandages des Pachas, ceux des Arabes bédoins, qu'on a admis dans les meilleures provinces, ont achévé de tout ruiner. Heureuse cette contrée si l'excès du mal amenait le remède !

## §. XI. *De l'Empire Russe.*

Une puissance qui, en Europe, ne date guère que d'un siècle, qui, dès son début, et par l'ascendant d'un homme extraordinaire, a paru avec éclat sur la scène du monde, qui occupe aujourd'hui un rang distingué parmi les nations, et qui appartient à la fois à l'Europe et à l'Asie, doit trouver place ici; c'est de la Russie que je parle: les Russes sont originaires Tartares, peuples presque généralement encore nomades et pasteurs, adonnés à la chasse et à la pêche, dans certaines contrées; ils en avaient les mœurs et la réligion; comme eux, ils étaient ennemis de la vie civile et il a fallu les asservir, les attacher à la glebe, pour leur faire perdre ces habitudes vagabondes, qui caractérisent l'homme sauvage, et qui sont encore celles des Tartares indépendans; triste destinée des hommes! Il faut qu'ils passent ainsi d'un extrême à l'autre, que l'esclavage succède à l'indépendance, la misère à la nudité, et ce n'est qu'après des siècles d'infortune qu'ils voient luire quelques rayons d'espérance et de bonheur. La liberté, toujours tardive, ne les console qu'après qu'ils ont épuisé la coupe de l'adversité; encore n'arrivent-ils jamais à en jouir completement. — Heureuses les nations qui connurent quelques-unes de ces douceurs! Plus heureuses, peut-être, celles qui, devant en être toujours privées, ne les pressentirent jamais!

Les Russes en quittant la vie sauvage, furent donc réduits en servitude, et courbés sous le joug du despotisme militaire, le plus redoutable de tous, parce qu'on en prévoit moins le terme. Dans cet état, l'agriculture ne pouvait prospérer, et des esclaves abrutis, travaillant pour des maîtres ignorans et féroces devaient produire le moins possible. L'industrie manufacturière était bornée au stricte nécessaire, et nul commerce, nulle rélation avec les peuples voisins, ne pouvait éveiller l'industrie et préparer un changement de régime.

Avant Pierre le Grand, cet empire avait pour chef un Kues cruel et un patriarche fanatique ; pour défenseur des boyards féroces et indisciplinés ; pour habitans des hordes completement barbares, dignes en tout de leur origine, ou bien des esclaves soumis à des maîtres avides ; ce grand prince conçut la pensée de former une nation policée, de ses peuples à demi sauvages, et l'œuvre qu'il commença ses successeurs l'ont continué, jusqu'à ce jour avec succès ; ils ont aggrandi et policé l'empire parce qu'ils ont su réunir l'esprit de conquête avec l'esprit de conservation, précieux alliage qui caractérise sur tout la grande Cathérine.

Les Russes dans le 16 siècle, avaient conquis la Sibérie, et s'étaient étendus jusqu'à la mer orientale, d'où naquirent leurs rapports avec les Chinois ; en 1689, il y eut un traité entre les deux nations, et des caravanes, parties de Russie, allaient chaque année en Chine pour y trafiquer ; quelques mésintelligences survenues suspendirent ces rélations commerciales, et on finit par convenir que les deux nations ne traiteraient plus que sur la frontiere; Kiatcha fut le lieu des échanges; il y a deux magazins, l'un Russe et l'autre Chinois; des commissaires, deputés par les deux gouvernemens, président à ce commerce.

Pierre premier, à qui aucune grande vue commerciale n'était étrangère, voulut établir par la Tartarie indépendante, une communication avec l'Inde, à l'aide du Sirthe qui arrose le Turkestan, mais il fut traversé dans ce projet par les Tartares Usbecks, qui ne voulant pas d'un voisin aussi dangereux détournèrent la rivière dans le lac Aral par des tranchées et des canaux. En 1738 s'établit le commerce entre les Russes et les habitans des deux Buckaries; Orenbourg en fut l'entrepôt.

Les rapports commerciaux de la Russie avec les Indes, par la mer Caspienne, n'étaient pas les plus importans; mais ils étaient les plus anciens. Cette voie était, de toute antiquité, celle par la quelle l'Europe communiquait avec l'Asie, les Indiens allaient en Perse s'embarquaient sur la mer d'Hircanie remontaient le Volga, pénétraient dans la grande Perince, par le Kama, et delà, pouvaient aller s'embarquer sur la mer du Nord ou sur la Baltique (1). Les Anglais dès qu'ils eurent découvert Archangel, voulurent reprendre cette route connue,

---

(1) *Histoire philosophique par Raynal.*

pour arriver en Perse, et établir des rélations commerciales avec la Russie : parce qu'elle est beaucoup
plus courte que celle que venaient de découvrir les
Portuguais, et que le Nord de la Perse fournit beaucoup plus de productions commerciales que le Midi
de cette vaste région. Mais ils ne purent surmonter les obstacles que présentait une aussi vaste entreprise ; elle fut projetée depuis par un Duc de Hol-
stein et par la France, mais vainement ; il était
réservé à Pierre le Grand de la réproduire, et de la
réaliser pour l'avantage de ses peuples ; dans cette
vue il s'empara dès 1772, des fertiles contrées qui
bordent la mer caspienne ; mais il fut contraint de
les abandonner, lorsque Thamas-Koulikan se fut
emparé de la Perse. Un Anglais entreprit en 1741
d'établir par cette voie des rélations commerciales,
en faveur de sa patrie, et il réussit ; la compagnie
anglaise de Moscovie adopta son plan, et le Ministère russe la favorisa ; mais Thamas, ayant attiré
près de lui, l'avanturier anglais, profita de tous
ses travaux et devint maître de la mer caspienne ; à
la mort de cet usurpateur, la Russie reprit ses anciennes conquêtes, mais elle ne commerça qu'avec
désavantage : parce qu'elle eut à lutter contre les
Arméniens, qui grands capitalistes, et négocians
habiles sont depuis longtems en possession du commerce des Indes. Le tems seul pourra effectuer ce
qu'avait projetté Pierre le Grand, et assurer à la
Russie les avantages commerciaux, que lui ont préparé ces rélations ouvertes, les canaux de naviga,

tion, que ce prince a fait construire, et des projets également utiles, dont il a légué l'exécution à ses descendans.

Ce prince voulut aller trop vite, et ne suivit pas la marche la plus convenable, pour éclairer sa nation et lui créer des ressources; il se hâta d'avoir une marine militaire, au lieu de commencer par créer une marine marchande, qui aurait augmenté ses ressources, tandis que l'autre n'était que dispendieuse; il aurait dû surtout s'occuper de l'affranchissement de ses sujets, qu'il laissa dans l'esclavage, où ils les avait trouvés. Il ne fallait que les rendre libres pour les éclairer; quand on veut changer une nation, c'est sur sa masse qu'il faut agir; l'accueil fait à quelques savans, et à quelques artistes, l'affranchissement de quelques sujets, pour les envoyer à Rome étudier les beaux-arts, ne rendent pas une nation industrieuse et éclairée; c'est la liberté, la propriété, l'égalité des droits, la participation aux actes législatifs, qui peuvent seuls faire des hommes et des citoyens.

Cathérine II, plus éclairée que Pierre, sentit ses torts et ceux de ses predécesseurs, mais elle fit encore trop peu pour ses sujets, malgré ces établissemens, si vastes et si dignes de l'être, qui font honneur à ses lumières et à sa philantropie; le despotisme seigneural est resté le même; avant de rendre une nation aimable et polie, il faut la rendre agricole et industrieuse, en lui laissant le libre usage de toutes ses facultés, en en dirigeant l'emploi convenablement. Mais la chose n'est pas aisée, dans un empire aussi étendu, composé de diverses peuplades, dont plusieurs ont des mœurs et un langage différens. L'impératrice a donc laissé une grande tâche à remplir au jeune Alexandre, celle de bannir entièrement la servitude féodale de dessus la moitié du continent asiatique; son âge lui promet un long regne et il est digne de ce prince de le consacrer tout entier au bonheur de son empire, et des générations à venir.

Dès qu'il aura augmenté ses ressources territoriales par le perfectionnement de l'agriculture et l'accroissement de la population, qui en est une suite inévitable, le commerce et l'industrie seront vivifiés, et il pourra les activer encore, par une marine marchande, et militaire, digne d'un aussi grand empire. La Russie a maintenant un état militaire trop considérable, ses troupes lui sont inutiles pour se deffendre, car il n'est aucune puissance voisine qui puisse l'attaquer, et elle ne saurait l'aggrandir sans l'affaiblir davantage. Que si, par la plus mauvaise politique et contre ce systeme usité par ses ayeux, le prince regnant veut se mêler des querelles de l'Europe, où nulle puissance ne peut-être redoutable pour lui; il ne fera que compromettre la gloire de ses armes (1) et perdre des hommes

---

(1) J'écrivais ces lignes pendant la mémorable campagne qui a été couronnée pour la France, par l'immortel trophée d'Auster-

qu'il devrait laisser à la charue. Sans doute, il trouvera des soldats, même après la defaite, et reparaîtra, sans peine, avec de nouvelles légions, mais cette facilité d'armer toute une nation prouve qu'elle est malheureuse, qu'elle ne tient pas au sol, qu'elle préfère la vie oisive et licencieuse des camps, le pillage et le vol qui lui sont si familliers en campagne, à la vie agricole, dont elle ne connaît que l'amertume, à cause de la servitude qui l'y retient ; il suffirait de lui en faire goûter les douceurs pour l'y attacher. L'agriculture doit être dans les grands états la base de la prospérité nationale : parce que les ressources qu'elle offre sont permanentes, viennent ensuite le commerce et l'industrie, qu'il faut encourager et favoriser, en raison des localités, et du génie des habitans ; mais jamais au détriment du premier des arts, qu'on ne doit jamais perdre de vue.

## CHAPITRE IV.

*De la découverte des Indes orientales et des établissemens Européens dans cette région.*

Le quinzième siècle, qui a été marqué par tant d'évenemens mémorables est aussi la véritable

---

litz, et j'avais présent à l'esprit l'exemple de Paul premier. Puissé le nouvel Empereur mettre à profit la leçon que vient de recevoir sa jeune inéxpérience, et faire en sorte d'avoir moins de soldats et plus de laboureurs.

époque de la renaissance de l'industrie et du commerce. La découverte de la boussole prépara celle d'un nouveau monde et d'une nouvelle route pour aller aux grandes Indes ; l'invention de la poudre à canon fit changer les principes de la guerre et facilita les succès des Européens dans ces régions lointaines, où les entraîna l'appas de l'or et des richesses ; celle de l'imprimerie, la plus utile, la plus ettonante de toutes, fixa à jamais le sort des sciences et des lettres, et rendit leur influence à jamais durable. Le concours fortuit de ces diverses causes étendit tout-à-coup, la sphère des spéculations humaines, amena un changement total dans l'existence de l'Europe, et produisit une révolution générale dans ses arts et dans son commerce, qui en reçurent un accroissement considérable; l'agriculture elle-même se perfectionna peu-à-peu, sous l'influence d'une législation-moins vicieuse, et moins oppressive ; le sort des hommes dans cette partie du monde fut réellement amélioré, et il se lia dès lors, avec celui de tous les peuples de la terre dont la surface entiere a été parcourue par d'habiles et d'intrépides navigateurs.

## §. I. Des Portuguais.

Les Portuguais, heureusement situés pour se livrer au commerce maritime et à la navigation, entrèrent les premirs dans cette vaste et brillante carrière : les pilotes qu'avait formés Henri, fils de Jean premier, de couvrirent Madère en 1419, puis à l'aide de l'astrolabe, à la découverte du quel ce prince avait concouru et de la boussole qu'il sut appliquer à la marine, ces premiers navigateurs se dirigèrent vers les côtes occidentales de l'Afrique, où il paraît que les Normands les avaient précédés d'un siècle ; cette première expédition en Guinée ne fut qu'un brigandage, une piraterie. Sous Jean II de nouvelles applications de l'astronomie à la navigation, permirent aux Portuguais de doubler le Cap de Bonne Espérance (nom que lui donna ce prince au lieu de Cap des Tempêtes, prévoyant que c'était là le véritable passage, pour aller aux Indes). Ces espérances se réalisèrent, en effet, sous Emanuel, et le grand Vasco de Gama, parti avec quatre vaisseaux en 1497, arriva dans l'Indostan après 13 mois de navigation. Cinq ans auparavant Cristophe Colomb, s'était ouvert une autre route vers l'Occident, sous les auspices de Ferdinand et d'Isabelle, était parvenu à découvrir ce nouveau monde, dont il avait deviné l'existence, et auquel l'ignorante superstition ne voulait pas croire. On sait tout ce qui est résulté de ces communications établies entre l'Europe et les deux Indes. Les détails en sont trop étendus pour que je puisse les donner ici ; je me bornerai à indiquer les effets généraux qui ont trait à mon sujet.

Les premières conquêtes des Portuguais, qui furent le fruit de la valeur la plus héroïque, et de la sagesse la plus consommée, furent perdus par l'abus des richesses qu'elles avaient procurées, et par l'oubli des lois les plus sacrées de l'humanité; ce peuple se rendit odieux dans tout l'Orient, par ses débauches, sa férocité, sa mauvaise foi, et il faut en accuser l'ignorance des tems, et le fanatisme qui en était la suite, dans un siècle plus éclairé, ces navigateurs actifs et entreprenans, eussent été les bienfaiteurs des peuples hospitaliers qui s'étaient empressés de les accueillir.

## §. II. *Des Hollandais.*

Leur atroce conduite les fit aisement supplanter par les Hollandais, qui devenus libres et tolérans, après s'être soustraits à la domination tyrannique de Philippe II, furent bientôt la nation la plus commerçante de l'Europe. La fausse politique de ce prince ambitieux prépara leurs succès et l'état d'abjection (1) où tombèrent les Portuguais après qu'il les eut soumis à ses lois, leur ôta toutes ressources et tous moyens de résister à un ennemi qui joignait à une marine militaire très forte les vertus et la valeur qui accompagnent ordinairement les premières entreprises. Déjà les Hollandais s'étaient emparés du commerce de Lisbonne, et ce

---

(1) Faute d'être secourue par l'Espagne, qui voulait l'asservir, cette petite nation, devenue toute commerçante, cessa d'être agricole; son industrie nationale fut ruinée, sa population diminua. Tel fut un peu plus tard le sort de l'Espagne elle-même.

fut lorsque le Roi d'Espagne leur eut fermé ce port qu'ils se décidèrent à aller eux-mêmes aux l'Indes chercher les marchandises qu'on leur réfusait ; ils avaient tenté vainement, ainsi que les Anglais, de découvrir une route au Japon par le Nord du continent. Le célèbre Houtman détenu à Lisbonne pour dettes, implora ses concitoyens pour obtenir sa délivrance, et leur promit des renseignemens utiles pour le voyage des Indes : ce fut lui qui les guida le premier, vers ces régions lointaines, où ils eurent des succès aussi rapides que fructueux. Diverses associations, qui toutes se fondirent dans une seule que l'on appelle compagnie des Indes, donnèrent d'abord la plus grande activité au commerce, et toutes les villes de Hollande y participèrent. La compagnie privilégiée, modèle de toutes celles qui furent établies depuis en Europe, ne procura pas moins d'avantages à la métropole, et ses opérations qui lui assurèrent l'exclusive possession des épiceries, enrichirent les nombreux associés, et la nation entière. Affreuse prosperité que celle qui s'acquièrt par le monopole et par la diminution des ressources générales, aux quelles tous les peuples devraient participer en commun (1) !

______

(1) Les Hollandais après avoir chassé les Portuguais, et les Espagnols des Moluques détruisirent les girofliers et les muscadiers, partout où ils ne voulurent pas garder d'établissemens ; ils instituèrent des fêtes pour célébrer cette destruction et ce ravage ; Banda et Amboine furent seuls conservés. Ils écartèrent tous les navigateurs de ces parages difficiles où l'on ne peut naviguer qu'une partie de l'année.

La valeur et la sagesse de l'amiral Warwick, le dévouement héroïque du ministre protestant Hambroeck, assurèrent aux Hollandais la suprématie dans les mers de l'Inde : ils chassent les Portuguais, écartent les Anglais, s'emparent du port et de la forteresse de Macassar, deviennent maîtres de l'île de Célèbes, et fondent un établissement qui est la clef des Moluques, enlevent Malacca aux Portuguais, et abandonnent Siam ; ils sont alors maîtres des deux détroits qui conduisent à la Chine et aux Moluques ; ensuite ils prennent Ceylan même, où croit la cancile, et, déjà l'établissement, qu'ils avaient dans l'île de Formose, était le plus grand marché de l'Inde ; ils le perdirent en 1662, et forcés de se retirer à Batavia, ils ne purent plus faire le commerce de la Chine et du Japon qu'avec la gène et la dépendance qu'éprouvaient les autres nations ; en 1683 toute l'île de Formose subit le joug des Chinois.

L'établissement de Sumatra, le plus important qu'eussent les Hollandais, leur procurait le bensoin et le camphre ; mais ils furent chassés de Borneo ainsi que les Anglais et les Portugais ; ils y revinrent en 1747 avec une forte escadre et forcèrent le prince, qui possedait le poivre à leur en laisser le commerce exclusif, qu'ils ont gardé jusqu'à nos jours, comme celui des autres épiceries, quoique leur puissance dans l'Inde ait éprouvé beaucoup d'échecs de la part des Français, et surtout des Anglais, qui aujourd'hui sont à-peu-près les maîtres de tout le commerce des Indes.

La plus belle des opérations que firent les Hollandais au tems de leur prosperité dans les Indes, fut de fonder la colonie du Cap de Bonne Espérance. Les principes libéraux sur lesquels elle fut établie, la rendirent bientôt florissante : un port excellent, une ville bien bâtie et bien fortifiée, des campagnes fertiles et soigneusement cultivées, tout cela faisait de cet établissement un point de relâche extrêmement important pour les voyageurs, qui de l'Europe se rendaient dans les Indes ; c'était pour les Bataves une nouvelle patrie, et de nombreux colons la peuplèrent avec rapidité. Mais on oublia dans la suite les principes qui avaient assuré sa prosperité, l'appas du gain fit mettre des entraves aux commerce intérieur, la compagnie hollandaise voulut s'approprier les denrées du pays, par le monopole, et la culture, qui était déjà si florissante, tomba tout-à-coup. La dépendance dans la quelle la métropole a toujours tenu cette colonie a étouffé le germe de prospérité qu'elle devait à sa première organisation ; elle est restée faible et hors d'état de résister par elle-même, aux agressions d'un ennemi entreprenant (1).

_______________

(1) On assure que les Anglais viennent de s'en emparer ; cet événement était facile à prévoir, voilà donc ce peuple insulaire tout-à-fait maître des mers. Batavia et l'île de France auront sans doute aussi le même sort, si la France ne prend des mesures promptes et efficaces pour s'y opposer. La Hollande ne saurait plus se soutenir par ses propres forces, et il faut absolument qu'elle se mette, ainsi que ses colonies, sous la protection de la France.

## §. III. *Des Anglais.*

Le traitement que les Hollandais avaient fait éprouver à leurs prédécesseurs dans les Indes, ils l'éprouvèrent à leur tour de la part des Anglais qui, fatigués de leurs dissentions civiles, portèrent au de hors l'activité et la valeur qu'ils avaient déployées dans l'intérieur. Ce fut sous Elisabeth que s'opéra cette grande révolution qui a fait des Anglais le peuple le plus industrieux et le plus commerçant qui ait jamais existé.

Cette grande Reine s'empressa d'accueillir les fabricans de Flandre que les persécutions du duc d'Albe chassèrent de leur pays, et elle sut diriger l'esprit de fermentation qu'entretenait alors la réforme de la réligion, vers l'augmentation du commerce, que mille entraves tenaient enchaîné en Angleterre, comme dans toute l'Europe, et de la navigation, dans laquelle les Anglais étaient encore peu avancés; bientôt ils rivalisèrent avec les villes anséatiques, pour le commerce de la Russie, de l'Allemagne et de tout le Nord; ils étendirent même leurs rélations jusqu'en Turquie, et après avoir tenté vainement d'aller aux Indes, par le Nord, ils s'y rendirent par la mer du Sud, et par le Cap de Bonne Espérance.

Une Compagnie des Indes fut formée en 1600; elle fit ses premiers établissemens avec la libre approbation des naturels du pays, mais ils étaient peu de chose, et la concurrence des Portu-

guais et des Hollandais leur nuisait beaucoup.
Bientôt, ces nouveaux navigateurs eurent recours à
la force, à la violence et à l'injustice, pour prospérer à leur tour, et ayant fondé des établissemens
à côté de ceux des Hollandais, ils partagèrent avec
eux le commerce des épiceries. La guerre ne tarda
pas à s'allumer entre ces deux nations; on se battit
à outrance et les deux compagnies, fatiguées de se
nuire continuellement, convinrent, pour vingt ans,
en 1606, que le commerce des Indes se ferait en
commun, et que les Anglais en auraient un tiers:
les deux gouvernemens se rendirent garans du traité,
mais les Hollandais des Indes ne voulurent point
souffrir de partage; ils chassèrent tout seuls les
Portuguais, et les Espagnols qui avaient reparu aux
Moluques, et bientôt on se battit pour les côtes de
Malabar; les Anglais l'emportèrent, et de ce moment date leur prospérité, qui fut toujours croissante dans les Indes; longtems en guerre avec les
Français, ils finirent par les supplanter, et depuis
quinze ans surtout, leur puissance maritime s'est
accrue aux dépends des autres nations européenes
et des naturels du pays, avec une rapidité et des
succès, qui paraitraient incroyables, si l'on n'en
voyait la cause dans les dissentions que ces adroits
spoliateurs ont su semer sur le continent européen.
Ils possèdent un territoire immense au Bengale et
dans l'Indostan et ils sont tout-à fait maîtres des
mers; c'est aujourd'hui la seule nation commerçante
qui existe sur le globe, et jamais aucune autre ne

réunit, au même degré, tous les moyens propres à accumuler des richesses. L'Angleterre est le pays de la bonne industrie, et du commerce le mieux entendu et le plus universel qui fut jamais, elle serait la bienfaitrice des nations si, au lieu de conquérir pour faire des esclaves, elle se bornait à étendre ses relations pour propager ses arts son commerce et ses connaissances en tous genres, mais elle exerce un monopole qui rend tributaires tous les peuples qui ne lui sont pas soumis, et sa domination est odieuse à tous; si elle n'y met des bornes elle-même, tous les peuples s'uniront pour la perdre, et sa prospérité fera sa ruine (1).

L'existence qu'elle s'est créé exige il est vrai des ressources extraordinaires, et c'est ce qui la constitue en quelque sorte dans un état de brigandage envers ses concurrens; mais quel doit être le sort d'un peuple qui ne se soutient que par la guerre et la mauvaise foi : après avoir été universellement maudit, il faudra bien qu'il succombe; puissent du moins les débris de sa puissance être receuillis pour l'avantage de tous, et la liberté des mers et du

---

(1) L'empire de la mer disait Isocrate trouble l'esprit de ceux qui y aspirent; et ceux qui l'ont usurpé, sont regardés et traités par les autres nations comme les tyrans du geure humain, ce qui amène tôt ou tard leur ruine.

Athènes et Cartage en ont fourni l'exemple dans l'antiquité; l'Angleterre le sait, et il est à croire qu'elle n'en suivra pas moins son système; il faut qu'elle accomplisse ses destinées!

commerce naître de la chute du dominateur exclusif. L'Europe entière est interessée à cette chute
et sa prospérité en recevrait un accroissement rapide; tous les peuples qui la composent jouiraient
alors, en commun, de l'industrie, des arts, et du
commerce qu'ils ont su créer; ils repandraient partout l'agriculture, et les procédés qui multiplient
les ressources de l'homme.

## §. IV. *Des Français.*

Les Français ne parurent qu'après les Anglais dans l'Orient; leur industrie plus tardive à se
développer avait éprouvé plus d'obstacles à briser
les entraves de la féodalité. Cependant, il existait
avant Colbert et dès l'an 1642 une compagnie des
Indes; mais ce fut en 1664 que ce ministre entreprit de procurer à la France de bons établissemens
dans l'Asie; il créa une compagnie privilégiée,
comme celle d'Angleterre et de Hollande; les capitaux, qu'elle détourna de l'intérieur de la France,
où l'industrie commencait à se développer, furent
d'abord mal employés et plusieurs tentatives, qui
eurent successivement lieu, furent infructueuses.
La rivalité des Hollandais nuisit beaucoup à la
France, et empêcha divers établissemens de prospérer; on fonda cependant, Pondichery sur la côte
de Malabar, mais la compagnie ne put jamais faire
fleurir son commerce: parce qu'elle avait été crée
sous de mauvais auspices, et qu'elle agissait sur de

faux principes; elle n'eut jamais ni sagesse ni puissance; tantôt libre, tantôt privilégiée, elle ne put obtenir dans aucun tems, de grands succès, et son existence cessa en 1770.

Deux hommes extraordinaires Dupleix et Labourdonnaye servirent cependant ses intérêts avec des succès étonnans, et sans leur fâcheuse rivalité, peut-être que la France jouirait aujourd'hui, dans l'Inde de toutes les richesses industrielles et commerciales qui sont devenues la proie de l'Angleterre; ces deux nations rivales n'ont cessé de se faire la guerre, et de se disputer la domination de l'Inde, depuis le moment où chacune d'elles a pu y prétentre, et il en est résulté la lutte la plus désastrueuse, pour les deux partis et pour le commerce général de l'Europe; la révolution qui vient d'avoir lieu en France a donné toute la prépondérance maritime aux Anglais, et ils sont aujourd'hui les maîtres de presque toutes les colonies, de presque tous les établissemens, qui appartenaient à leurs ennemis.

## §. V. *Des Danois.*

Les Danois voulurent aussi avoir part au commerce des Indes, et ce fut sous Chrestiern IV qu'à l'instigation du Hollandais Boschowen, dont les concitoyens n'avaient pas assez ménagé l'orgueil, ils entreprirent la navigation des Indes. Une compagnie fut formée et le gouvernement concourut avec, elle pour l'équipement de six vaisseaux;

le premier voyage, dont le chef Hollandais mourut
en route, ne fut pas heureux; cependant on fonda
Trinquebar au Corromandel et l'on eut un commencement de prospérité, fondée sur la rivalité des autres Européens ; mais bientôt on traversa les Danois,
et les dissentions intestines de la métropole, ruinèrent la compagnie des Indes; il s'en forma une nouvelle en 1670, et elle fut favorisée par Christiern V.;
mais elle réussit encore moins que la première ; elle
expira en 1730 et manqua à ses engagemens. Nouvelle société deux ans après; de plus grands encouragemens la favorisèrent et assurèrent ses succès;
elle procura de grands avantages à sa patrie, et elle
éléva par reconnaissance une statue au Roi Fré-
déric V, ce qui l'entraîna dans des dépenses considérables et ruineuses; son privilège fut renouvellé, et elle s'est ainsi perpétuée successivement ;
mais sa puissance a toujours decru, le Danemarck
est un état trop réserré pour donner à son commerce une grande extention ; il se serait soutenu
avec plus d'avantages si les rivalités de l'Angleterre
et de la Hollande n'avait empêché le gouvernement
danois d'exécuter le projet qu'il avait conçu, de transférer de Copenhague à Attena le centre de ses rélations avec les Indes. Voilà l'effet de l'affreuse jalousie des nations ; voilà les inconveniens du monopole, appuyé par de grandes forces et par une prépondérance acquise!

## §. VI. *Des Suédois.*

La Suède a été le théâtre de fréquentes révolutions, dont la plûpart ont été nuisibles aux peuples et à l'industrie, qui fait la base de leur félicité. Cette contrée est restée longtems barbare, et la férocité de ses habitans l'a violemment ensanglantée, même sous l'empire du Christianisme, dans le 8 me et le 9 me siècles. Elle a eu tantôt un seul chef, tantôt plusieurs à la fois, et elle s'est vue sous la domination du Danemarck. Elle en fut affranchie par Gustave Wasa, qui en reconnaissance fut élu d'abord administrateur de l'état, et puis roi, l'an 1523. Le pouvoir d'un seul, l'hérédité et le protestantisme, qui fut introduit dans le même tems, régénérèrent d'une manière sensible, cette malheureuse contrée, mais des réformes, poussées trop loin, furent la source de beaucoup de maux, et nuisirent à sa prospérité. La grande division des terres, et le repos, dont jouissaient les citoyens, avaient rendu les émigrations moins fréquentes, et fait faire des progrès à l'agriculture; le désir de fonder, tout-à-coup, un grand commerce fit faire à Gustave la sottise de fermer ses ports aux étrangers, et cette fausse mesure gâta tout. Gustave Adolphe suivit un autre système, et eut plus de succès; il encouragea la culture des terres; il fit mieux exploiter les mines, qui sont une des grandes ressources de ce pays, dont le sol ingrat et presque stérile, ne peut jamais fournir assez de bled pour la consommation de ses habitans ; il favorisa les manufactures, et le travail des métaux ; ces sages mesures furent suivies de la formation de compagnies de commerce pour la Perse et pour les Indes occidentales, et les vaisseaux suèdois se montrèrent dans tous les ports de l'Europe.

Mais ces grands succès s'évanouirent, quand l'esprit militaire se fut tout-à-fait emparé du chef de l'état ; il n'y eut bientôt plus que des soldats en Suède, et cette fureur martiale, que l'Alexandre du Nord poussa au délà de toutes les bornes, prépara un changement de forme dans le gouvernemant : la république fut instituée, et sous ce nouveau régime, tout prospéra, avec rapidité ; il y eut un intérêt commun à tous ; les citoyen s'éclairèrent multuellement ; et n'eurent en vue que le bien de la patrie ; la langue nationale fut cultivée et perfectionnée ; les sciennes firent des progrès étonnans sous ce ciel brumeux et glacial ; la politesse, l'aménité achévèrent l'œuvre de la civilisation, que les lumières avaient perfectionné, et le commerce reçut un grand développement, par la fondation d'une compagnie des Indes née, en 1731 des débris de celle d'Ostende.

L'Etat après des dissentions intestines qui ont beaucoup nui à sa prospérité, est redevenu monarchique, et les souverains, dont l'autorité est sans limites, parce qu'ils ont usurpé le pouvoir, ont souvent employé, pour leur sûreté des mesures tyranniques et véxatoires, qui ont beaucoup nui à la prospérité intérieure de l'état ; la pêche du hareng et l'exploitation des mines, sont toujours ses principales ressources ; son commerce, comme celui de tous les peuples du continent, est entièrement ruiné, par celui de la Grande Bretagne, qui ne connait plus de rivaux, sur les mers, et qui s'est arrogé le monopole le plus exclusif que jamais nation maritime ait exercé.

### §. VII. *Des Autrichiens.*

La cour de Vienne, souveraine absolue de l'Allemagne, depuis le grand Charles Quint, ne songea qu'à étendre sa domination par la guerre, tandis que les autres gouvernemens s'occupaient à fonder le commerce et favorisaient la culture des arts et des sciences ; l'Angleterre et la Hollande rivales de la France, dont elles avaient à redouter la puissance maritime et coloniale, employaient toute leur politique à fomenter et entretenir cet esprit de conquête qui s'était emparé de la maison d'Autriche, et elles payaient par des subsides considérables le sang qui se versait pour leur cause, sur le continent. Cette méthode, que la cour de Londres a suivi jusqu'à nos jours, a tourné tout à-fait à son avantage, tandis qu'elle a causé la ruine des mercenaires qui s'étaient vendus à ses projets destructeurs contre la France, dont elle a détourné la vengeance pendant des siècles, mais qui tôt ou tard fera justice de cette usurpatrice des mers.

Pendant que les souverains de l'Autriche

étaient entièrement livrés à leurs projets d'agrandissement ils ne pouvaient s'occuper de l'agriculture,
ni du commerce, ni des arts ; l'aveugle orgueil de
cette cour fastueuse, dédaignait toute industrie ; il
entretenait l'esprit d'intolérance et de superstition; il
favorisait le luxe et appauvrissait les peuples, qui
éloignés des mers et privés de denrées commerciales, étaient plongés dans la misère, et se voyaient
réduits à desirer la guerre, pour s'étourdir sur les
maux qui les accablaient.

Cependant, il parut en Autriche un de ces
génies extraordinaires qui ont un ascendant irrésistible sur leur siècle, et il modifia un peu les principes du gouvernement. Aussi grand homme d'état,
que grand homme de guerre, le prince Eugène,
après avoir étendu et raffermi la puissance autri-
trichienne, sentit le besoin d'augmenter ses richesses, et accueillit la proposition qui lui fut faite
d'établir une compagnie des Indes à Ostende. D'abord
une compagnie libre commença par expédier quelques vaisseaux qui eurent du succès, et en 1722
la cour de Vienne régla le sort des interessés, et encouragea la compagnie, qui fut accueillie, avec distinction, dans tous les marchés de l'Inde, et forma
divers établissemens.

L'Angleterre et la Hollande ne pouvaient
manquer d'être jalouses de cette prospérité, et en
vertu des anciens droits de l'Espagne sur la Flandre
et de l'absurde défence qui avait été faite par la
cour de Madrid à tous ses sujets, non Castillans,

de commercer dans les Indes, elles réclamèrent, de concert avec la France, la supression de la compagnie d'Ostende, et ce fut l'occasion d'une grande lutte; l'Espagne soutint les justes prétentions de l'Autriche, mais elle en fut la dupe. Les puissances maritimes, malgré les succès étonnans qu'elles avaient obtenus, signèrent la pragmatique sanction, et l'Empereur sacrifia sa compagnie d'Ostende, pour un si grand avantage. Les commerçans d'Ostende furent contraints de porter leurs capitaux ailleurs; les uns tentèrent de s'établir à Hambourg, d'autres à Trieste, d'autres en Toscane, mais tout concourut à ruiner leurs efforts; les seuls qui réussirent furent ceux qui s'en allèrent en Suède, où ils reçurent un bon accueil, et où ils fondèrent, comme je l'ai dit plus haut, le commerce maritime de cette puissance.

## §. VIII. *Des Allemans fédérés.*

Les états fédérés de l'empire Germanique ayant un territoire très circonscrit, et se trouvant placés au centre de l'Allemagne, loin de toute communication maritime, n'eurent jamais qu'une industrie et un commerce très peu étendu, à l'exception des villes libres, ou impériales, qui devinrent avec le tems les grands marchés de l'Allemagne, pour le débit des marchandises étrangères, et pour celui des produits de leur propre industrie; mais l'agriculture fit beaucoup de progrès dans la plupart de ces petites principautés, qui, constituées par le régime féodal n'éprouvèrent pas toujours les terribles effets de cette forme de gouvernement. Les seigneurs se montrèrent doux et humains de très bonne heure, et ils devinrent insensiblement les pères de leurs sujets qu'ils traitèrent avec égards; ils encouragèrent leurs travaux, et surtout la culture des terres, qui assura leurs prospérité, sur un sol extrèmement fertile.

### §. IX. *Des Prussiens.*

La Prusse, qui ne fut longtems qu'un de ces petits états fédérés, devint un royaume indépendant sous un de ses électeurs, qui se declara Roi; mais le vrai fondateur de ce royaume fut le grand Fréderic. Après s'être emparé de l'Ostfrise en 1744, il voulut à son tour, participer au commerce maritime, et il fonda en l'an 1751 une compagnie des Indes à Embden, capitale de sa nouvelle acquisition. Le succès ne repondit pas à cette première entreprise; un second essai ne fut pas plus fructueux, et ces deux corps, dont le premier avait voulu commercer en Chine, et l'autre au Bengale furent dissous en 1763; ainsi disparut la marine et le commerce extérieur de la Prusse qui resta une puissance militaire, ainsi que l'avait constituée Fréderic II; par une suite inévitable de ce système exclusif, le commerce, l'industrie et l'agriculture

S

même n'ont pu prospérer dans cet état ; les opérations de Fréderic ruinèrent les négocians, qu'il aurait dû secourir ; les Juifs, maîtres des monoies,
favorisèrent l'usure, et une foule de monopoles des
tructeurs achevèrent de tout perdre. Il ne manquait
à ce mauvais régime que de rendre les manufactures
royales, et Fréderic le fit ; le plus grand capitaine,
le souverain le plus éclairé de son siècle fut un mauvais économe, et il ne fit que fonder un colosse,
toujours prêt à s'écrouler, parce qu'il n'eut pour
soutien qu'un état militaire disproportionné, avec
ses ressources, et qui, par conséquent est ruineux
par lui-même. Ces grandes forces ne garantiraient
même pas ce royaume contre un ennemi puissant
et riche ; le mauvais état de l'agriculture et de l'industrie, entretenu par des monopoles, et des vexations de tous genres, ne promet à la Prusse aucune
ressource assurée, s'il lui fallait faire plusieurs compagnes d'une guerre un peu dispendieuse.

Les changemens qui s'oppèrent maintenant
en Allemagne, vont lui donner plus de consistance,
et si, comme on l'assuse, le Roi de Prusse joint à
ses états, outre le Hanovre que la France lui cède,
la Poméranie Suèdoise et la Saxe qui sont si fort à
sa convenance, il pourra devenir une puissance maritime, et réaliser les vues commerciales du grand
Fréderic, ce qui influerait très avantageusement sur
l'agriculture et sur l'industrie de la Prusse, qu'un
bon régime administratif pourrait aisement porter à
un très haut degré de prospérité. Ce ne serait

plus alors un état purement militaire ; il deviendrait un des plus beaux et des plus puissans royaumes du continent europeen.

§. X. *Communications avec les grandes Indes par l'Egypte ; commerce des villes d'Italie.*

Pendant que les Portuguais faisaient la découverte de la grande route des Indes, plusieurs villes de l'Italie, qui se trouvèrent en possession du commerce de la méditerranée, cherchaient à étendre leurs rélations et à prévenir les fâcheux effets des tentatives de leurs rivaux. Les Vénitiens s'ouvrirent la route de l'Egypte, en traitant avec les Mamelucks ; ils envoyèrent au Soudan des bois de construction, et l'on fit des vaisseaux à Suès, pour aborder aux Indes. L'Egypte fut de nouveau l'entrepôt des marchandises de l'Orient ; Pise, Florence, Gènes profitèrent de cette révolution qui ne fut que de courte durée ; les Portuguais se rendirent bientôt maîtres de la mer rouge, et les flottes qui partaient de l'Egypte furent toujours battues ; le grand Albuquerque n'ayant pu détruire Suès, avait eu la pensée, pour ruiner le commerce des Turcs et des Italiens en Asie, d'engager l'Empereur d'Ethiopie à détourner le Nil dans la mer rouge, et de saccager Medine et la Mecque, mais il eut à s'occuper d'autres soins. Depuis cette époque, le commerce des villes d'Italie n'a fait que decliner ; Vénise, la plus puissante de toute, résista aux Turcs et aux Mameluks ; mais cette gloire et cette prospérité ne furent que d'un moment, et les guerres d'Italie, aux-quelles elle prit une part active achevèrent de la ruiner, ainsi que Gênes et Florence. Le reste de la péninsule, partagé en petites principautés, langissait sous le poids du despotisme seigneurial. Des dissentions continuelles, jointes au faste des grands et à l'asservissement des peuples, empêchèrent les développemens, que l'agriculture et l'industrie devaient attendre de la renaissance des lumières et de l'extinction de la barbarie. Cette terre si féconde, et si peuplée sous les Romains, du tems de la république, a été pendant plusieurs siècles le champ de bataille de toute l'Europe, et n'a cessé, pendant tout ce tems, d'être ensanglanté par ses propres enfans. Un nouveau jour luit enfin pour elle, et semble lui annoncer une longue prospérité sous l'égide tutélaire de la France. Puissent ces douces espérances se réaliser ! Puisse la patrie des beaux-arts être rendue à son antique splendeur !

## CHAPITRE V.

*De la découverte des Indes occidentales et des établissemens européens dans cette région.*

Le quinzième siècle a vu l'Europe s'ouvrir une nouvelle route aux Indes orientales, et son commerce avec l'Asie acquérir une importance qui, comme on vient de le voir, a beaucoup contribué au développement de son industrie intérieure ; le seizième a été le témoin d'événemens plus importans encore : la conquête du nouveau monde par les Européens et l'établissement de leurs colonies, dans les îles et dans le continent de cet autre hémisphère ; cette nouvelle direction donnée au commerce et à l'industrie a singulièrement influé sur les destinées de l'Europe ; elle a donné aux esprits une impulsion nouvelle ; elle a changé les rapports politiques des diverses nations ; mais une révolution aussi inattendue, aussi extraordinaire, n'a pas été toute avantageuse, et des maux sans nombre se sont mêlés à des biens infinis : la découverte de l'Amérique a été pour l'ancien continent la boite de Pandore, au fond de la quelle il n'est resté que l'espérance.

Les malheurs qui ont suivi de près l'arrivée des premiers navigateurs, dans les régions occidentales étaient inévitables à l'époque où cette découverte a eu lieu, et avec l'espèce d'hommes qui y furent envoyés ; en effet, des avanturiers fanatiques, nouris dans les préjugés réligieux et politiques de leur siècle et de leur nation, ayant la soif des conquêtes et des richesses, abordent chez des peuples, encore sauvages, ou à demi policés, denués de tous moyens de résistance également faibles au physique et au moral, imbus d'une superstition décourageante ; c'était de timides agneaux que des tigres féroces venaient dévorer. Tel sera toujours l'effet des colonies fondées par des Barbares, et l'Europe l'était fortement au 16 siècle, quoiqu'elle commençât à s'éclairer ; l'injustice et la violence devaient donc guider les pas de ceux qu' elles expatriaient, non pour diminuer la surcharge de sa population, non pour fonder une nouvelle patrie, comme le firent les Egyptiens et les Grècs aux tems de leur civilisation, mais pour les envoyer à la découverte de richesses factices; non pour civiliser leurs hôtes, et les faire participer à leurs connaissances, à leur industrie, mais pour les dépouiller et les détruire. Les premières violences en amenèrent de plus grandes par le besoin de se défendre, et il s'en suivit le cours d'atrocités et de brigandages, dont le seul récit fait frissoner d'horreur.

## §. I. *Des Antilles.*

L'île de St. Domingue fut la première proie des Espagnols ; c'est là qu'aborda Christophe Colomb, ce grand, ce sublime génie dont la philantropie aurait dû servir d'exemple à tous ceux qui suivirent ses pas dans le nouveau monde; mais l'héroïque vertu devait le découvrir, et le vice abject en faire le théâtre de ses excès. Les Caraïbes furent les premières victimes de l'intérêt et du fanatisme; ce peuple actif et industrieux avait un commencement de culture, et marchait vers la civilisation, lorsque l'avidité des Espagnols, aux-quels ils avaient cédé une partie de leur terrain, leur fit prendre la résolution extrême de ne plus cultiver les terres, afin de chasser leurs ennemis par la famine;

mais ils en furent les premières dupes : les fruits que la nature produit spontanément, dans cette île, ne purent suffire à leur nourriture, et ils en périt un grand nombre d'inanition ; les feroces Espagnols, qui reçurent quelques alimens de la métropole, tinrent la campagne et ne cessèrent de les harceler ; ils les faisaient chasser de leurs retraites par des chiens qui les dévoraient.

L'île, avant cet événement avait un millon d'habitans ; il en périt le tiers par la famine, la fatigue, et les armes. L'esclavage qui s'en suivit, et les vexations qu'exercèrent sur ces malheureux Indiens des colons choisis parmi les malfaiteurs et les scélérats de la métropole fireut périr misérablement une grande partie du reste. L'éloignement que montrèrent d'abord les Espagnols pour se rendre dans ces contrées lointaines et malsaines pour des Européens, avait déterminé la cour de Madrid, sur l'avis de Colomb lui-même, à y renvoyer le rebut de ses peuples, et ce fut le principe de tous les malheurs du nouveau monde ; les Indiens attachés aux terres et soumis aux travaux des mines, furent maltraités par des maîtres impitoyables ; les mines n'en furent que plus mal exploîtées et les tribus plus mal payés ; ce systême amena dans peu de tems l'entière destruction du peuple indigène. L'esclavage, que la réligion et la politique ordonnèrent de concert faisaient des milliers de malheureux, pour enrichir quelques hommes avides ; il fallut étouffer des révoltes inévitables par des mesures atroces et sanguinaires.

Tous voulurent avoir part à cette affreuse domination, et l'exemple de l'Espagne fut aussitôt suivi par les autres nations de l'Europe; sous les premiers, en moins de six ans, soixante mille familles américaines furent réduites à quatorze mille, et on fut obligé d'aller chercher d'autres sauvages sur le continent, et dans les autres îles, pour les remplacer. Les traitemens les plus affreux continuèrent à être employés : les sexes ne s'unissaient qu'à la dérobée ; on ensevelissait les hommes dans les mines ; les femmes périssaient dans les champs, sous le poids du travail ; et une mauvaise nourriture achevait d'épuiser des corps excédés de fatigue. Affreuse imprévoyance ! Atroce barbarie ! On détruisit la principale source des richesses qu'on voulait se procurer. De nouveaux crimes purent seuls remédier aux terribles effets des premiers ; on fut contraint de recourir à des esclaves pour repeupler ces régions, et cultiver les terres ; on alla les chercher sur le continent africain ; la traite des noirs mit le comble à la barbarie européenne (1).

----

(1) L'Afrique, dont on ne connaît guère que les côtes, n'a offert aux voyageurs qui les ont visitées, que des peuples encore sauvages ; l'agriculture, dans les contrées où elle existe, est faite par les femmes, que l'homme sauvage a partout condamnées à cette occupation, qu'il regarde comme trop sédentaire ; il ne leur est accordé qu'un jour de repos après trois d'un travail excessif ; elles sont outre cela chargées des soins domestiques, et obligées de pourvoir à la subsistance et à tous les besoins de la

À peine les îles de l'Archipel américain furent-elles découvertes qu'on se porta sur le continent où l'audace espagnole se signala par mille atrocités, qui retombèrent avec le tems sur ceux qui les avaient commises. Des poignées d'hommes, animés par la soif de l'or, conquirent de vastes régions et renversèrent des empires; Cortés dans le Méxique, les Pizarre au Perou, mille autres chefs, moins célèbres par leur monstruosités, marchèrent sur des mines et sur des cadavres. Gloire affreuse que celle qu'on acquièrt au prix de tant de sang innocent! — Ou-

---

famille, tandis que les hommes ne s'occupent que de la chasse et de la pêche, ou restent oisifs au logis.

Les arts sont absolument inconnus dans ces contrées, et l'habitation des chefs de peuplade est la même que celle de leurs sujets; ceux qui portent le titre de Rois et d'Empereurs ne se distinguent que par leur suite, et quelques ameublemens plus recherchés, qui leur viennent des Européens. Quant au commerce, il se réduit dans ces régions à quelques échanges extrêmement bornées.

Partout où il y a quelque apparence de police publique, c'est un despotisme Barbare, qui dicte ses volontés; c'est l'arbitraire qui décide de tout, c'est-à-dire de l'existence et de la liberté des individus, car il ne peut y avoir autre chose dans un pays où il n'existe ni possessions, ni industrie; l'esclavage est d'usage immémorial sur toutes les côtes occidentales de l'Afrique, et c'était le sort des prisonniers de guerre avant l'arrivée des Européens. Le trafic qu'ils ont établi n'a cessé depuis d'armer le fort contre le faible, le souverain contre ses sujets, le père contre ses enfans; c'est la subtilité de la civilisation, unie à la férocité de l'état barbare, pour dénaturer l'homme complètement; comme si le comble des maux devait naître de l'union des extrêmes.

blions, s'il est possible, les sordides motifs, qui guidèrent les Européens, et voyons ce qu'étaient les divers peuples de l'Amérique à cette époque malheureuse ; voyons à quel point de civilisation ils étaient parvenus, quels progrès ils avaient faits faire à l'agriculture, au commerce et aux arts, quels changemens sont survenus à cet égard dépuis la conquête.

### §. II. *Du Mexique.*

Des Antilles les Espagnols passèrent au Mexique. Fernand Cortes fut choisi pour cette expédi-

---

Les Européens n'en seraient pas venus à cette pratique atroce et insensée, dont ils ne rougiront que lorsqu'ils ne pourront plus l'employer, si, pour fonder des colonies dans le nouveau monde, ils avaient suivi l'exemple des peuples de l'antiquité ; s'ils avaient choisi leurs colons parmi les meilleurs citoyens, au lieu d'envoyer des scélérats qui n'étaient capables que de tous les excès qu'ils ont commis ; si enfin ils avaient voulu communiquer à l'autre hémisphère les utiles institutions de celui-ci. Mais ils étaient trop ignorans, trop fanatiques pour imiter, par instinct, des exemples qui leur étaient inconnus ; il fallait que la terreur les précedât, et que la dévastation les suivit, pour amener l'esclavage le plus monstrueux, le plus exécrable, qui ait jamais existé sur le globe. Quelle affreuse expiation ces barbares procédés réservent aux nations de l'Europe ! Déjà nous en avons eu l'horrible prélude ; il est donc trop vrai que tôt ou tard le mal est rendu pour le mal ! — Si la justice et l'humanité avaient présidé à l'établissement des Européens dans l'Amérique, ils en recueilleraient aujourd'hui les doux fruits, et ils ne seraient pas exposés à la vengeance la plus atroce, je dirais presque la plus légitime, si des passions désordonnées et toujours condamnables, pouvaient reconnaître des lois !

tion par Velasques, gouverneur du Cuba; on sait par quels moyens cet homme audacieux parvint à renverser le trône de Montésuma, et à s'emparer des riches contrées qu'occupait le seul peuple policé de l'Amérique septentrionale; ce fut à la fois le théâtre de l'héroïsme et du brigandage, de la valeur et de l'injustice: tout le Mexique fut dévasté et dépeuplé, par une poignée d'avanturiers.

Les peuples qui l'habitaient étaient fort peu avancés en civilisation, quoiqu'ils eussent un gouvernement régulier, et il ne faut pas croire tout ce qu'en ont dit des historiens crédules, et surtout les Espagnols, auxquels la vanité nationale a fait tout exagérer. Les mœurs et la réligion portaient encore l'empreinte de la barbarie, et les usages tenaient lieu de lois; le gouvernement était un pur despotisme, enté sur l'antique théocratie, qui semble l'avoir précédé sur toutes les régions du globe.

L'agriculture était extrêmement bornée au Mexique, quoiqu'elle fut l'unique occupation de la plupart des habitans; ce peuple oisif et indolent, d'une constitution faible, n'avait que des instrumens aratoires très défectueux, et il n'avait su encore associer aucun aminal à ses travaux rustiques; les peuplades errantes et les bêtes sauvages dévastaient ses champs; sa nourriture habituelle était mauvaise et insuffisante; les Espagnols y manquèrent souvent de subsistance.

Les propriétaires des terres donnaient à l'état une partie de leur produit en nature; toutes les com-

munautés cultivaient une certaine étendue de sol
pour la couronne, et lui devaient en outre le tiers
de leur recolte; des impôts aussi excessifs n'étaient
guère propres à encourager l'agriculture.   .

Tout le commerce de cette contrée se bornait
à quelques échanges grossièrs, et les arts mécha-
niques étaient encore dans l'enfance; ils se rédui-
saient aux plus essentiels.

Les beaux-arts étaient encore plus arriérés,
quoiqu'en ayent dit quelques historiens romanciers;
les palais de l'Empereur et des princes, quoiqu'assez vastes n'avaient ni agrémens, ni commodités,
ni élégance; ils étaient sans fénètres; le peuple
était logé dans des cabanes bâties avec de la terre,
et couvertes de branches d'arbres. Il lui était défendu de les élévér au dessus du rez-de-chaussée;
plusieurs familles étaient souvent entassées sous le
même toit; il n'y avait pour tout ameublement que
des nattes, quelques ustensiles d'une poterie grossière, des lits de paille, des sièges faits d'un tissu
de feuilles de palmier. Les riches avaient pour ten-
tures des toiles, des tapis de coton, et pour déco-
ration quelques tableaux faits avec des plumes de diverses couleurs.

Les arts d'agrément étaient nuls; la bijoute-
rie informe et grossière. Il n'y avait dans la peinture ni dessein ni sage emploi des couleurs et de la
lumière, et surtout point de vérité: on voit par la
nature des édifices ce que pouvait être l'architecture;
quelques digues, quelques chaussées, quelques ac-

queducs, avaient été construits à Mexico, vile dont la célébrité n'est dûe qu'à sa destruction, et qui ne présentait rien des merveilles que lui ont attribuées les enthousiastes espagnols.

Les Mexicains n'avaient aucune idée des sciences, et je doute, qu'on eut rien appris d'important en déchiffrant leurs hyérogliphes, quand même la superstition des moines espagnols, ne nous en aurait pas privés. Ce genre d'écriture, qui n'appartient qu'à l'enfance des nations, ne peut exprimer qu'une série d'idées, extrèmement bornée, et n'est pas propre à développer le système suivi et régulier, de celles qui composent la plus simple des sciences.

Les Espagnols, devenus maîtres du Mexique, par le secours de quelques peuples indépendans de l'empire, ne tardèrent pas à les soumettre eux-mêmes au joug de la servitude; c'était par tout les mêmes usages, les mêmes mœurs, la même ignorance de tout ce qui constitue une nation avancée dans la police et les arts. Les Espagnols aggrandirent beaucoup le Mexique, mais ils le dépeuplèrent par le fer et par l'esclavage; le partage des terres suivit de près la conquête, et les naturels furent soumis au travail pour l'intérêt de ces avides étrangers qui ne respectèrent aucun des droits de l'homme, et détruisirent toutes les sources de la richesse, en voulant s'enrichir trop promptement. Des révoltes furent appaisées par des massacres; d'impitoyables soldats mirent tout l'empire à feu et à sang; il ne resta bientôt plus que d'odieux vainqueurs, réduits à se détruire entre eux.

La domination de moines qui s'établit là, comme dans toutes les possessions espagnoles, mit le comble au désordre, et s'opposa à toute prospérité. Des vexations sacrées, l'impunité, la débauche, la simonie, les prohibitions, tous les maux que la superstition et la fiscalité peuvent engendrer, se trouvèrent réunis sur ce théâtre de carnage, et d'horreur, où il n'exista plus ni police, ni sureté pour personne; ce n'était qu'un brigandage continuel.

Tant et de si grands inconveniens, joints au défaut de communication, à l'indolence des Indiens, qui survecurent au massacre, et à celle des Espagnols eux-mêmes laissèrent longtems l'agriculture et l'industrie du Mexique au point où elle était d'abord et le défaut de l'ancienne population, que les nouveaux habitans ne remplaçaient pas, diminua successivement les ressources. Un régime plus doux et les soins de la métropole, ont un peu reparé d'aussi grands maux dans ces derniers tems : des villes ont été fondées, Mexico rebâti, des manufactures établies, des animaux d'Europe importés, mais il a fallu recourir à des esclaves étrangers, pour rendre des bras à une contrée que le fanatisme, la barbarie et l'avarice avaient dépeuplée. Ce qui reste de naturels gémit encore sous le poids de ses chaînes; si la cour de Madrid savait les rendre libres en leur enseignant les arts de l'Europe, elle verrait multiplier ses ressources dans le Mexique par l'accroissement rapide de la population, qui est la véritable source des richesses.

### §. III. *Du Pérou.*

Les Espagnols suivirent le cours de leurs atrocités dans le nouveau monde, avec une rapidité et des succès qui étonnent encore ; à peine étaient-ils maîtres du Mexique, qu'ils portent leurs regards vers les contrées méridionales, dans l'intention d'en faire la conquête. Un bref du Pape avait donné à la cour d'Espagne toutes les terres occidentales, c'en était assez pour qu'elle se crut autorisée de droit divin, à soumettre à ses armes et à l'évangile, tous les peuples de la malheureuse Amérique. Un horrible triumvirat formé par le pâtre François Pizarre, l'avanturier Diego d'Almagro et le prêtre Fernand de Luques, ouvrit aux Espagnols un nouveau champ de carnage. On connaît les scènes sanglantes, qui suivirent de près l'entrée de ces trois brigans dans le Pérou, celles, non moins affreuses, qui eurent de nouveaux auteurs dans cette région, qui devait enrichir l'Espagne, et amener sa ruine totale.

Elle était habitée par un peuple doux, humain et agricole avançant à pas lents, mais d'une manière progressive, dans l'échèle de la civilisation. Tout-à-coup ses destinées changent: le regne des enfans du soleil est passé, des montres sortis de l'enfer, sont venus pour les exterminer; le bon peuple sera

la victime de sa credulité et de sa faiblesse; il dis-
paraîtra de dessus la face de la terre; tels furent
en quelques années, les effets qui suivirent l'appa-
rition des Espagnols au Pérou.

L'agriculture, ainsi que les arts qui en dépendent, étaient en honneur dans cette contrée que
de vastes mers et de hautes montagnes semblaient
devoir garantir à jamais de toute invasion barbare.
Le fondateur de l'empire, Manco-Capac avait en-
seigné aux hommes le premier des arts, et son épouse
Oullo avait appris aux femmes à filer et à faire des
toiles, ainsi que tous les arts de l'économie domestique; c'était l'Osiris et l'Isis de cette nouvelle
Egypte, où les goûts champêtres étaient nourris et
entretenus par l'accord des mœurs, du gouvernement
et de la réligion; où ces trois puissans ressorts con-
couraient à punir l'oisiveté et les vices, à encourager et honorer le travail et les vertus.

Là existait une communauté extrèmement remarquable d'usages, de mœurs, d'occupations, et
une responsabilité réciproque entre les citoyens de la
même décurie. De là naissaient cette bienveillance,
cette union, cet accord, ce patriotisme que peut
permettre une propriété commune, qui active l'industrie, sans donner trop de force à l'intérêt personnel.
Les Péruviens unissaient les vertus les plus sublimes
et les plus aimables. Des marques distinctives dé-
coraient les auteurs d'actions louables, et ils portèrent des habits faits par la famille des Empereurs;
le culte des grands hommes y était établi à côté de

celui de la divinité ; les incas composaient eux-mêmes des poëmes à la louange des héros, pour l'instruction des peuples ; des pièces dramatiques, représentées à Cusco, apprenaient à respecter les vertus domestiques.

Un tiers des terres cultivables appartenait aux soleil, c'est-à-dire aux prêtres, un second aux incas, et le troisième au peuple. Les premières se cultivaient en commun, ainsi que celles appartenant aux orphelins, aux veuves, aux vieillards, aux infirmes et aux soldats qui étaient à l'armée. Celles-ci étaient cultivées après celles du soleil et avant celles de l'Empereur ; ces dernières suffisaient à tous les besoins de l'état, il n'y avait point d'autre impôt que la culture des terres publiques. Les terres des particuliers n'étaient qu'à usu-fruit et on en changeait souvent la distribution, selon les têtes de famille ; cette distribution des terres avait des avantages et des inconveniens : comme l'Empereur n'avait que des produits en nature, il était interressé à favoriser l'agriculture, mais le défaut de fixité dans les propriétés particulières diminuait beaucoup l'activité des Péruviens, pour faire valoir ou ameliorer un fond, dont ils ne jouissaient que précairement ; aussi ce peuple n'eut il jamais rien au delà du strict nécessaire, et si c'avait été là une des vues du législateur, s'il avait regardé la pauvreté comme le seul garant des vertus et du bonheur, ainsi que l'ont pensé beaucoup de sages, il avait parfaitement atteint son but. La législation, il est vrai était mau-

T

vaise, et le gouvernement despotique, mais le prince, faute de monnoie, ne pouvait songer à thésoriser, pour asservir la nation. D'ailleurs la réligion et le collège des prêtres balançaient son pouvoir; les Péruviens furent donc un peuple heureux.

Ils ignorèrent complétement le commerce; et les arts et métiers restèrent chez eux dans le dernier état d'imperfection. Ils ne connurent ni les sciences ni les beaux arts.

Les Espagnols ne songèrent au Pérou qu'à l'exploitation des mines, et tous leurs établissemens furent placés loin des lieux fertiles, dont on abandonna tout-à-fait la culture. Ces établissemens ont éprouvé le sort des mines qui les alimentaient; ils ont prospéré tant qu'elles ont été abondantes, et sont tombées à leur épuisement. L'importation des marchandises d'Europe ruina entièrement l'industrie locale qu'on aurait pu développer, avantageusement, et la dépopulation qui suivit l'esclavage et les travaux des mines, nécessita bientôt l'emploi des nègres, et acheva de tarir toutes les sources de la vraie richesse, dans une contrée, qui excita l'envie de tous les Européens. Lorsque la quantité d'or que donnaient les mines fut un peu diminuée, ce qui ne tarda pas à arriver, le prix des objets importés devint trop considérable, et il fallut rétablir et encourager les anciennes fabriques, il s'en éléva de nouvelles, et en assez grand nombre. On aurait pû espérer de voir le Pérou renaître au bonheur sous un régime plus doux, et une administration mieux entendue, si le monachisme ne s'opposait là, ainsi qu'au Mexique, à toute prospérité. Le fanatisme est à son comble au Pérou, et le luxe, l'oisiveté, la débauche qui rachètent leurs torts par des donations pieuses, y ont un empire absolu; que de réformes la cour d'Espagne aurait à opérer, si elle voulait enfin s'occuper des véritables intérêts de ses colonies !

## §. IV. *Du Chily.*

Le Chily, dont une partie dépendait de l'ancien empire des incas, devint plus tard une possession espagnole; Almagro y avait pénétré avec succès, on y revint après lui, et toutes les horreurs qu'on avait exercées au Pérou se renouvellèrent dans cette contrée, que des guerres continuelles ont désolée jusqu'en 1771. Les peuples qui l'habitaient, semblables aux sauvages du Nord de l'Amérique, ont été plus difficiles à subjuguer que les Péruviens, et il en est même qui ont su conserver leur indépendance.

Le sol du Chily est réputé le plus fertile et le plus beau du monde nouveau; tout y prospère, animaux et végétaux, ceux-mêmes qu'on y a importés d'Europe; les chevaux andaloux y sont, dit-on, plus beaux et plus vigoureux qu'en Espagne même. Le tabac y est cultivé avec grand succès; enfin, on trouve de l'or au Chily; mais cette colonie aurait besoin d'un meilleur régime administratif

pour atteindre le degré de prospérité qu'elle comporte.

§. V. *Du Paraguay.*

Le Paraguay était aussi peuplé de sauvages,
quand les Espagnols y arrivèrent, et ils eurent
beaucoup de difficultés à vaincre pour s'y établir. Les
missionnaires Jésuites facilitèrent leurs succès et ils
parvinrent eux-mêmes à civiliser plusieurs peuplades,
à les accoutumer à la vie sédentaire, et au travail.
Ils s'occupèrent moins de les convertir que de les
policer. Ils voulurent en faire des citoyens avant
que de les faire chrétiens, et c'était la bonne méthode pour propager à la fois les lumières et la réligion. Ils y réussirent, et les établissemens qu'ils
avaient formés étaient très florissans à l'époque de
leur suppression, qui fut une véritable calamité pour
le Paraguay. Ils avaient suivi la méthode des incas,
pour attacher les hommes au sol, et leur donner
de l'industrie ; ils avaient renouvellé toutes leurs
institutions, et les lois de la théocratie avaient acquis
plus d'influence encore, par l'usage de la confession
elles étaient cependant moins sévères ; on voyait
dans leur colonie les bonnes mœurs et l'amour du
travail, qui les entretient ; le peuple nommait lui-
même ses magistrats ; tous étaient libres et égaux ;
c'était une république théocratique. Les Jésuites
disposaient au nom du ciel, de tous les objets provenant de l'industrie, et ils faisaient eux-mêmes les

échanges pour l'avantage de leurs colons, faculté dont, sans doute, ils auraient abusé avec le tems, mais l'institution était encore trop recente; des fondateurs veulent conserver leur ouvrage, et ces réligieux sentaient bien que l'injustice aurait tout perdu, en introduisant mille abus, mille vexations; sous cette institution monachale les arts fleurirent et l'aisance regna par tout : c'est assez en faire l'éloge.

Cette colonie, malgré un gouvernement aussi favorable, ne multiplia pas beaucoup et l'on en trouve la cause dans les émigrations qui avaient lieu, pour aller chercher au loin l'herbe du Paraguay, dans les effets de la petite vérole, dans l'insalubrité du climat, dans une nourriture mauvaise, que rendait insuffisante la voracité originelle des Guarinis qui, après le départ des Jésuites, et à la suite des quérelles qui s'élévèrent entre les Espagnols et les Portuguais pour la possession de ce pays, se dispersèrent de nouveau, et reprirent, en partie, la vie sauvage. Tout est encore à faire dans cette belle contrée, qui appelle aussi les regards d'un gouvernement, jusqu'ici trop insouciant.

## §. VI. *Des Philippines.*

De l'Amérique, les Espagnols passèrent en Asie par la mer du Sud et se rencontrèrent en Orient avec les Portuguais, qui y avaient fait les premières conquêtes. Ce fut Magellan, qui découvrit les Philippines, qu'on appella d'abord du nom de Manilles; après la mort de cet illustre Espagnol qui, mécontent de sa patrie, avait passé au service de Charles Quint, ses lieutenans se rendirent aux Moluques, découvertes dix à onze ans auparavant par les Portuguais. Ce fut là, que se rencontrèrent les navigateurs d'Orient et ceux d'Occident, et ce fut alors que commença la lutte entre les deux nations, malgré la précaution qu'avait prise Alexandre VI, d'assigner à chacun son hémisphère.

Charles Quint, toujours aux expédiens, céda aux Portuguais pour quelques millons, ses droits sur les pays reconnus en son nom aux Indes orientales; mais son successeur ne voulut pas observer le traité de Saragosce, et il reprit en 1564 le projet de soumettre les Manilles. Les missionnaires préparèrent par la persuasion, cette importante conquête, mais comme ils ne s'occupaient que de cérémonies réligieuses, ils ne surent pas faire naître l'industrie chez les Indiens, et tout resta dans l'inaction et l'oisiveté. Les Espagnols des Philippines envoyèrent chaque année des marchandises d'Asie en Amérique, sur un vaisseau qui rapportait des métaux, mais quand la guerre les priva de ce secours, ils devinrent mendians et voleurs. Leur indolence ne connut jamais d'autres ressources sur un sol propre à toutes sortes de cultures. En effet, les grains, les fruits, et les bestiaux abondent aux Philippines; quelles sources de richesses c'aurait été pour un peuple agriculteur et industrieux! Il y a même des mines abondantes de plusieurs métaux.

Les Chinois, qui fréquentaient ces îles de tems immémorial voulurent s'y établir sous les nouveaux dominateurs, et y envoyer des agriculteurs et des ouvriers, ce qui aurait fondé la colonie la plus florissante, sans avoir recours à l'esclavage; mais les Espagnols ne surent ni ne voulurent favoriser d'aussi utiles projets; tout ce qui s'est fait de bien aux Manilles est cependant l'ouvrage des Chinois.

La colonie a pour chef un gouverneur qui est soumis au vice-Roi de Mexique, ce chef est un despote, dont le pouvoir n'est limité que par l'influence du clergé; on force l'habitant à porter sa récolte dans les magazins publics, pour lui être payée au prix et à l'époque fixée par ses maîtres; des droits exorbitans d'entrée et de sortie forcent à la contrebande. Il n'y eut jamais de régime plus destructeur; aussi la colonie est misérable, et le commerce qu'elle fait avec le Mexique est alimenté, non par les productions des Manilles, mais par celles du continent d'Asie, et des îles appartenant aux autres Européens.

Depuis que les Jésuites et les Chinois ont été chassés des Philippiens toute industrie et toute culture y sont annéanties, les barbares Malais désolent ces îles, et les Espagnols, divisés en factions, se débattent mutuellement. Par leur défaut d'union, les Philippines sont la proie du brigandage, et elles peuvent devenir d'un moment à l'autre celles des Anglais qui s'en emparèrent en 1762, sans la moindre difficulté. Si l'Espagne avait fait directement le commerce des Indes orientales, comme le proposaient Séville et Cadix, en 1733; si elle avait fait des Philippines le centre de son commerce, elle ne serait pas exposée à ce danger, et l'une de ses plus importantes colonies prospérèrait aujourd'hui. Espérons que la cour de Madrid s'éclairera enfin sur les véritables intérêts de ses vastes possessions !

### §. VII. *Du régime Espagnol dans les Indes occidentales.*

Le régime établi dans toutes les Indes espagnoles n'est pas le même que celui des autres colonies européennes. Les esclaves nègres aux-quels il a fallu recourir pour remplacer le défecit de l'ancienne population, exercent avec leurs maîtres une domination tyrannique sur les naturels, et font ainsi cause commune avec eux, ce qui les rend plus dociles. Mais si leur sort se trouve un peu adouci, par l'horrible plaisir d'exercer à leur tour des vexations est des injustices, celui des malheureux Indiens n'en est que plus affreux, et il en résulte des effets extrèmement pernicieux, pour la prospérité des colonies, où l'affranchissement graduel et systématique des indigènes et des nègres eux-mêmes, amenerait une amélioration successive dans l'industrie, soit agricole soit manufacturière et rendrait inutile le recours à des esclaves africains, pour fertiliser un sol qui se couvrirait bientôt d'habitans et où

l'abondance de la population multiplierait les richesses d'une manière incalculable.

## §. VIII. *Du Brésil.*

Les Portuguais en s'emparant du Brésil marchèrent sur les traces des Espagnols, leurs dignes
maîtres, avec les quels ils furent toujours en rivalité, même pour le mal; ils ne trouvèrent, sur cette
côte atlantique, que des sauvages, vivant dans la
plus grande indépendance, et se nourrissant des produits de la chasse, de la pêche et de racines de Ma-
nioc. Ce peuple antropophage, sans lois et sans gouvernement, était cependant hospitalier et il accueil-
lait les étrangers qui ne demandaient que des secours
et des soins. Il résista avec force au peuple conquérant; mais il fallut se soumettre à des brigans
plus féroces et plus adroits qu'eux. Les jésuites
contribuèrent beaucoup à imposer aux Brésiliens le
joug de la domination et le culte de leurs maîtres.

La culture fut introduite de bonne heure au
Brésil par des circonstances malheureuses; il était
devenu le réfuge des proscrits que l'inquisition sa-
cerdotale, et les persécutions d'une cour superstitieuse forcèrent à s'expatrier de la métropole. Les
Juifs, les Maures, les sorciers, les pédérastes furent également poursuivis; tous ceux qui n'étaient
pas chrétiens, et qui ne voulurent pas se convertir
furent expulsés, en 1496. Les exilés allèrent dans
la nouvelle colonie et y introduisirent la culture. Ce

lieu d'azyle et de proscription, acquit dès lors un nouvel intérêt aux yeux de la cour de Lisbonne, et elle donna de grands fiefs en Amérique, aux seigneurs qui voulurent y conquérir des terres. Elle leur accorda des pouvoirs étendus sur les habitans qui furent ainsi réduits en servitude; bientôt il fallut recourir à des esclaves nègres, pour activer la culture de la canne à sucre, qui réussisait à merveille. On n'avait pas encore découvert les mines de métaux et de pierres précieuses qui devaient satisfaire l'avidité des colons, et ruiner l'industrie agricole.

Lorsque l'éxécrable Philippe deux fut devenu maître du Portugal, il exclut des charges et reprouva tous les descendans des convertis, qui s'en allèrent à leur tour, emportant leurs capitaux, et leur industrie; l'Espagne et le Portugal furent privés par les mêmes causes de tout les avantages du commerce des Indes, et la Hollande sut en profiter; elle s'empara de plusieurs des établissemens portuguais au Brésil, et en ruina un grand nombre; ce ne fut qu'après l'avénement du duc de Bragame au trône de de ses ancêtres, que le Brésil fut reconquis et pacifié.

Bientôt après, les Portuguais battirent les Espagnols et s'étendirent jusqu'aux rivières de la Plata et de l'Amazone; la colonie fut mieux administrée qu'auparavant; cependant elle a éprouvé de grandes viscissitudes et des alternatives extrêmement remarquables de dépérissement et de prospérité,

Les Brésiliens ont été, tour-à-tour libres et esclaves, et quoiqu'ils jouissent des avantages de la première condition depuis 1755, et que les négres soient seuls condamnés au travail, cette contrée n'a pas acquis toute la prospérité qui semblait lui-être réservée ; les Indiens sont restés indolens parce qu'on ne les a pas rendus propriétaires, qu'on ne s'est pas appliqué à les éclairer, et qu'on n'a pas excité leur industrie ; ils sont soumis à une espèce de tutelle, et ne travaillent qu'en commun ; il n'existe entreux et les Européens aucune émulation ; ils ne sentent pas le prix du mieux-être, qui naît de l'augmentation du travail.

L'exploitation des mines du Brésil, lorsqu'elles furent découvertes, n'eut pas les suites fâcheuses qu'entraînèrent celles du Mexique et du Pérou ; les métaux, et les pierres précieuses étaient à la surface de la terre, ou à très peu de profondeur. Cette facile extraction, et la richesse apparente qui en résulta pour les Portuguais, leur fit négliger comme aux Espagnols, l'agriculture et l'industrie manufacturière. Les propriétaires abandonnèrent leurs établissemens pour courir après une fortune facile et rapide ; les entraves, les taxes, les monopoles achevèrent de tout ruiner, dans un pays qui aurait pu offrir à la métropole des denrées coloniales, en assez grande quantité pour ses besoins, et pour son commerce. Ces ressources qui sont encore facuitation pour la cour de Lisbonne, n'attendent qu'un bon régime administratif pour se développer, mais il ne pourra naître tant que les Portuguais porteront le joug de l'Angleterre.

### §. IX. *Des établissemens français et anglais dans l'Amérique.*

C'est à cette puissance insulaire, et à son ancienne rivale que le nouveau monde doit les derniers établissemens que les Européens ont formés sur son sol inculte et sauvage; après avoir longtems disputé aux Espagnols une partie de leurs possessions dans l'Archipel américain, après leur avoir enlevé quelques colonies équatoriales, ces deux nations ont porté leurs regards sur des contrées nouvelles, où les premiers conquérans avaient dédaigné de diriger leurs pas, parce qu'ils n'espéraient pas y trouver de l'or. Ils ne comprenaient même pas qu'il pût y avoir d'autres sources de richesses que des mines, et il fallut que leurs contendans leur apprissent à tirer du sol des Antilles des productions qu'ils avaient négligées, et pour ainsi dire dédaignées jusqu'à eux.

### §. X. *Des Antilles françaises et anglaises.*

La bonne culture dans les Antilles ne date en effet que du paisible établissement des Anglais et des Français dans quelques unes de ces îles, qui sont devenues par leurs soins, et leur industrie, les plus importantes et les plus productives; sans doute ils ont partagé avec les Espagnols et les Por-

tuguais tout l'odieux d'une pratique barbare et inhumaine, la traite et l'esclavage des négres; mais ils
ont pour excuse une nécessité qu'ils n'avaient pas
amenée, peut-être il est vrai, par ce qu'ils avaient
été les derniers à paraître dans ces malheureuses
contrées; mais s'ils ont perpétué et accru les maux
d'une race d'hommes qui semble maudite, ils ont
du moins augmenté les ressources de leur patrie;
s'ils ont fait des malheureux, ce crime n'a pas été
en pure perte pour l'espèce humaine, comme dans
les tems de la conquête; triste et pénible consolation, qui repugne à tout cœur sensible, mais dont
l'économiste doit cependant admettre la réalité!

Les Français à St. Domingue, la Gouade-
loupe, la Martinique, Tabago, St. Lucie etc. etc.
et les Anglais à la Jamaïque ont formé des établissemens, dont les produits ne peuvent être regardés
que comme très avantageux pour les deux métropoles, et pour l'Europe entière, qui y participe par
l'effet du commerce. Combien ils auraient été plus
grands, sans l'odieuse rivalité que se portent ces
deux nations, également actives et valeureuses, sans
les malheurs qui ont suivi leurs fâcheuses dissentions. En cherchant à se nuire réciproquement,
elles n'ont fait qu'arrêter les progrès d'une prospérité
commune, dans leurs colonies, et quoique l'Angleterre semble avoir tout gagné dans la lutte; elle a
réellement nui à ses propres intérêts, en jettant
dans les îles françaises un ferment de discorde, qui
peut s'étendre jusqu'à ses propres possessions, et

qui les menace journellement. Que de travaux perdus, que de ressources éteintes, sans que l'humanité y ait rien gagné, sans que les anciens esclaves eux-mêmes, jouissent d'un meilleur sort! Ils sont dévorés par le monstre de l'anarchie, cent fois plus redoutable que celui de l'esclavage, chez un peuple qui est né dans les fers, qui est façonné à la servitude, et qui ne saurait devenir libre par cela même qu'il a été privé de toute vertu, de tout sentiment noble; déplorable effet de l'abrutissement qui était inséparable d'une semblable condition !

Ce n'était pas par la révolte et par la licence qu'il fallait commencer l'affranchissement des nègres, si le moment était venu de prendre cette utile mesure, et telle ne fut jamais la pensée des hommes sages, et surtout de cette immortelle assemblée, qui s'était proposée de tout régénèrer, dans le grand état de la France, et jusque dans ses colonies. Ce fut l'œuvre du crime et de la corruption, et il est pénible de s'avouer, qu'un gouvernement libéral et éclairé, oubliant tout droit des gens, jetta à dessein le brandon de la discorde dans les colonies françaises, et fomenta des troubles qui amenèrent à St. Domingue le renouvellement de ces scènes d'horreur qui signalèrent d'abord les premiers Européens dans le nouveau monde.

Sans les maux qu'opéra un ennemi implacable et trop peu délicat sur les moyens de nuire, sans les fausses mesures qui les suivirent et les aggravèrent, sans les malheurs qui accablèrent la métropole elle même, il est à croire que la France aurait la première donné l'exemple d'un affranchissement que l'intérêt bien entendu de toutes les métropoles commande, mais qui ne peut s'opérer qu'avec lenteur, et par des mesures sagement combinées ; cette retenue est commandée par l'intérêt même des malheureux Africains dont les descendans seuls peuvent être appellés à peupler les colonies d'hommes libres et industrieux. La malheureuse tentative, qu'a faite la France pour recouvrer ses colonies, a retardé cet heureux moment, que les vœux des hommes sensibles, et des gouvernemens sages, appellent également, et qu'on ne peut entrevoir encore que dans un avenir éloigné, de la part de la France et de l'Angleterre, quoique un peuple libre et généreux digne de donner des leçons de sagesse et de bonne politique aux Européens, ses ancêtres, vienne de décréter en congrès général, l'abolition de la traite des nègres.

### §. XI. *Du Canada ; de la Louisiane ; des Etats-Unis.*

Le peuple Américain qui est un assemblage de plusieurs colonies Européennes, et qui embrasse aujourd'hui, dans ses possessions la presque totalité de l'Amérique septentrionale, mérite de notre part une attention toute particulière, et par sa formation, et à cause des destinées qui semblent lui être réservées ; c'est aux Anglais surtout que ce peuple

nouveau doit son origine, ses mœurs, son caractère
son langage, sa législation. Les Français, les Allemands et les Hollandais principalement ont contribué cependant pour quelque chose, à sa formation, et ont un peu influé sur son existence. C'est
en effet, du melange de plusieurs nations et de
plusieurs sectes, qu'est née cette tolérance politique
et réligieuse, dont les Etats-Unis ont donné ce premier exemple. La nécessité pouvait seule rapprocher
des hommes élévés pour se haïr reciproquement, et
ce beau phénomène ne pouvait avoir lieu que sur
une terre étrangère, azyle et réfuge des malheureux
que faisaient le fanatisme et les vices des gouvernemens.

La nouvelle France, ou le Canada, et la
Louisiane, qui furent les premières et pour ainsi
dire les seules contrées de l'Amérique septentrionale,
où les Français fondèrent des établissemens, forment
aujourd'hui les limites septentrionales et méridionale du territoire des Etats-Unis, et s'y trouvent
compris presqu'en totalité, la nouvelle Angleterre, la
nouvelle Yorck, la nouvelle Jersey, la Pensylvanie,
le Mariland, la Virginie, la Caroline, la Georgie
et la Floride qui ont reçu successivement des colonies européenes forment le centre de ce vaste
état, qui s'étend dans la direction est ou est depuis
l'Océan jusqu'au Missipipi et aux sources du St.
Laurent. Les Anglais après l'acte de féderation
qui à constitué les Etats-unis d'Amérique, et la
guerre qui a cimenté leur independance n'ont gardé

que le Canada et Terre Neuve qu'ils possèdent encore.

Les premiers colons qui s'établirent dans l'Amérique septentrionale s'adonnèrent d'abord uniquement à la culture des terres, parce qu'ils n'y allèrent pas dans l'espoir de trouver de l'or, ni avec la soif dévorante qui l'accompagne ordinairement. Issus presque tous des nations agricoles de l'ancien continent, ils allaient chercher le repos, et la liberté, loin des dissentions civiles et réligieuses qui désolaient leur pays; ils portèrent dans le nouveau monde, leur goûts et leurs habitudes champêtres, qu'ils s'efforcèrent de faire partager aux sauvages habitans de ces nouvelles contrées. Mais malgré l'hospitalité qui leur fut offerte, malgré les soins qu'ils se donnèrent, ils éprouvèrent beaucoup d'obstacles à se procurer une existence assurée, tant qu'ils se bornèrent à la culture des terres; les besoins qu'ils s'étaient faits dans les métropoles ne leur permettaient pas de se passer de leur secours, et il est probable que sans elles ces nouveaux établissemens ne se seraient pas maintenus. Ce furent, pendant long-tems des enfans réligieusement soumis à leurs parens, dont la puissante protection leur était indispensable, et ils en reçurent tous les bienfaits qu'inspirent les sentimens paternels, jusqu'au moment où devenus assez forts, par eux-mêmes, ils voulurent se débarasser des lisières qui utiles dans leur enfance, auraient pû devenir dans l'âge mûr des chaînes trop pésantes. C'est ainsi que dans l'antiquité se formèrent. cette foule de colonies libres qui durent leur naissance à la Phénicie, à l'Egypte, aux Cartaginois et aux Grecs. Que l'on compare la rapide prospérité des colonies de l'Amérique septentrionale, qui furent les dernières formées, à celle des colonies fondées par les Espagnols et les Portuguais dans l'Amérique meridionale, et l'on appréciera tous les effets résultans de l'esclavage et de la liberté. Pourquoi, dans le nouveau monde, comme dans l'ancien, l'un est-il comme inhèrent aux pays chauds, et l'autre aux régions temperées?

Les Anglo-Américains ne tardèrent pas à chercher dans le commerce, et dans les manufactures, un supplément aux ressources insuffisantes qu'ils tiraient de la terre, et ils commencèrent à l'exemple des Français, et des Anglais du Canada, à faire quelques échanges, avec les sauvages qui leur fournissaient des fourures, des peaux de bêtes; ensuite ils établirent quelques manufactures grossières, parce que leurs exportations en denrée, ne les mettaient pas en état de se procurer ce qui leur manquait pour se vêtir, et ce fut là le principe ou l'origine de la mésintelligence qui s'éléva plus tard, entre les colons et la métropole; celle-ci se voyait privée d'un grand debouché pour ses propres manufactures et elle chercha à entraver l'industrie naissante des colonies par des réglemens vexatoires. L'exploitation des mines de fer qui abondent dans les Etats-unis, fut soumise à des restrictions décourageantes; les importations, et les exportations

furent toutes reglées dans le seul intérêt de la me-
tropole et d'une manière extrêmement pernicieuse
pour les colons; enfin il leur fut refusé d'avoir au
parlement d'Angleterre des représentans qui pussent
défendre leurs intérêts.

Tant et de si facheuses vexations n'auraient
cependant pas amené de longtems peut-être l'indépendance des colonies, sans la violence immoderée
qu'employa le gouvernement britanique pour obtenir
des contributions forcées de la part de ses colons,
qui offrirent d'en payer de volontaires, sans les
fausses mesures prises contre les négocians de Bos-
ton à l'occasion du refus de payer l'impôt sur le
thé, et de l'acte qui avait été l'effet de leur indigna-
tion: (1) un bill ordonne de fermer le port de cette
ville, défend d'y rien debarquer, d'y rien prendre;
et l'Amérique devient libre.

Ainsi l'oppression des peuples à qui il reste
un peu d'énergie, a un terme; ainsi les abus du
pouvoir ramènent à l'ordre qu'ils avaient detruit;
ainsi les droits de l'homme sont vengés, et un
grand exemple est donné à la terre pour l'instruction
des peuples et des princes; l'héroïsme et la sagesse
fondent un nouvel empire, font un seul tout des parties les plus dissemblables, et les plus incohérentes;

-------------------

(1) On sait qu'ils mirent le feu à tous les bâtimens chargés
de thé, et qu'ils résolurent de ne plus user de cette denrée, qui
leur était devenue si nécessaire par l'habitude.

un intérêt commun les unit, le besoin d'être indépendantes et heureuses; elles le sont devenues ! Le
système fédératif, convenable pour les grands états,
indispensable pour les petits, et profitable à tous,
a reçu une nouvelle extention dans le nouveau monde, et il a cela d'avantageux, que l'état peut
s'aggrandir continuellement sans changer de forme,
sans éprouver de ces secousses politiques, qu'amène ordinairement le voisinage d'autres états, trop
ou trop peu avancés dans la civilisation. Aussi les
Etats-unis s'accroissent-ils journellement par les
progrès que fait la population, et par l'attention
que l'on donne aux défrichemens des terres incultes, jadis le patrimoine des sauvages, qui fuyent
l'opprobre de l'homme civilisé, et qui finiront par se
retirer dans la région hyperborée, à moins qu'ils
ne se civilisent eux mêmes, comme l'ont fait quelques hordes qui, aujourd'hui, sont en rélations
ouvertes avec les peuples confédérés. Jusques dans
le centre de l'Amérique même, beaucoup d'états
particuliers se sont constitués pour entrer dans la
confédération, qui dans les siècles à venir embras-
sera tout le continent de l'Amérique septentrionale,
et la fera participer aux bienfaits de la civilisation
Européenne, aux avantages qui résultent de son industrie, de ses arts, de son commerce, de ses connaissances en tous genres. La révolution d'Amérique sera une époque mémorable dans les annales du
monde, comme événement politique; elle en sera
une aussi dans l'histoire de l'agriculture, du com-

merce et des arts , aux avantages des quels elle fera
participer peu à-peu tout le nouvel hémisphère ; ce
sera, comme dans l'ancien, de la région tempérée
que partiront les lumières et l'industrie ; tant les
lois du climat influent sur les événemens les plus
importans à l'espèce humaine.

### Des Colonies européennes.

Nous avons parcouru tout le globe, pour
voir quels ont été, sur tous ses points, la naissance, les progrès et les vicissitudes de l'industrie
humaine, et nous avons taché de faire sentir quels
événemens , quelles dispositions législatives, ont été
favorables ou défavorables aux trois principales branches de la prospérité des nations. Nous avons vu
que la découverte du chemin des grandes Indes et
celle du nouveau monde ont totalement changé
l'industrie et le commerce de l'Europe: combien de
réflexions n'aurions-nous pas à faire, à ce sujet,
si les bornes que nous nous sommes prescrites ne
s'y opposaient ?

On ne saurait douter que le commerce des
Indes ne procure aux Européens des avantages réels,
des jouissances nombreuses, et qu'il n'active consé-
quement l'industrie agricole et manufacturière qui
doit fournir les moyens d'échange pour se procurer
les denrées coloniales ; c'est envain que les gouvernemens ont cherché à lutter contre ces goûts à leur
naissance, et c'est avec raison que tous s'efforcent

aujourd'hui de se procurer ces denrées aux moindres frais possibles. La concurrence qui s'est établie entre eux à fait naître l'envie, la jalousie, le monopole, et les guerres maritimes, plus destructives peut-être, que celles de terre, parce qu'elles entraînent avec elles la perte successive d'un grand nombre d'hommes, et celle d'une quantité considérable de ces mêmes denrées dont les peuples se disputent la possession exclusive, et qui sont devenues comme nécessaires à leur existence.

Les obstacles qu'on éprouva d'abord à former des établissemens dans les Indes donnèrent naissance aux compagnies privilègiées, et il en résulta un grand mal parce qu'elles cherchèrent à établir au détriment de la société, ce même monopole que chaque nation voulait se procurer à son profit et à la ruine des autres. Ou s'en apperçut trop tard, en Europe, et il était facile d'y remédier par la création de compagnies de commerce libres et indépendantes les unes des autres, toutes également protégées par les gouvernemens. En commençant par détruire le monopole, qui naît des privilèges on serait peut-être parvenu à détruire celui qui existe de nation à nation, dont les effets sont bien plus desastreux. Que l'on calcule tous les faux frais, toutes les pertes que les nations de l'Europe se causent mutuellement par la guerre perpétuelle, qu'elles se font sur l'Océan et dans les deux Indes, et l'on verra de combien ils surpassent, même pour la plus heureuse, les bénéfices que lui assure l'exclusion.

Ces nations, qui se disent éclairées et civilisées, n'entendront-elles donc jamais leurs *véritables intérêts?* Ne verront-elles point tous les avantages qui naîtraient de leur union? Qu'elles rivalisent en industrie en activité, rien de mieux; la plus fortunée, la plus heureuse sera celle dont l'intelligence ou la position seront les plus avantageuses, de même qu'entre les citoyens du même état, celui qui s'entend le mieux en affaires, est celui qui fait les meilleures. Mais ne saurait-on jouir de ce qu'on possède, qu'en dépouillant son voisin? Ne saurait on employer ses facultés qu'en privant les autres des leurs?.... Ces principes sont évidens, pour tout esprit raisonnable. Les gouvernemens eux-mêmes en sont convaincus. Pourquoi donc ne s'unissent-ils pas, au lieu de se combatre l'un l'autre? C'est que ceux qui sont opulens ne veulent pas déchoir d'une prépondérance fondée sur le monopole, et que ceux qui sont pauvres aspirent à dominèr à leur tour; c'est qu'il n'existe réellement point encore de droit des gens, et que les peuples sont toujours en état de guerre!

Il n'y a plus aujourd'hui en Europe que deux nations qui se disputent le commerce maritime, et leur acharnement à se nuire (1), dont on ne peut

(1) Quelle que soit l'issue de cette lutte fâcheuse, il est certain que la situation actuelle de l'Europe, où des événemens de la plus grande importance viennent de se passer, aménera des changemens notables dans toutes les branches de l'industrie humaine;

guère prévoir le terme, prive le monde entier de presque tous les avantages attachés aux rélations commerciales que la découverte des Indes et de l'Amérique avait établies entre tous les peuples. Ces deux nations ne sauraient-elles donc s'entendre, et sacrifier quelque chose de leurs prétentions respectives, pour assurer le repos et le bonheur du monde? Leur division, si pernicieuse à chacune d'elles, est une calamité *universelle*. Forceront-elles *l'univers* à faire des vœux pour leur perte commune, ou s'uniront-elles pour la prévenir? Ce dernier parti, qui n'est guère à espérer, comblerait les vœux et les espérances des amis de l'humanité, et si jamais l'odieuse rivalité de la France et de l'Angleterre pouvait se changer en émulation pacifique, l'ancien et le nouveau monde, dont elles balancent les destinées, leur devraient en commun, une prospérité sans bornes, et le précieux alliage des lumières et du bien-être !

---

mais ces événemens sont trop près de nous, pour que nous puissions les juger convenablement ; d'ailleurs une grande partie des conséquences qui doivent en découler appartiennent encore à l'avenir, et celles qui viennent d'avoir lieu sont trop présentes à la pensée de tous, pour que je doive les retracer ici. Quand on écrit sur l'économie publique, il ne faut point anticiper sur les faits, et donner des conjectures pour des raisonnemens.